1945–1955
Zwischen Befreiung und Staatsvertrag

Historische Essays;
Berichte und Interviews
von und mit Zeitzeuginnen und Zeitzeugen

1945–1955
Zwischen Befreiung und Staatsvertrag

Historische Essays;
Berichte und Interviews
von und mit Zeitzeuginnen und Zeitzeugen

Herausgegeben von
Christine Hahn / Wilhelm Urbanek / Studienförderungsverein
der Pädagogischen Akademie des Bundes in Wien

entstanden im Rahmen eines Projektes mit den
Studierenden der Studienveranstaltung
Politische Bildung
und des Ausbildungsganges Hauptschule für
Geschichte und Sozialkunde
im Wintersemester 2004/05

unter der Leitung von
Christine Hahn und Wilhelm Urbanek
und der Mitarbeit von Sabine Aschenbrenner

**PÄDAGOGISCHE AKADEMIE
DES BUNDES IN WIEN**

ISBN 3-9501954-0-8

1945–1955 – Zwischen Befreiung und Staatsvertrag: Historische Essays;
Berichte und Interviews von und mit Zeitzeuginnen und Zeitzeugen.
Herausgegeben von: Christine Hahn / Wilhelm Urbanek / Studienför-
derungsverein der Pädagogischen Akademie des Bundes in Wien,
1100, Ettenreichgasse 45a.
Redaktion Christine Hahn und Wilhelm Urbanek.
Umschlagentwurf und grafische Mitarbeit Josef Seiter.
Layout und Satz Sabine Artes.
Wien, Pädagogische Akademie des Bundes, Mai 2005.

ISBN 3-9501954-0-8

Eine Publikation
der Pädagogischen Akademie
des Bundes in Wien

gefördert durch den
Studienförderungsverein
der Pädagogischen Akademie des Bundes in Wien

Inhalt

Zum Geleit

Dr. Manfred Teiner

Direktor der Pädagogischen Akademie
des Bundes in Wien

GELEITWORTE
DENKEN
AN-DENKEN
BE-DENKEN
DURCH-DENKEN
GE-DENKEN
MIT-DENKEN
NACH-DENKEN
UM-DENKEN
VOR-DENKEN
WEITER-DENKEN
DENKEN
UND
FÜHLEN

Denk-Gegenstände

Reflexionen über die Erinnerungen so genannter Zeitzeugen rund um den 15. 5. 1955.

Verklärte Erinnerungen an fünfzig Jahre zurückliegende Ereignisse aus der individuellen Sicht von Einzelpersonen.

Ein buntes Kaleidoskop positiver und negativer subjektiver Bilder vor dem Hintergrund reichhaltiger Lebenserfahrung.

Ein vom erworbenen „Geschichtsbewusstsein" geprägter Rückblick auf lange zurück liegende vielschichtige Ereignisse.

Instrumentalisierung vorgefertigter Interpretationen geschichtlicher Prozesse zur Konstruktion individueller subjektiver Wirklichkeiten.

Bewerten der Vergangenheit aus dem Blickwinkel der Gegenwart.

Suche nach Wahrheit.

Denk-Ziele

Einordnen und Bewerten eigener Gedanken zu Vergangenheit und Gegenwart.

Entwickeln von „Geschichtsbewusstsein".

Entwerfen subjektiver Interpretationen der Vergangenheit für weit nach den angesprochenen Ereignissen Geborene.

Interpretieren der Gegenwart vor einem vielgesichtigen historischen Hintergrund.

Entwerfen von eigenen Zukunftsbildern.

Entdecken von Wahrheiten.

Dank

Unter der Anleitung von Christine Hahn und Wilhelm Urbanek haben Studierende der Pädagogischen Akademie des Bundes in Wien mit großem persönlichen Einsatz Personen zu ihren Erinnerungen an die Zeit vor fünfzig Jahren befragt. Das Ergebnis ihrer Recherchen verdient mehr als Beachtung. Mein Dank gilt allen an dieser Arbeit Beteiligten vor allem aber auch den Österreicherinnen und Österreichern, die bereit waren in ihre Vergangenheit Einblicke zu gewähren.

Manfred Teiner

Vorwort der Studierenden

OHNE DAS WISSEN ÜBER DIE VERGANGENHEIT
KANN KEINE ZUKUNFT STATTFINDEN.

Durch unsere Auseinandersetzung mit der Thematik dieses Buches hieß es für uns:

ZURÜCK AN DEN START

Zurück an den Start der 2. Republik – eine „Zeitreise" war die Folge, die es uns ermöglichte, das mit Symbolen und Mythen stark behaftete Dezennium von 1945-1955 intensiv zu betrachten.

Es war uns ein besonderes Anliegen, uns diesem historischen Abschnitt vor allem über Alltagserfahrungen, die damals gemacht wurden, zu nähern. Dies hat uns geholfen, ein klareres Bild zu bekommen und zu einer sachlicheren Betrachtung zu finden. Die Beschäftigung mit der Politik von damals führte uns aber auch zwangsläufig zur Beschäftigung mit der Politik von heute.

Der Lehrberuf ist ein politischer Beruf! Wir als zukünftige Lehrerinnen und Lehrer sind aufgerufen, der politischen Bildung einen erhöhten Stellenwert im gesamten Schulgeschehen einzuräumen. Es ist unsere Aufgabe, die eigenen Haltungen und Wertvorstellungen zu überprüfen, da sie es sind, die das Denken und Handeln unserer Schülerinnen und Schüler beeinflussen und mitbestimmen werden.

Politik findet immer und überall statt – raushalten gilt nicht!

Robert Ehrgang, Katharina Eiböck, Dagmar Kien,
Nikola Krisch, Christine Müller, Christian Stubits

(Redaktionsteam der Studierenden
der Pädagogischen Akademie
des Bundes in Wien)

Vorwort der HerausgeberInnen

„Die Pädagogische Akademie des Bundes in Wien ist sich ihrer Verantwortung für die professionelle Ausbildung von Lehrerinnen und Lehrern bewusst. Es ist uns daher wichtig, aktuelle gesellschaftliche und pädagogische Herausforderungen kritisch zu reflektieren, die Studierenden in diesen Prozess einzubinden und entsprechende Handlungsstrategien zu entwickeln."

So lautet der Absatz zur gesellschaftlichen Verantwortung im Leitbild und dem sollte das Projekt „Zwischen Befreiung und Staatsvertrag" entsprechen. Entsprechen einerseits, dass es zu Kontakten zwischen Lehrenden und Studierenden über den Studienbetrieb hinaus kommen sollte, entsprechen auch andererseits, dass Studierende die Möglichkeit bekommen sollten, mit wichtigen Persönlichkeiten des öffentlichen und politischen Lebens ins Gespräch zu kommen.

Die historischen Essays sind Arbeiten des 4. Semesters der Studierenden des Faches „Geschichte und Sozialkunde" im Ausbildungsgang Hauptschule an der Pädagogischen Akademie des Bundes in Wien im Sommersemester 2004. Ihrer Entstehung liegt die Annahme zugrunde, dass die kurz gefassten Bearbeitungen als Ergänzung zu den Interviews von ZeitzeugInnen im zweiten Teil des vorliegenden Buches dienen können. Mit diesem Band haben interessierte Unterrichtende Arbeitsmaterial zur Hand, das sich vielfältig einsetzen lässt.

Die Zeitzeugen und Zeitzeuginnen wurden von Teams befragt, die sich aus Studierenden des 5. Semesters im Rahmen der Studienveranstaltung „Politische Bildung" zusammensetzten. In allen Gruppen fanden die Vorbereitungen der Interviews und diese selbst im Laufe des Wintersemesters 2004/2005 statt. Die ZeitzeugInnengespräche wurden in Bild und Ton aufgezeichnet und im Nachhinein transkribiert. 14 Teams waren mit großem Einsatz und beachtlichen Resultaten an der Arbeit.

Fragen stellen und Zuhören können sind zwei wichtige Fähigkeiten für angehende Lehrpersonen. Sie waren für dieses Projekt notwendig! Einerseits die Fragen zu stellen, die es den Zeitzeugen und Zeitzeuginnen ermöglichten, alle ihre Erinnerungen wieder hervorzuholen. Andererseits als Studierende zuzuhören und daraus die möglichen Schlüsse zu ziehen. Wobei immer gegenwärtig war, dass ein Erinnern auch immer ein Vergessen mit einschließt. Erzählte Geschichte bleibt immer eine subjektive Geschichte, auch wenn es objektiv nachweisbare Fakten gegeben hat. Für ihren großen Einsatz gebührt den Studierenden größter Respekt und Dank. Es war nicht leicht, die Termine zu koordinieren, die Kommunikation aufrecht zu halten, die Interviews zu führen und die Transkriptionen zu gestalten. Aber gerade daraus haben alle für ihren späteren Beruf gelernt.

Wir sind alle Teil unserer Geschichte. Wie gelingt es aber, dieses Wissen umzusetzen und angehenden Lehrerinnen und Lehrern zu vermitteln? Wie kann man ihr Interesse für Zeitgeschichte wecken, wo es für diese Generation gar nicht so leicht ist in ihrem unmittelbaren Lebensumfeld zu Informationen zu kommen. Die Eltern einer Mehrheit der Studierenden sind noch zu jung um diese Zeit bewusst erlebt zu haben, die Großeltern sind oft zu weit weg oder auch nicht bereit und/oder fähig darüber zu erzählen. Aber vielleicht verstärkt gerade diese Situation das Interesse für diesen wichtigen Zeitabschnitt der österreichischen Geschichte. Die AutorInnen und die Interview-Teams haben ihr Interesse jedenfalls eingebracht.

Ganz besonderer Dank gebührt selbstverständlich den Damen und Herren, die sich entweder selber an die Arbeit machten und einen Text verfassten (Freda Meissner-Blau, Heide Schmidt, Kurt Scholz) und/oder zu Interviews bereit waren. Sie alle haben sich die Arbeit gemacht, ihre Interviews nochmals durchzusehen und freizugeben. Insgesamt war die Mühe nicht unbeträchtlich, der sie sich unterzogen haben.

Die Druckreihenfolge der Interviews richtet sich nach dem Alter der Befragten. Diese haben ihre Kindheit oder Jugendjahre in den verschiedensten Gebieten Österreichs verbracht. Dennoch ließ sich eine gewisse Wienzentrierung in „Zwischen Befreiung und Staatsvertrag“ nicht vermeiden. Aber wie sollte es anders sein bei einer Publikation der Pädagogischen Akademie des Bundes in Wien! Aus denselben Gründen sind die abgebildeten Fotos mit wenigen Ausnahmen aus dem Raum Wien. Die Fotos setzen sich mit Überresten, Gedenkstätten und Zeichen von damals im heutigen Zustand auseinander. In diesem Zusammenhang ein Dankeschön an Josef Seiter, der uns viele Fotos zur Verfügung stellte, manche Texte lektorierte und den Umschlag dieser Publikation gestaltete.

Eine weitere nicht beabsichtige Richtung nahmen die Gespräche mit den ZeitzeugInnen aus anderen Gründen: Es ist viel von Schule die Rede. Sowohl die Fragen, als auch das Interesse der Studierenden haben sich berufs- und ausbildungsbedingt in diese Richtung bewegt. Aber auch die Tatsache, dass einige der Befragten ehemalige Lehrende an dieser Pädagogischen Akademie oder der Universität Wien waren oder aber anders mit dem Bildungsbereich verbunden sind, legte diese Tendenz nahe. Natürlich auch die Tatsache, dass die meisten der befragten Zeitzeugen im fraglichen Zeitraum selbst schulpflichtige Kinder waren. Diese Wendung der Interviews belegt die Wichtigkeit von Schule und die Bedeutung jener frühen Jahre für die Entwicklung von Persönlichkeit und Gesellschaft; denn die Schule legt jene Grundlagen, die in späteren Jahren den Rahmen gesellschaftlicher Interaktionen bilden.

Besonders herzlich bedanken wir uns bei Direktor Teiner, der das Projekt von Anfang an mit Rat und Tat unterstützte. Die Drucklegung wurde durch den Studienförderungsverein der Pädagogischen Akademie des Bundes Wien ermöglicht.

Christine Hahn *Wilhelm Urbanek*

Editorisches

Die Interviewteams und die Herausgeber standen vor der Schwierigkeit, zum Teil sehr emotional „gesprochene Sprache“ in Schriftsprache umzuwandeln. Es muss dem Leser und der Leserin bewusst sein, dass sie die Transkription einer besonderen Situation in Händen halten: die Transkription eines Gespräches. Von dort kommt aber auch die große Lebendigkeit der Erzählungen und Schilderungen. Ein Mittelweg musste gefunden werden zwischen einer wörtlichen Wiedergabe, die unzweifelhaft die Qualität der Interviews herabgesetzt hätte und einer Textversion, die den Ursprung allzu sehr verfremdet hätte. Es wurden daher Halbsätze, die im Laufe der Interviews gefallen sind zu ganzen Sätzen zusammengefügt, ohne den Inhalt zu verfälschen. Füllwörter, die ausschließlich in der freien Rede eine Funktion haben, wurden weggelassen. Manche speziell österreichischen Formen und Redewendungen sind belassen worden, um den Gesprächscharakter nicht zu verfälschen. Wir fühlten uns in diesem Zusammenhang auch einer historischen Authentizität verpflichtet. Leider ist die Färbung der Worte und Sätze dabei nicht wiederzugeben. Zwar wurden die Manuskripte mehrfach lektoriert und von den InterviewpartnerInnen autorisiert, manche Eigennamen können dennoch falsch transkribiert worden sein; wir bitten dafür um Entschuldigung.

Redaktionelle Anmerkungen sind im Text in eckigen Klammern wiedergegeben.

Die Gruppe des Interviews von Herbert Krejci hat den Text von Fragen und Antworten zum größten Teil in Indirekter Rede wiedergegeben. Die wichtigsten Abschnitte wurden vom Team herausgehoben und als Zitat gekennzeichnet. Daher weicht dieses eine Interview vom Sonstigen ab: Nicht die Fragen, sondern die Zitate sind kursiv gesetzt, nicht die Antworten, sondern die Zusammenfassung der Interviewer sind in Normalschrift.

Beteiligte Studierende

Interview mit Fritz Braun

17. 11. 04

Interview: Nikola Krisch; Diktiergerät: Anna Maria Müller; Video: Christine Müller; Transkription: Hauer Doris, Haunschmidt Theresa und Skodler Helena; Endfassung/ Korrektur: Hübl Birgit, Krenn Petra und Annette Miller; Biographie: Hauer Doris.

Interview mit Wilhelm Brauneder

27. 10. 04, Juridikum Wien

Interview: Bettina Fugger, Nadine Jaziri, Catharina Siroky, Nicole Frühauf, Lea Schwaiger, Lukas Schawarz; Termine und Transkription: Lukas Schawarz, Nora M´Vila, Nicole Frühauf, Lea Schwaiger, Verena Spanner, Isabella Löffler, Katharina Jurak, Claudia Egete; Fotos und Biographie: Nikole Frühauf, Elisabeth Artens.

Interview mit Erhard Busek

22. 10. 2004

Interview: Panzer Veronika, Lehmann Simone, Huber Nicole, Faschingleitner Barbara; Transkription: Gruber Christina, Schuh Karin, Zicker Carina, Dangl Karin; Kürzung: Dangl Karin, Tolic Ivana; Biographie: Chreiska Carina.

Interview mit Jörg Czuray

03. 11. 2004, PÄDAK

Interview: Jeannette Vlach, Katrin Fritz; Termine: Elisabeth Hauser ; Transkription: Rani Froewys, Peter Witti; Biographie: Barbara Brunsteiner; Filmaufnahmen: Eva Reichsfeld, Claudia Reitbauer; Foto: Cornelia Kornke.

Interview mit Julius Dabsch

10. 11. 2004, PÄDAK

Sonja Haslacher, Martina Deringer, Katharina Lhotzky, Evelyn Leisser, Tanja Vana, Yvonne Lazina, Verena Keckstein, Deborah Adickes, Bacovsky Henrietta.

Interview mit Heinz Fischer

16. 11. 2004, Hofburg

Interview: Dagmar Kien, Christian Stubits; Termine, Transkription: Petra Deisenberger, Nina Jurik, Claudia Katzer, Marguerita Liwadas, Katharina Lusczak, Anna Prehofer, Magdalena Wimmeder; Film, Foto: Petra Deisenberger, Marguerita Liwadas.

Interview mit Friedhelm Frischenschlager

11. 11. 2004 im Cafe „Korb", Brandstätte 9, 1010 Wien

Interview: Hammel Julia, Letofsky Magdalena, Pfligersdorffer Annina, Schrom Marisa, Stocker Maria; Transkription: Schwecherl Michaela, Zeilinger Claudia; Biographie: Riebl Angelika; Termine: Hammel Julia; Interview-Fragebogen: Mayr Barbara, Poandl Katharina; Fotos: Hammel Julia

Interview mit Herbert Krejci

12. 11. 2004

Inteview: Karches Barabara, Simhandl Sebastian, Ramharter Stefanie ; Transkription: Yilmaz Taner, Barbos Cornelio ; Kürzung: Wenzel Erwin, Herndlhofer Peter ; Biographie: Sodl Christian, Narovnigg Philip.

Interview mit Gerhard Lindbichler

20. 12. 2004

Interview: Hovorka Yvonne, Tremel Barbara; Transkription: Müllner Robert, Peschl Roman; Kürzung: Kaderich Stefanie, Resatz Anja; Biographie: Hofmann Kerstin, Lück Katharina, Stöckl Johanna.

Interview mit Julius Mende

10. 11. 2004, PÄDAK

Interview: Nicole Laller, Barbara Malik; Terminvereinbarungen: Marina Fahrnberger, Martina Franz-Riegler, Stefanie Winkelhofer; Transkription: Martina Franz-Riegler; Lektorat: Marina Fahrnberger, Stefanie Winkelhofer; Biographie: Sabine Aigner; Filmaufnahmen: Bettina Zaminer; Diktiergerät: Martina Franz-Riegler, Sabine Aigner.

Interview mit Kurt Scholz

28. 10. 04, Magistratsdirektion Restitutionsangelegenheiten

Interview: Bayer Patricia, Meließnig Christina; Terminvereinbarungen und Transkription: Grader Eva, Demir Jasemin, Gergo Sylvia, Schober Teresa, Mutsch Ursula, Wagner Xenia; Film und Biografie: Schwarz Iris, Mutsch Ursula, Wagner Xenia.

Interview mit Manfred Teiner

18. 11. 2005, Büro des Direktors

Interview: Cornelia Schmidt, Ulrike Heppner, Iris Helm, Sepp Lechner; Terminvereinbarungen, Transkription Anna Windisch, Constanze Kumpan, Iris Pittner, Claudia Kolensky; Biographie, Filmaufnahmen: Iris Helm, Ulrike Heppner.

Interview mit Alexander Van der Bellen

29.11.04, Pressekonferenzraum der Grünen

Interview: Pia Hoffmann, Moser Matthias; Termine: Elisabeth Hauser ; Transkription: Daniela Schmidt, Elisabeth Ebster; Biographie: Pia Hoffmann, Moser Matthias, Scheir Brigitte; Filmaufnahmen: Monika Schwetz, Stocker Katherina; Foto, Recherche, Kontakt: Martina Mazal; Recherche für das Interview: Lisi Steiner, Margit Wiesenberger.

Interview mit Erika Weinzierl

21. Oktober 2004, Institut für Zeitgeschichte

Interview, Foto, Biographie: Caba Dominik, Ehrgang Robert, Pyringer Sabine ; Transkription: Heinl Birgitt, Pflug Heidi; Lektorat: Sonnleitner Jasmin, Malli Mathias, Zirkovics Andreas.

Essays:

Dominik Caba, Robert Ehrgang, Nicole Huber, Thomas Novak, Veronika Panzer, Sabine Pyringer, Dagmar Schulz.

Das Redaktions- und Organisationsteam der Studierenden

von links: Christine Müller, Nikola Krisch, Dagmar Kien, Christian Stubits, Katharina Eiböck, Robert Ehrgang.

Veronika Panzer

KRIEGSENDE IN ÖSTERREICH

Die Einheiten der Deutschen Wehrmacht und der SS, des Volkssturms und der HJ waren 1945 bereits so dezimiert, dass sie den Vormarsch der Roten Armee nicht mehr stoppen konnten. Innerhalb eines Monats erreichten die Sowjets die österreichische Grenze. Gründonnerstag, 29. 3. 1945, war das Ende der „Ostmark"! Die sowjetischen Panzer rollen bei Klostermarienberg im Burgenland kampflos über die Grenze. Die amerikanischen Truppen erreichen erst am 28. April in Tirol das heutige Österreich.

Es sind also zuerst die Sowjets, die Wiens Vororte erreichen. Hitler hingegen befiehlt Wien mit allen Mitteln zu halten. Überall im Dritten Reich wird in dieser Phase der so genannte „Deutsche Volkssturm" mobilisiert. Jeder, der eine Waffe tragen kann, wird einberufen. Obwohl die Verteidigung Wiens sinnlos ist, will die SS die Befehle ausführen.

In Österreich formieren sich um diese Zeit mehrere Widerstandsgruppen. Der Kopf einer dieser militärischen Widerstandsgruppen, Major Carl Szokoll, übermittelt den Sowjets Pläne für eine koordinierte Aktion mit der Widerstandsbewegung in Wien. Szokoll erhofft sich von dieser Aktion verkürzte Kampfhandlungen und möglichst wenige Kämpfe um die Stadt Wien.

Ihm und Feldwebel Käs gelingt es damit, den Wienern Tod, Zerstörung und großes Leid zu ersparen. Weiters bieten sie den Sowjets an, mit dem österreichischen Widerstand zusammenzuarbeiten. Als Gegenleistung fordern sie die Einstellung der Bombenangriffe auf Wien, die Instandhaltung der Hochquellenwasserleitung und eine Sonderbehandlung der bei den Kampfhandlungen um Wien gefangen genommenen österreichischen Soldaten.

Weiße Streifen zur Kennzeichnung von Eingängen und Notausgängen für den Luftschutz.
Borschkegasse 1, Wien 9
Foto Urbanek 1993

Weiße Streifen zur Kennzeichnung von Eingängen und Notausgängen für den Luftschutz.
Garnisongasse / geg. Van Swietengasse, Wien 9
Foto Urbanek 1992

„Am 2. April wird Wien zum Verteidigungsbereich erklärt. Der Westbahnhof wird von tausenden Menschen umlagert, die versuchen Wien zu verlassen. Die Front rollt nun auf Wien zu. Greifkommandos holen Fronturlauber von den Straßen und kaum Genesene aus den Lazaretten, um sie in rasch zusammengestellten Alarmeinheiten an die Front zu werfen. Die großen Donaubrücken werden von Einheiten der Waffen-SS bewacht." [1]

Die 4. russische Gardearmee setzt nach schweren, tagelangen Kämpfen über den Donaukanal, die Entscheidung ist dadurch praktisch gefallen. Der deutsche Widerstand beschränkt sich nun mehr oder weniger auf den Bereich der Floridsdorfer Brücke. Für die Russen ist die Schlacht um Wien offiziell am 13. April um 14 Uhr zu Ende.

Wien ist nun in der Hand der Sowjets und es kommt mit dem Nachrücken des sowjetischen Trosses vermehrt zu Plünderungen und Vergewaltigungen. Hatten sich die Kampftruppen der Zivilbevölkerung gegenüber noch zumeist als diszipliniert erwiesen, wollen die nachrückenden sowjetischen Armeen die 20 Millionen Kriegstoten rächen. Zu systematischen Vergewaltigungsorgien wie

„Provereno“ (russ.: „durchsucht“).
oben: D´Orsaygasse 1, Wien 9, 2005;
mitte: Faksimile, 1960;
unten: Wien 9, Schlickgasse, 1995.
Fotos Urbanek 2005

Weiße Streifen zur Kennzeichnung von Eingängen und Notausgängen für den Luftschutz.
D´Orsaygasse 1, Wien 9
Foto Urbanek 2005

etwa in Ostpreußen kommt es in Ostösterreich und Wien nicht. Die Zahl der vergewaltigen Frauen dürfte hier dennoch in die Tausende gehen.[2] Man darf dabei aber nicht vergessen, dass die russische Armee die erste der vier Mächte war, die Österreich von der Herrschaft des Nationalsozialismus befreit hat.

In Wien war jedes dritte Haus zerstört oder schwer beschädigt. In den meisten Häusern hatte der Luftdruck der explodierenden Bomben die Fensterscheiben zerschlagen. Der Stephansdom war ausgebrannt, auch die Staatsoper. Dem Rathaus fehlte das Dach, das Schloss Schönbrunn war beschädigt. Bis auf eine einzige waren alle Brücken über die Donau zerstört, nur die Reichsbrücke war intakt. Alles in allem musste man in Wien 97 Brücken wieder aufbauen. Viele Teile der Stadt waren ohne Wasserversorgung. Das bedeutete: Kein Trinkwasser, kein Badewasser und kein Wasser für die WC-Spülung. Auch die Gasversorgung funktionierte nur in wenigen Stadtteilen. Weiters gab es auch keinen Strom.[3] In

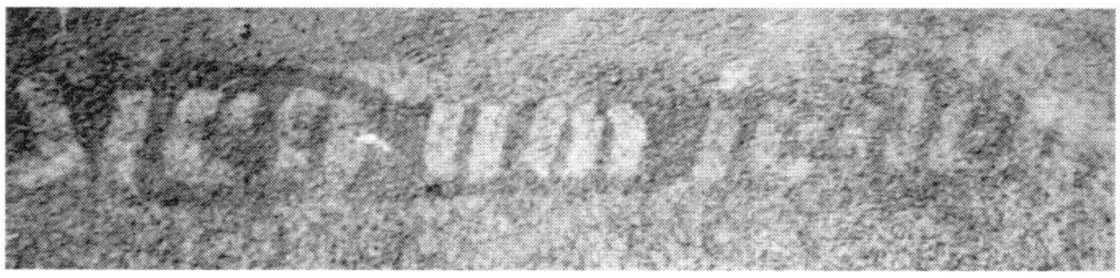

Weiße Streifen zur Kennzeichnung von Eingängen und Notausgängen für den Luftschutz.
Poliklinik, Marianneng. 10, Wien 9
Foto Urbanek 1992

oben: *„Sieg um jeden Preis".*
Lustkandlgasse 51/53, Wien 9
Foto Urbanek 1992
unten: Kanaldeckel, Florianig., Wien 8
Foto Urbanek 2005

den Straßen lagen die Leichen, die man so schnell wie möglich beerdigen musste (Parks, Grünstreifen, etc). In den Straßen lag der Schutt meterhoch aufgeschichtet, um den Verkehr zu ermöglichen. Kraftfahrzeuge waren allerdings eine Seltenheit.

Am 13. April verließ der letzte deutsche Soldat die Stadt, dieser Tag gilt somit als der Befreiungstag Wiens. Am 27. April wurde bereits die erste provisorische Staatsregierung für Österreich eingesetzt. Dazwischen lagen jene 14 Tage, in denen sich die drei politischen Parteien – die Volkspartei, die Sozialistische Partei und die Kommunistische Partei – bildeten, in denen der Österreichische Gewerkschaftsbund gegründet wurde und Wien eine neue Stadtverwaltung erhielt. Dies fand unter den schwierigsten Umständen statt, in einem Wien, über das soeben erst die Front hinweggerollt war und das teilweise noch brannte und weitgehend in Trümmern lag. Mit der Errichtung der Zweiten Republik entstanden schon fast alle ihre Institutionen – so wie sie bis zum heutigen Tag wirksam sind.[4]

Sirene auf dem Dach des Hauses Spitalgasse 35, Wien 9
Foto Urbanek 2005

Luftschutzbunker im Arne-Karlsson-Park, Wien 9
Foto Urbanek 2005

Stalin glaubte, mit Karl Renner, der am 4. April mit den russischen Stellen Kontakt aufgenommen hatte, leichtes Spiel zu haben und wünschte ihn an der Spitze einer neu zu errichtenden österreichischen Zentralverwaltung. Renner berief die Vertreter aller Bundesländer zu einer Konferenz nach Wien. Bereits zuvor hatten sich die westlichen Bundesländer für ein Gesamtösterreich ausgesprochen und den Amerikanern eine Absage erteilt, die in Westösterreich eine Gegenregierung zu Ostösterreich errichten wollten. Die Westmächte anerkannten die provisorische Regierung. Ausschlag gebend dafür ist die Dreimächtekonferenz in Potsdam (Juli 1945). Auf ihr waren Stalin, Truman und Attlee übereingekommen, auf österreichische Reparationszahlungen zu verzichten. Jedoch wurde diese Regierung durch das „Alliierten Kontrollsystem" bis zur Unterzeichnung des Staatsvertrages überwacht. Österreich hat dieses „Kontrollabkommen" formell nie akzeptiert.[5]

Vier Tage nach Beendigung der Kämpfe in Wien wurde Theodor Körner zum Bürgermeister ernannt. Am 23. April gründeten ÖVP, SPÖ und KPÖ gemeinsam die Tageszeitung „Neues Österreich". Sie war die erste wieder von Österreichern herausgegebene und gestaltete Zeitung.[6]

Weiße Streifen zur Kennzeichnung von Eingängen und Notausgängen für den Luftschutz. Den Rettern sollte bei einem Treffer der Weg gewiesen werden. Seegasse 21, Wien 9
Foto Urbanek 2005

Nach einer Woche war die Schlacht um Wien vorbei. Es befanden sich bis jetzt nur Sowjets auf österreichischem Boden. Die Alliierten waren sich einig, dass sie kein Großdeutsches Reich mehr zulassen würden. Sie wollten ein unabhängiges Österreich. Trotz der Moskauer Deklaration überlegten die Briten lange, ob man dieses kleine Land nicht doch wieder in einen *„größeren Verbund"* einfügen sollte.[7]

Präsident Franklin D. Roosevelt weigerte sich bis in das Jahr 1944, eine Besatzungszone in Österreich zu übernehmen. Ein Argument, das zu einem Umdenken der Amerikaner führte, war der Hinweis auf die herrliche *„recreation area"* für erholungsbedürftige US-G.Is. Der Nachfolger von Franklin D. Roosevelt, Harry Truman, entwickelte erst allmählich Interesse für Österreich. Die russischen Besatzer dagegen hatten die klarsten Vorstellungen: Österreich sollte in den Grenzen von 1937 wiederhergestellt werden. Stalin vertrat die Meinung *„Österreich habe selbstständig existiert und könne es wieder tun".*[8]

„Der gemeinsame Nenner sowohl der Sowjets wie der Westalliierten war der Wunsch, Österreich auch psychologisch von der Bindung an Deutschland abzutrennen. Die Russen versuchten das, indem sie die Mitschuld der Österreicher an den NS-Verbrechen nicht so sehr betonten, während die Westalliierten sehr wohl die Position des moralischen Richters einnahmen."[9]

Flakturm, Eszterhazypark, Wien 6
Foto Seiter 2005

Verwendete Literatur

Portisch, Hugo: Österreich II. Die Wiedergeburt unseres Staates. – Wien: Verlag Kremayr & Scheriau, 1985.

Rauscher, Hans: 1945 – Die Wiedergeburt Österreichs. Die dramatischen Tage vom Kriegsende bis zum Anfang der Republik. – Böhlau: Böhlau Verlag, 1995.

Stourzh, Gerald: Geschichte des Staatsvertrages 1945 – 1955. Österreichs Weg zur Neutralität, 2. Auflage. – Graz, Wien, Köln: Verlag Styria, 1980.

Wagner, Wilhelm j.: Der große Bildatlas zur Geschichte Österreichs. – Wien: Verlag Kremayr u. Scheriau, 1995.

Tafel für Haeflinger, Rauchgasse, Wien 15
Foto Seiter 2005

Tafel am Palais Auersperg, Wien 8
Foto Seiter 2005

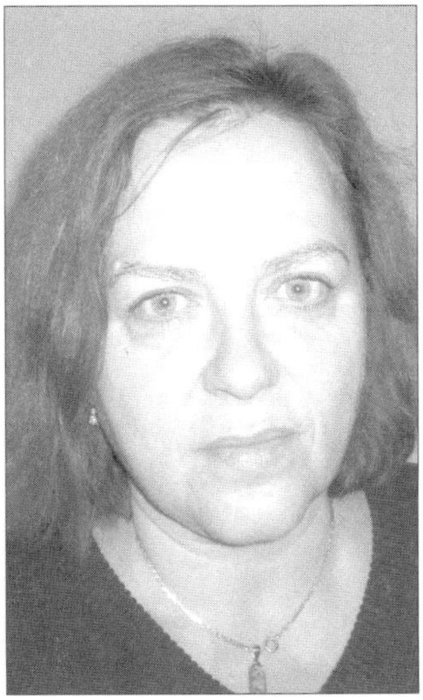

Dagmar Schulz

WIDERSTANDSKÄMPFERINNEN: VERFOLGT, VEREHRT, VERSCHWIEGEN?

Vom 19. bis zum 30. Oktober tagte in Moskau eine Konferenz der Außenminister G. Hull (Vereinigte Staaten von Amerika), A. Eden (Großbritannien) und W. M. Molotow (Sowjetunion). In völliger Einmütigkeit wurden die Maßnahmen besprochen, die ergriffen werden sollen, um den Krieg gegen Deutschland und seine Trabanten abzukürzen. [...]

Die Regierungen Großbritanniens, der Sowjetunion und der Vereinigten Staaten von Amerika kamen darin überein, dass Österreich, das erste Land, das der Hitlerschen Aggression zum Opfer gefallen ist, von der deutschen Herrschaft befreit werden muss. [....]

Österreich wird jedoch darauf aufmerksam gemacht, dass es für die Beteiligung am Kriege auf Seiten Hitlerdeutschlands die Verantwortung trägt, der es nicht entgehen kann, und dass bei der endgültigen Regelung unvermeidlich sein eigener Beitrag zu seiner Befreiung berücksichtigt werden wird.[10]

Dieses als „*Moskauer Deklaration*" bekannte Schriftstück wurde entsprechend der politischen Position und Lage vielfach unterschiedlich interpretiert. Das offizielle Österreich berief sich immer wieder auf seine Opferrolle, während von den Alliierten während der Besatzungszeit auf Grund des letzten Absatzes der Beweis für die Existenz eines österreichischen Widerstandes eingefordert wurde. Ernst Hanisch meint dazu: „*Aber insgesamt drückt die Deklaration den Doppelcharakter des Landes nach 1945 ganz gut aus: befreites und besetztes Land zu sein*"[11]

Um den Widerstand in Österreich zu dokumentieren, ging am 14. Mai 1946 ein Runderlass an die verschiedenen Polizeidirektionen, Material für ein Buch zu beschaffen, in dem einerseits

Gedenktafel Mauthausen
Foto Schulz 2005

die *„nationalsozialistische Aggression”* gegen Österreich, die wirtschaftlichen Repressalien, die praktische Durchführung der *„nationalsozialistischen Okkupation und Gleichschaltung”,* die Lage *„Österreichs im Kriege”, „Gestapo und politischer Terror über Österreich von 1938 bis 1945”* – und schließlich *„Material über Zahl der Widerstandsbewegung, sowie über besonders wichtige Einzelaktionen, Zusammenarbeit der einzelnen Widerstandsgruppen, polizeiliche Gegenaktionen, österreichische Freiwillige in den Alliierten Armeen”* eingefordert wurde.[12]

Selbstverständlich entsprachen die Dienststellen diesem Erlass und berichteten ebenso gewissenhaft über Widerstandsgruppen, wie sie Hingerichtete namentlich auflisteten. Allerdings konnten viele Posten auch nur berichten, dass über diese Causa *„nichts von Belang“* zu melden sei. (zB [13])

Das Buch, das den gesamtösterreichischen Widerstand hätte dokumentieren sollen, wurde in dieser Art niemals publiziert. 1946 erschien der erste Teil eines „Rot-Weiß-Rot-Buches“ unter dem Titel „Gerechtigkeit für Österreich“. Weitere Teile folgten – nicht.

60 Jahre nach der Kapitulation des NS-Regimes und 50 Jahre nach

O5 an Hauswand, Hahngasse 33, Wien 9
Foto Urbanek 2005

O5 an der Votivkirche, Wien 9
Foto Seiter 2005

der Unterzeichnung des Staatsvertrages wird man/frau sich wohl fragen dürfen oder müssen: *Was heißt Widerstand ? Von wem, gegen wen und wofür wurde er geleistet?*

Die Frage, wer in Österreich als WiderstandskämpferIn gilt, ist juristisch im Opferfürsorgegesetz 1947 festgelegt: *„Opfer des Kampfes für ein freies, demokratisches Österreich, die um ein unabhängiges, demokratisches Österreich [...] insbesondere gegen Ideen und Ziele des Nationalsozialismus, mit der Waffe in der Hand gekämpft oder sich rückhaltslos in Wort und Tat dafür eingesetzt haben"* [14]

Ob diesen im Nachhinein aufgestellten Kriterien die WiderstandskämpferInnen überhaupt entsprechen?

Viele von ihnen kämpften für eine andere Gesellschaftsordnung, sei es nun für eine Revolution, einen Ständestaat, die Wiedereinführung der Monarchie, für ihre religiöse oder persönliche (humanistische oder widerständige) Überzeugung. Frauen und Männer widersetzten sich den nicht gewählten Herrschaftsstrukturen bereits seit 1933: Manche folgten damit dem Beschluss der Partei, der sie sich angeschlossen hatten (KommunistInnen), manche leisteten Widerstand, obwohl ihre Partei davon zeitweise ab-

Steinbruch Mauthausen
Foto Urbanek 2005

riet (Revolutionäre SozialistInnen), andere folgten dem Rat ihrer Glaubensgemeinschaft (ZeugInnen Jehovas), wieder andere widersetzten sich auch der Amtskirche (KatholikInnen), schlussendlich gab es für manche keine andere Wahl (JüdInnen). Sie druckten Zeitungen, verbreiteten Parolen, schrieben Kettenbriefe an Soldaten, sammelten und spendeten für die Rote Hilfe, hörten und betrieben „Feindsender", versteckten und begünstigten Verfolgte, kämpften im Betrieb und in konspirativen Zellen und verübten Sabotage- und Sprengakte. Sie verstießen damit gegen das Heimtückegesetz, begingen Wehrkraftzersetzung, Feindpropaganda, Feindbegünstigung, Judenschmuggel, Gerüchtemacherei, Landesverrat, Hochverrat und Sabotage – nach den geltenden Gesetzen des NS-Staates. All dies wurde relativ isoliert und ohne die Unterstützung einer österreichischen Exilregierung und ohne Verbindung mit dem deutschen Widerstand geleistet, nur die KommunistInnen erhielten, soweit es möglich war, Unterstützung aus Moskau.

Letztlich zeigten auch Menschen – ohne einer Organisation anzugehören – aus verschiedensten Gründen „abweichendes Verhalten" bis zu offenem Widerstand. So boten etwa gerade tiefreligiöse, konservative Bauernfamilien den aus Mauthausen geflüchteten Offizieren der Roten Armee Unterschlupf.

Steinbruch Mauthausen
Foto Urbanek 2005

Noch andere fanden zuletzt eine Einigung unter pragmatischen Prämissen: Man wollte angesichts der sicheren Niederlage Österreich nicht vollkommen vernichtet sehen. „O 5", ein Zusammenschluss verschiedener Gruppen, tagte am 9. April 1945 im Palais Auersperg.[15] Militärs verabredeten mit der Roten Armee eine koordinierte Übergabe Wiens, um ein weiteres Blutvergießen zu verhindern.

Wolfgang Neugebauer gibt die Zahl der hingerichteten ÖsterreicherInnen mit 2.700 an, allerdings kommen dazu noch etwa 16.000 ÖsterreicherInnen, die in Gefängnissen, bei der Gestapo und in KZs ums Leben kamen, PartisanInnen, die ihr Leben im Guerillakampf ließen, ÖsterreicherInnen, die in Solidarität mit dem republikanischen Spanien starben. Insgesamt waren etwa 100.000 Personen in den Kampf gegen die faschistische Diktatur involviert und standen 700.000 österreichischen NSDAP-Mitgliedern gegenüber. Außerdem wurden noch etwa 65.000 ermordete ÖsterreicherInnen jüdischen Glaubens Opfer des NS-Rassenwahns, nicht gezählt die Vertriebenen.

Allerdings hatte es in allen Gruppen der Bevölkerung auch Beque-

Gedenkstätte Mauthausen
Studierende der PÄDAK
Foto Urbanek 2005

me, ÜberläuferInnen und VerräterInnen gegeben. Angeblich füllten die Briefe der DenunziantInnen aus dem Karl Marx-Hof eine Kiste.[16]

Soll man nun Widerstand nach seiner Effizienz (der österreichische Widerstand war zu keiner Zeit fähig, das nationalsozialistische Regime von innen zu gefährden), nach dem Zeitpunkt des Einsetzens (1933-KommunistInnen, 1934-Revolutionäre SozialistInnen, 1938-Vaterländische, 1945-O5) oder nach seinen Wurzeln (politische, soziale, ethnische, humanistische, religiöse) beurteilen? Und: DARF man dies überhaupt?

Obwohl die WiderstandskämpferInnen sozusagen die Grundlage für die Entstehung der 2. Republik Österreich geliefert hatten (theoretisch begründet durch den Kommunisten Dr. Alfred Klahr sowie auf konservativer Seite von Ernst Karl Winter, 3. Vizebürgermeister von Wien unter Dollfuß) hat der *„Widerstand gegen den Nationalsozialismus in Österreich keinen Mythos gezeugt, nicht die Phantasie der Menschen bewegt, kaum Spuren hinterlassen. „Kzler“ galt auch nach 1945 als Schimpfwort... Es konnte sich keine im Volk verankerte, breite nationale Widerstandsbewegung wie in den meisten anderen Ländern herausbilden... Für die Mehrheit der ÖsterreicherInnen war die NS-Herrschaft nicht nur legale, sondern auch legitime Herrschaft.”* [17]

Der einsetzende Kalte Krieg trug angesichts der Tatsache, dass der Großteil des Widerstands kommunistisch[18] oder von den Nazis als „kommunistisch” bezeichnet worden war ebenso zur mangelnden

Gedenkstätte Mauthausen
Graffity-Wand im Folterkeller
Foto Urbanek 2005

Aufarbeitung des österreichischen Widerstands bei, wie die Scham der katholischen Amtskirche, die den Spagat zwischen dem „*freudigen JA zum Anschluss*” Innitzers und dem Tod auf dem Schafott von Sr. Restituta, Roman Scholz (Österreichische Freiheitsbewegung) und anderen zu bewältigen hatte. Gerade die mutigsten und fähigsten MitstreiterInnen fehlten in vielen Organisationen, da sie dem Naziterror zum Opfer gefallen waren.

Die Verdienste der WiderstandskämpferInnen blieben in der Zweiten Republik weitgehend ungewürdigt, der Antikommunismus trat an die Stelle des Antifaschismus. Menschen, die „sozialen Protest” und „abweichendes Verhalten”[19] gezeigt hatten, (Roma und Sinti, angebliche Asoziale, Deserteure) rückten erst nach 50 Jahren zögerlich in das Interesse der HistorikerInnen. Die Entnazifizierung wurde rasch und unkompliziert betrieben, während eine politische Aufarbeitung der Repression und des Widerstands im Ständestaat, der das NS-Regime gesellschaftlich vorbereitet hatte, heute noch ausständig ist.

Absichtlich habe ich in diesem Essay übrigens – fast – keine Namen genannt. Wer sollte sie auswählen und entscheiden, wer mutiger, anständiger, ehrlicher war ?

Wer war zum Beispiel mutiger als der Gaswerks-Arbeiter Otto Koblicek[20], der sich einer SS-Einheit im Simmeringer Gaswerk entgegenstellte, um die Zerstörung zu verhindern? Er bezahlte diese Tat ebenso mit seinem Leben wie die Arbeiterin Grete Jost, der

Lehrer Dr. Otto Haas, die Intellektuelle Dr. Käthe Leichter, der Pater Franz Reinisch – und viele andere Frauen und Männer, die der Öffentlichkeit nicht bekannt sind.

Abschließend möchte ich darauf hinweisen, dass der Grad der Wertschätzung, der Menschen, die gegen herrschende Systeme opponiert haben, entgegengebracht wird, zugleich auch ein Indikator der Balance zwischen Obrigkeitsdenken und geistiger Liberalität einer Gesellschaft ist. Vielleicht sollten wir Geschichte weniger aus der Sicht der Obrigkeitsverhältnisse beurteilen als aus der Sicht jener, die diese erlitten und gestaltet, verändert und bekämpft haben und vielleicht ist genau dieser Perspektivenwechsel das Problem in der historischen Auseinandersetzung mit dem österreichischen Widerstand.

Literatur: (Auszug)

Autorenkollektiv der historischen Kommission: Geschichte der KPÖ 1918–1955. Globus Verlag, Wien 1977.

Brauneis, Inge: Widerstand von Frauen in Österreich gegen den Nationalsozialismus. Dissertation, Wien 1963.

Dokumentationsarchiv des österreichischen Widerstandes: „Widerstand und Verfolgung in Wien, 1934 – 1945". 3 Bände. ÖBV, Wien 1983.

Erzählte Geschichte; Berichte von Widerstandskämpfern und Verfolgten. ÖBV, Wien.

Grab, Walter; Neugebauer, Dr. Wolfgang: Österreichische Freiheits- und Widerstandskämpfer. Wiener Vorlesungen, Picus, Wien 1994.

Hanisch, Ernst: „Österreichische Geschichte 1890–1990: Der lange Schatten des Staates – Österreichische Gesellschaftsgeschichte im 20. Jahrhundert". Ueberreuter Verlag, Wien 1994.

Malina, Peter; Spann Gustav: 1938 – 1988. Vom Umgang mit unserer Vergangenheit. Broschüre für Schulen. Wien, 1988.

Mikrut, Jan: Österreichs Kirche und Widerstand 1939–1945. Dom Verlag, Wien, 2000.

Rathauskorrespondenz, Kalendarium „Wien 1945". Nummer 8. hrsg. v. PID der Stadt Wien, März 1995.

Steiner, Herbert: Gestorben für Österreich. Widerstand gegen Hitler. Löcker, Wien 1995.

Wisshaupt, Walter: Wir kommen wieder! Eine Geschichte der Revolutionären Sozialisten. Verlag der Wiener Volksbuchhandlung, Wien, 1967.

Dominik Caba

DER ALLTAG IN WIEN 1945–1955

Als im April 1945 in Wien die Kämpfe eingestellt wurden, wurde schnellstens versucht, eine gewisse „Normalität" herzustellen – eine provisorische Gemeindeverwaltung war bereits daran Vollmachten auszustellen, damit die notwendigsten Aufräumarbeiten und Reparaturen erledigt werden können, die politischen Parteien konstituierten sich neu. Die allgemeine Lage in der österreichischen Hauptstadt war freilich alles andere als erfreulich, wenn es auch erfreulich war, dass der Krieg nun endlich ein Ende hatte: 28 Prozent des Hausbestandes waren ganz oder teilweise zerstört, fast 87.000 Wohnungen völlig unbewohnbar – im Stadtgebiet wurden mehr als 3.000 Bombentrichter gezählt, unzählige Brücken lagen in Trümmern, Kanäle, Gas- und Wasserleitungen hatten schwerste Schäden erlitten. Die wichtigste Aufgabe war nun, die Stadt wieder in halbwegs geordnete Bahnen zu lenken, sie also gleichsam wieder zum Funktionieren zu bringen.

Weiters war die politische Lage eher schwierig, da die Siegermächte die Gebietsordnung aus der Nazi-Zeit nicht anerkennen wollten. Die Wiener Innenstadt wurde gemeinsame Zone aller vier Siegermächte. Als im November 1945 die ersten Gemeinderatswahlen abgehalten wurden, gab es folgendes Ergebnis: Von den 100 Mandataren waren 58 von der Sozialistischen Partei Österreichs (welche den kurze Zeit im Parteinamen geführten Untertitel „Sozialdemokraten und Revolutionäre Sozialisten" bereits wieder verloren hatte), 36 von der Österreichischen Volkspartei und 6 von der Kommunistischen Partei Österreichs.

Erste Schwerpunkte dieser neuen Wiener Stadtverwaltung waren die Jugend- und Altersvorsorge und der Wiederaufbau. Dieses Wiederaufbauprogramm sollte bis in die 60-er Jahre hinein laufen. Schon im ersten Jahr nach dem Krieg, 1946, wurde das Gebietsänderungsgesetz beschlossen, welches die Stadterweiterung von 1938 wieder rückgängig machen sollte – dies fand allerdings bis 1954 nicht die Anerkennung durch die Besatzungsmächte (v.a. nicht die der Sowjetunion). Seit 1954 umfasst das Stadtgebiet von Wien nun 23 Bezirke, wobei der 22. und der 23. Bezirk neu hinzugekommen waren – im Vergleich zu „Groß-Wien" der Zeit vor 1938. Im Jahre 1955, also dem der Wiedererlangung der Freiheit durch den Staatsvertrag, gab es nun wieder eine Lage, die durchaus vielversprechend war – die Wirtschaft hatte sich (unter anderem natürlich durch Hilfe von außen, wie den Marshall-Plan, aber nicht nur durch diesen) einigermaßen erholt, ja man konnte sogar von einem Aufschwung reden. Die Stadtverwaltung bekam nun neue „Probleme" und Aufgaben, die mit den Zeichen der Zeit verbunden waren: z.B. ein erhöhtes Verkehrsaufkommen und die damit verbundene Notwendigkeit, das Straßennetz auszubauen.

Zurück zum Alltag... Als am 13. April 1945 die Kämpfe in Wien ein Ende nahmen, wurde mit Zustimmung der sowjetischen Ortskommandantur der Kommunist Rudolf Prikryl zum vorläufigen Bürgermeister ernannt. Dieser bezog sofort ein kleines Zimmer im Wiener Rathaus und tat etwas, das auf den ersten Blick seltsam wirken mag, sich im Nachhinein allerdings als äußerst wertvoll herausstellen sollte: So gut wie jeder, der zu ihm kam, bekam von ihm eine Vollmacht mit Stempel. Diese Vollmachten wurden von den offiziellen sowjetischen Stellen anerkannt und ermöglichten so erst wichtige Aktionen, wie die Einleitung von Aufräumungsarbeiten und die Errichtung von Notspitälern. Dies war absolut notwendig, denn Wien stand erst am Neubeginn – von einer Normalisierung der Lage konnte zu dieser Zeit keine Rede sein. Nach einigen Tagen wurde freilich ein anderer zum offiziellen Bürgermeister Wiens ernannt: Der Sozialdemokrat Theodor Körner, der zu diesem Zeitpunkt allerdings noch im KZ als verschollen galt und erst später auftauchte.

Am 23. April erschien zum ersten Mal wieder eine österreichische Tageszeitung: „Neues Österreich" – herausgegeben von Mitgliedern aller Parteien – ihre Aufgabe war nun, die Bevölkerung ungefiltert und unzensiert über Neuigkeiten zu informieren – so etwa

Tafel der Roten Armee
Friedensbrücke, Wien 9
Foto Urbanek 2005

über Gräueltaten der Nationalsozialisten in Wien (speziell über die Judenmorde in der Förstergasse), aber auch die aktuelle Kriegslage (noch war der Krieg nicht aus). Das Hauptgesprächsthema in Wien war allerdings das Verhalten der sowjetischen Soldaten: man sprach sowohl von Verbrechen, wie Vergewaltigungen und Morde, als auch über besonders freundliche Soldaten, die Kindern Lebensmittel schenkten. Inzwischen hatten sowjetische Pioniere damit begonnen, die von den Nazis zerstörten Brücken über Donau und Donaukanal zumindest provisorisch wieder herzustellen.

Eine Woche später gab es erste Theateraufführungen – so nahm das Burgtheater (allerdings im Ronacher) mit Grillparzers „Sappho", das Raimundtheater mit dem „Dreimäderlhaus" den Betrieb wieder auf. Auch die Wiener Philharmoniker gaben ein Konzert am Maurer Hauptlatz zu Ehren des 1. Mai. 17 Kinos waren wieder in Betrieb, sofern der Strom, was allerdings häufig vorkam, nicht ausgefallen war. Auch die Wohnungsämter öffneten wieder – vor eine fast unlösbare Aufgabe gestellt angesichts nahezu 90.000 zerstörter oder unbewohnbarer Wohnungen. Dazu kamen noch zehntausende Flüchtlinge, die natürlich auch zum größten Teil unterstandslos waren. Gegen Ende des Monats nahmen auch die (meisten) Straßenbahnlinien den Betrieb wieder auf, darunter

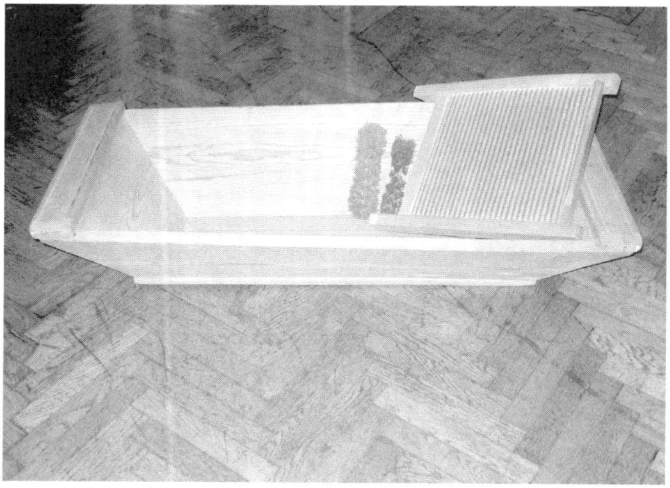

Waschbottich aus der Zeit ohne Strom und Waschmaschine
Foto Urbanek 2005

die Linien 47, 48, 49 und 60.

In der folgenden Zeit beziehungsweise in den folgenden Jahren war die Lage gekennzeichnet von allgemeiner Essensknappheit und den damit verbundenen Schwierigkeiten und Langzeitfolgen. Energiesparpläne, Schleichhandel, die Skepsis gegenüber den Alliierten, auch die „Verbrüderung" mit den Besatzern (aller vier Länder) und der Versuch, eine Normalisierung der Lage nach mehr als sechs Jahren Krieg wieder herzustellen, prägten den Alltag. So gab es Menschen, die plötzlich auf der Straße umfielen und nie mehr aufstanden, weil der Hunger oder die Strapazen insgesamt ihnen die letzten Kräfte geraubt hatten; es gab Prügeleien, wenn jemand einen Keller voll mit geschwefelten Marillen gefunden hatte, und viele Nachkriegskinder wissen von ihren Zahnärzten, dass sie unter anderem deshalb immer Probleme mit ihren Zähnen hatten und noch immer haben, weil ihnen gleich nach dem Krieg im Kleinkindalter wichtige Nährstoffe einfach fehlten.

Zu Weihnachten 1945 bestand das Festmahl aus Erbsen – allerdings waren Erbsen ein Volksgericht in diesen Zeiten. Außer Erbsen gab es noch ein kleines Päckchen Zigaretten, sonst nichts, was an einen Festtag erinnern könnte. Meine Mutter erinnert sich immer wieder an das Weihnachtsfest 1950. Sie war damals ein kleines Mädchen von fünf Jahren und es gab zu Weihnachten ein Grillhuhn – ein mageres, ehemals zahmes Huhn, das im Schrebergarten gehalten worden war und das bis dahin als Eierlieferant gedient hatte. Es war so zahm gewesen, dass bei Tisch niemand einen Bissen davon essen konnte. Mein Großvater hatte zwei Jahre zuvor zur Essensbeschaffung ein Karnickel nach Hause gebracht, woher auch immer. Auch dieses wurde nie gegessen, nicht einmal geschlachtet und starb eines natürlichen Todes.

Die Polizei beschlagnahmte immer wieder Schleichhandelslager, wie einmal in Margareten, wo neben Zucker, Puderdosen, Feuersteinen und Feuerzeugen auch Banknoten zu finden waren. Auch die Lebensmittelhändler verdienten oft ein wenig mit im Rahmen des Schleichhandels, oft hatten sie *„unter der Budel"* so einiges, was mit Lebensmittelmarken nicht unbedingt erhältlich gewesen wäre.

Die alliierte Stadtkommandantur oktroyierte auch Energiesparpläne, um der allgemeinen Energieknappheit entgegen zu wirken – so war einmal das Ziel, den Stromverbrauch in den Haushalten auf eine Kilowattstunde pro Tag zu senken, beziehungsweise die Halbierung des Verbrauchs in den Betrieben – Lebensmittelhandel und Apotheken waren ausgenommen.

Natürlich kam es auch – trotz der ursprünglichen Parole der Amerikaner *„don't fraternize!"* zu Kontakten der Besatzer mit der ansässigen Bevölkerung – die damals so genannten *„Ami-Huren"*, also Mädchen, die Verhältnisse mit US-amerikanischen Soldaten eingingen, seien hier genannt. Es gibt auch die Erzählungen von besonders freundlichen Sowjet-Soldaten, die im Gegensatz zu den oben erwähnten Horrorvorfällen stehen (die bald nach Kriegsende nachließen). Die Geschichten von *„lästigen Franzmännern"* und *„lustigen Tommys"* sollen ein Bild von einer Situation geben, die für alle Beteiligten nicht einfach war, aber gemeistert wurde. Ein sehr alltägliches Bild, auf das hier nicht vergessen werden darf, waren natürlich die *„Vier im Jeep"*, die im Bewusstsein der Wiener sehr bald Kultstatus erreicht hatten.

Alles in allem machte sich Wien und auch der Rest Österreichs auf in eine Zukunft, die noch nicht wirklich absehbar war, aber auch zeitweise Anlass zur Hoffnung geben konnte. 1950 zum Beispiel

Arne Karlsson war der Leiter der Schwedenhilfsaktion „Rädda Barnen" in Wien. Er wurde während einer Inspektionsreise durch einen russischen Wachtposten erschossen.
Foto Urbanek 2005

waren die letzten Schulhäuser wieder instand gesetzt und somit in ganz Wien wieder normaler Unterricht möglich. 1955, im Jahr des Staatsvertrages, war im Rahmen eines Wirtschaftsaufschwungs nach Wiedererlangung der Freiheit Österreichs der Weg frei in eine Zukunft, die nur Besseres verheißen konnte, als in den zwei unseligen Jahrzehnten davor geschehen war.

Verwendete Literatur:

http://zeitgeschichte.uni-linz.ac.at/modern.history.linz/004.pdf [10.06.2004].
http://www.wien.gv.at/ma53/45jahre/ [10.06.2004].
Czeike, Felix: Wiener Bürgermeister. Eine Geschichte der Stadt Wien. Wien – München: Jugend und Volk, 1975.

Robert Ehrgang

DIE POLITISCHEN PARTEIEN 1945-1955

Beschäftigt man sich als Mitglied der „Enkelgeneration" mit der österreichischen Geschichte unmittelbar nach dem Zusammenbruch der Nazi-Diktatur, dann stolpert man bei Befragungen von Zeitzeugen und selbst bei intensiver Lektüre von kompetenter Fachliteratur über viele Mythen, Legenden, Vereinfachungen – bis hin zu ausgewiesenen Lebenslügen. Auch im Falle näherer Betrachtung der Entwicklung politischer Parteien nach 1945 sind wir deshalb gut beraten, weniger den überstrapazierten Begriff „Geist der Lagerstraße" oder die volkstümlich längst erfolgte „Heiligsprechung" von Politikern wie Renner, Figl, Raab einfließen zu lassen, als vielmehr Zahlen und Fakten zu sondieren und mit historischem Hintergrund angereichert zu interpretieren.

Dass es die Parteipolitik 1945 eilig hatte, sich neu zu formieren, liegt auf der Hand: Die große Chance für Österreich war ja bereits in der „Moskauer Deklaration" von 1943 festgeschrieben – das Land wurde darin als erstes Opfer von Nazideutschland bezeichnet und sollte als freies, unabhängiges Land (wieder-?) erstehen. Im Februar 1945 einigten sich in Jalta die alliierten Mächte dann auch bereits auf die Einteilung Österreichs in Besatzungszonen. Was später gerne vergessen wurde: Die Alliierten machten in der 1943er Deklaration Österreich sehr wohl auf seine Mitverantwortung am Kriegsgeschehen Hitlerdeutschlands aufmerksam.

Am 13. April war die Schlacht um Wien beendet, Sowjetsoldaten hissten ihre Flagge auf dem Dach der Wiener Hofburg. Nun sollte eigentlich die große Stunde der Widerstandsgruppe O5 schlagen, die davon ausging, die Verantwortung für das „neue Österreich"

Denkmal für Karl Renner, Wien 1
Foto Seiter 2005

Denkmal für Julius Raab, Wien 1
Foto Seiter 2005

zu übernehmen – doch die Sowjets gaben sich in Gesprächen zwar interessiert, man traute der Gruppe von Idealisten jedoch offensichtlich kein staatstragendes Geschick zu. Außerdem hatte man in Moskau längst andere Pläne und vor allem Kontakt zu Karl Renner, der sich gleich nach dem Einmarsch der Russen bei deren Führung meldete und verpflichtet wurde, das alte Parlament einzuberufen. Ein Wettlauf der politischen Lager um Neugründung ihrer Parteien begann.

Es ist bezeichnend, wo sich die Ex- und Neopolitiker jeweils zu Parteien formten: sie kehrten schlicht an die Orte ihrer früheren Machtbasis zurück. Die Sozialisten um Adolf Schärf „besetzten" das Wiener Rathaus, in dem eine Woche lang der bis heute mysteriös gebliebene, selbst ernannte Bürgermeister Rudolf Prikryl amtiert hatte. Schon am 14. April 1945 wurde dort die SPÖ gegründet. Flügelkämpfe sollten mit dem Untertitel „Sozialdemokraten und Revolutionäre Sozialisten" im Keim erstickt werden (was besonders in den ersten Jahren nie ganz gelang und sogar zum Ausschluss von Zentralsekretär Erwin Scharf führte). Theodor Körner wurde als Wiener Bürgermeister offeriert – die Sowjets akzeptier-

Gründungstafel der ÖVP, Schottenhof Wien1
Foto Seiter 2005

ten dies schon drei Tage später und setzten ihn offiziell ein.

Einen Tag nach Gründung der SPÖ, am 15. April 1945, war auch (unter kräftiger und berechnender Mithilfe der Sowjetunion) die Führungsspitze der Kommunistischen Partei Österreichs (KPÖ) vollzählig in Wien versammelt, darunter Johann Koplenig als Vorsitzender, und Friedl Fürnberg als Erster Sekretär.

Die ÖVP war zwei Tage später die letzte der damals neu gegründeten Parteien. Wollte sich das konservative Lager zuerst in der traditionellen Machtzentrale, dem Landhaus in der Herrengasse, formieren, so war dies in diesen Umbruchstagen aus Sicherheitsgründen nicht möglich. Deshalb kam man am 17. April in der Prälatur des nahegelegenen Schottenstifts bei der Freyung zusammen. Die Veteranen aus 1. Republik und Ständestaat, viel mehr aber noch die jungen Leute, die nun an der Parteineugründung teilnahmen, hatten ein großes Problem: das schwere Erbe des Ständestaates, den Austrofaschismus. Es war sehr klug, sich letztendlich doch nicht den alten Namen „Christlichsoziale Partei" erneut (und als ewigen Ballast) umzuhängen. Die Namenswahl fiel auf „Österreichische Volkspartei" – damit wollten die Begründer von Anfang an Breite und Volksnähe symbolisieren, dieses Kalkül erwies sich schon bei der ersten Volkswahl im November als richtig.

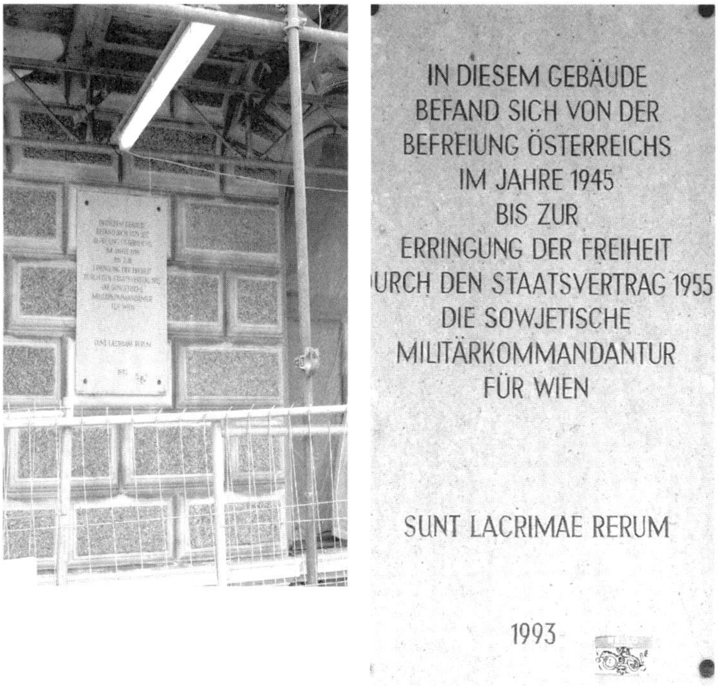

Tafel am Palais Epstein, Wien 1
Foto Seiter 2005

Gemeinsam war allen drei Parteien, dass sie erst vom sowjetischen Stadtkommandanten bewilligt werden mussten. Gemeinsam gründeten die drei neuen Parteien auch die Tageszeitung „Neues Österreich". Tatsache ist aber auch, dass sich diese politischen Aktivitäten zuerst nur auf Wien beschränken konnten, da die westlichen Bundesländer im Einflussbereich der Westalliierten (noch) nicht zu erreichen waren. In Innsbruck etwa gründet der spätere ÖVP-Außenminister Karl Gruber deshalb vorerst die „Österreichische Staatspartei". Erst Ende Juli 1945 konnten sich die Bundesländer (nach vielen Hindernissen seitens der Alliierten, nach unzähligen persönlichen Querelen und gewaltigem gegenseitigem Misstrauen) in Wien föderalistisch einbringen.

Die große Stunde des Karl Renner schlug aber schon in den letzten Tagen des April 1945. Er, von den Sowjets mit der Regierungsbildung betraut, verhandelte nun mit den drei Parteien, schwor sie auf eine Drittelproporzregierung ein und beschloss, nach Akzeptanz der Russen, am 27. April die österreichische Unabhängigkeitserklärung, um zwei Tage später (wohlwollend von den Sowjets und scheel betrachtet von den Westalliierten) im Parlament die Zweite Republik zu proklamieren.

Die Parteien waren also gegründet, (mehr als die drei Parteien SPÖ, ÖVP und KPÖ wurden vorerst von den Alliierten auch nicht zugelassen – somit war etwa die Widerstandsgruppe O5 endgültig ausgeschaltet); Österreich war nun Zweite Republik und hatte eine provisorische Regierung. Bleibt noch ein Meilenstein zu erwähnen, der rückblickend gar nicht positiv genug eingeschätzt werden kann: Noch vor allen Parteien etablierte sich schon am 11. April der Österreichische Gewerkschaftsbund. Das Arbeiter-Trauma 1934 sollte überwunden werden, indem man sich jetzt für einen einheitlichen Gewerkschaftsbund statt der vor dem Krieg ständig gegeneinander kämpfenden Einzelgewerkschaften aussprach. Damit wurde ein Grundstein zum lange anhaltenden sozialen Frieden in Österreich gelegt, der – nur kurz durchbrochen durch die Oktoberunruhen des Jahres 1950 (drohender Generalstreik) – als Erfolgsstory in die Geschichte der Zweiten Republik einging.

Sieht man sich nun die drei Urnengänge an, die zwischen 1945 und 1955 stattfanden, dann wird der Mythos vom „*Geist der Lagerstraße*" stark angekratzt. Die Wahlkämpfe waren allesamt – gelinde gesagt – eine Ansammlung von Grauslichkeiten! Analysiert man etwa die Plakate der Novemberwahl von 1945, dann muss die Frage auch heute noch gestellt werden: Worum ging es damals eigentlich? Um das Wiedererstehen eines völlig zertrümmerten Landes nach dem schrecklichsten Krieg der Menschheitsgeschichte? Oder ging es doch mehr um Revanchismus für die Jahre 1934 und 1938? Die Antwort lautet leider: Im November 1945 war von Gemeinsamkeiten nichts zu sehen und zu hören. Die SPÖ warf der ÖVP Austrofaschismus und Ständestaat vor, die ÖVP konterte mit dem Vorwurf, die SPÖ sei für den Anschluss eingetreten und wolle nach der Wahl mit der KPÖ „gemeinsame Sache machen", die KPÖ warb mit Bildern von den Leichenbergen der Konzentrationslager und forderte die Entfernung (!) und Enteignung aller Nazis (die übrigens von der Wahl ausgeschlossen waren); auch die Jungsozialisten stimmten bald in diese Forderungen mit ein und schlugen auf Plakaten sogar vor, Nazis gegen Kriegsgefangene auszutauschen... Kurzum: vom Mythos des Gemeinsamen, das damals angeblich stets über das Trennende gestellt wurde, konnte keine Rede sein!

Die Novemberwahl 1945 endete mit einem Knalleffekt: Die ÖVP erreichte die absolute Mehrheit (35 Mandate), die SPÖ blieb mit 25 Mandaten eindeutig hinter den Erwartungen zurück; die eigentliche Sensation aber lieferte die totale Wahlniederlage der Kommunisten, die hoch eingeschätzt worden waren und letztlich nur 3 Mandate erringen konnten! Regierungschef wurde Leopold Figl (ÖVP).

Der Wahlkampf 1949 stand im Zeichen eines ungustiösen, teils sehr offenen, teils verdeckten Ringens von ÖVP und SPÖ um Stimmen der nun zur Wahl zugelassenen rund 550.000 ehemaligen Nationalsozialisten. Sogar die KPÖ wollte dieses Wählerpotential nicht ganz „rechts liegen lassen" und regte die Vernichtung der sogenannten „Gau-Akten" an, die im Dritten Reich über jedes NSDAP-Mitglied angelegt worden waren. Und – es gab nun bereits eine vierte Partei: den in Salzburg im März 1949 gegründeten „Verband der Unabhängigen" (VdU), die Vorläuferbewegung der späteren FPÖ, die das nationale und das liberale Lager in sich vereinen wollte (was bis heute nicht gelungen ist) und eine Aussöhnung des neuen Österreichs mit der Nazi-Vergangenheit anstrebte. Der VdU verzeichnete anfangs einen beachtlichen Zulauf und errang als „Wahlpartei der Unabhängigen" (WdU) auf Anhieb 16 (!) Mandate. ÖVP und SPÖ waren mit minus 8 Mandaten bzw. minus 9 Mandaten die großen Verlierer, die Volksopposition (Kommunisten und Linkssozialisten) dümpelte mit 5 Mandaten dahin. Der VdU erklärte sich zu Koalitionsgesprächen bereit, doch dieses Risiko (vor allem den Alliierten gegenüber) wollte letztendlich niemand eingehen – eine Koalition zwischen ÖVP und SPÖ, auf reinen Proporz begründet, war die Folge. Regierungschef blieb Leopold Figl.

Die Wahl 1953 (die ÖVP nun schon unter Julius Raab) brachte den Sozialisten die Stimmen –, nicht jedoch die Mandatsmehrheit: ÖVP 74 Mandate, SPÖ 73 Mandate, WdU 14 Mandate und

Volksopposition 4 Mandate. Der neue, erstmals durchs Volk gewählte Bundespräsident Theodor Körner verhinderte einen bereits ausgehandelten Pakt zwischen Volkspartei und VdU, die ÖVP-SPÖ-Koalition wurde fortgesetzt. Regierungschef war nun Julius Raab. Bis zum Staatsvertrag sollte es noch zwei lange Jahre dauern ...

Mein Resümee führt mich an den Beginn meines Essays zurück: Die allzugroße Mythenbildung und der Versuch, die Jahre 1945 bis 1955 politisch und gesellschaftlich zu verklären, sind nicht aufrecht zu erhalten. Wir müssen aber gerade heute die Leistungen jener in diesen Jahren voll anerkennen, die aus dem Trümmerhaufen, der Österreich (nicht nur wirtschaftlich) war, relativ rasch, letztendlich auch pragmatisch – und inmitten des „Kalten Krieges" einen intakten Staat formten.

Literatur

BROOK-SHEPHERD, Gordon: Österreich. Eine tausendjährige Geschichte. – Wien: Zsolnay, 1998.

KLAMBAUER, Otto: Der Kalte Krieg in Österreich. Vom Dritten Mann zum Fall des Eisernen Vorhangs. – Wien:

Ueberreuter, 2000.

KLEINDEL, Walter (Hg.): Chronik Österreichs, 2. Auflage. – Dortmund: Chronik Verlag, 1985.

PORTISCH, Hugo; RIFF, Sepp: Österreich II, Band 1. Die Wiedergeburt unseres Staates, 8. Auflage. – Wien:

Kremayr & Scheriau, 1985.

PORTISCH, Hugo; RIFF, Sepp: Österreich II, Band 2. Der lange Weg zur Freiheit. – Wien: Kremayr & Scheriau, 1986.

VOCELKA, Karl: Geschichte Österreichs. Kultur – Gesellschaft – Politik, 2. Auflage. – München: Heyne, 2002.

Mediale Quellen

MICROSOFT ENCARTA 2003, Schlagwort: Österreich, Geschichte, Zweite Republik.

www.parlament.gv.at (2004-08-02).

Nicole Huber

ÖSTERREICHS UMGANG MIT NAZIS UND JUDEN/JÜDINNEN IN DER NACHKRIEGSZEIT

Der Zweite Weltkrieg war am 8. Mai 1945 zu Ende. Zieht man Bilanz, waren mehr als eine Million Österreicher in die Wehrmacht eingezogen worden oder hatten sich zur SS gemeldet. Beinahe 700.000 Mitglieder zählte die NSDAP in Österreich. Auf der anderen Seite fielen mehr als 65.000 österreichische Juden und Jüdinnen, zirka 11.000 „ZigeunerInnen" und zehntausende Euthanasieopfer dem Vernichtungsprogramm der Nationalsozialisten zum Opfer. 25.000 ÖsterreicherInnen ermordete man als RegimegegnerInnen, wobei es ausreichte, einen politischen Witz zu machen oder Geschlechtsverkehr mit „Nichtariern" zu haben um verurteilt zu werden. Was den organisierten und militärischen Widerstand betrifft, so war er sicherlich heldenhaft, konnte aber dennoch nicht ausgebaut werden, da er von der Gestapo mangels sozialer Basis in Österreich systematisch zerschlagen wurde (vgl. Tálos 1995, S. 95f).

Der Österreichische Opfermythos

Besonders außenpolitische Motive waren der Grund für die Politiker der Zweiten Republik, Österreich von jeglicher Mitschuld an nationalsozialistischem Verbrechen freizusprechen. Man betonte, dass der Anschluss 1938 nicht auf freiwilliger Basis, *„sondern durch militärische Bedrohung von außen und durch hochverräterischen Terror einer nazi-faschistischen Minderheit"*[21] erfolgte. Weiters wies man darauf hin, dass Österreich *„das erste Opfer der nationalsozialistischen Expansionspolitik"*[22] gewesen sei. KZ-Überlebende, die unparteiisch waren, stellten allerdings für die Regierungsvertreter der Zweiten Republik hinsichtlich dieser im Staatsblatt Nr. 1 aufgenommenen Argumente oft eine Bedrohung dar, da die Geschichte ihrer Verfolgung gerade die Beteiligung vieler

Glasergasse, Wien 9
Nach Scheuch (illegaler Nazi) war die Gasse in den Jahren 1938-45 benannt
Foto Urbanek 2005

ÖsterreicherInnen an den Verbrechen des Nationalsozialismus belegte. Diese These wirkte auch in den ersten Opfer-Fürsorgegesetzen nach. Juden und Jüdinnen fanden zunächst nur Anerkennung, wenn sie sich als politische Opfer ausweisen konnten (vgl. Marinelli 2003, S. 51).

Die Moskauer Deklaration der Alliierten vom 1. November 1943 bot ebenfalls eine Hilfestellung für die Durchsetzung der Opferthese. Ein Punkt war der österreichischen Regierung ein Dorn im Auge: *„(...) dass Österreich allerdings für die Teilnahme am Krieg an der Seite Hitler-Deutschlands Verantwortung trage, der es nicht entrinnen könne.“*[23] Diesen Stolperstein bemühte sich die Regierung bis kurz vor Abschluss des Staatsvertrages im Mai 1955 zu eliminieren. Außenminister Figl ist es in der Nacht vor der Unterzeichnung schließlich gelungen, die Klausel von der Mitschuld Österreichs an den Verbrechen des Nationalsozialismus aus dem Text streichen zu lassen.

Die Entnazifizierung

1945 traten die Entnazifizierungsmaßnahmen, die von den drei Gründungsparteien (SPÖ, ÖVP, KPÖ) und den Besatzungsmächten getragen wurden, in Kraft. Zum einen handelte es sich dabei um das Verbotsgesetz (Registrierung der NSDAP-Mitglieder etc.),

Synagoge im AKH, Wien 9
Der Bau wurde erst nach dem Krieg in eine Trafo-Station umgewandelt; Renovierung 2005
Foto Seiter 2005

zum anderen um die strafrechtliche Verfolgung der nationalsozialistischen Kriegsverbrecher. Was die Haltung der österreichischen Bevölkerung dazu betrifft, so wurde die Entnazifizierung nicht als Reinigungsprozess sondern als Strafe der Sieger empfunden (vgl. Tálos 1995, S.98). Zwischen 1946 und 1948 waren von den Amerikanern in Österreich Umfragen durchgeführt worden: Zwischen einem Drittel und der Hälfte der Befragten stimmten darin dem Satz zu, dass der Nationalsozialismus eine gute Sache gewesen sei, die allerdings schlecht ausgeführt worden sei.

Restitution und Entschädigung[24]

Als erstes Opfer des NS-Regimes sah sich Österreich nicht verpflichtet, Wiedergutmachung zu leisten. Zahlen sollte nach österreichischem Selbstverständnis die „Täterrepublik" Deutschland, kassieren wollte Österreich selbst. Vor allem was die Rückerstattung des geraubten Judengutes betraf, verfolgte der ehemalige Staatskanzler Renner eine eigene Strategie. Die Rückgabe sollte nicht an die einzelnen Geschädigten, sondern an einen gemeinsamen Restitutionsfonds erfolgen, von dem diese nur Anteile erhalten sollten, nicht jedoch ihr Eigentum in „natura" (vgl. Marinelli 2003, S. 75). Nur zögerlich ereignete sich schließlich die Rückerstattung von jüdischem Besitz und das auch nur aufgrund der Londoner Er-

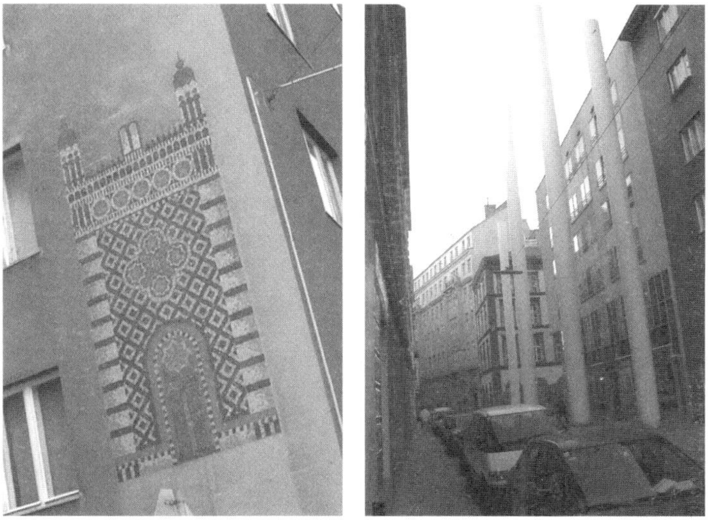

Tempel, Tempelgasse, Wien 2
Foto Seiter 2005

klärung der Alliierten 1943. Als man dann auch noch Wiedergutmachungszahlungen Deutschlands an Österreich forderte, wurde es den Alliierten doch zu bunt und sie lehnten diese Forderung ab.

Die Staatsbürgerschaft der Vertriebenen lebte nicht automatisch wieder auf, sondern musste beantragt werden. Die Betroffenen mussten noch dazu physisch auf österreichischem Gebiet anwesend sein und einen permanenten Wohnsitz haben. Erst 1993 war es durch die Staatsgesetznovelle möglich, die österreichische Staatsbürgerschaft wiederzuerlangen, jedoch mit der Bedingung, die inzwischen angenommene Staatsbürgerschaft des Exillandes aufzugeben. Es stellte sich allerdings die Frage, wer überhaupt noch nach so vielen Jahren zurückkommen wollte. Für ExilantInnen bot sich eine Rückkehr nach Österreich in den ersten Jahren nach dem Krieg nur in den seltensten Fällen an, zeichneten doch die Berichte in ausländischen Zeitungen ein abschreckendes Bild aus neu aufflackerndem Antisemitismus, verschleppten Entnazifizierungen und Rückstellungen. Tatsache war, dass die sozioökonomischen Verhältnisse in der ehemaligen Heimat meist schlecht waren und es eigentlich kaum mehr Remigrationsgründe gab. Natürlich müssten hier auch die Traumatisierungen, die durch Verfolgung und Vertreibung oft durch Menschen in der unmittel-

Sigmund Freud-Museum, Berggasse 19, Wien 9
Foto Urbanek 2005

baren Umgebung zugefügt wurden, berücksichtigt werden (vgl. Marinelli 2003, S. 76f).

Der Kampf um die Wählerstimmen[25]

Bereits 1945 verlangte die ÖVP die Wahlzulassung für einfache NSDAP-Mitglieder bei den ersten Nationalratswahlen. Zu diesem Zeitpunkt stieß sie jedoch noch auf Widerstand von Seiten der SPÖ und der KPÖ. Kurze Zeit später musste allerdings auch die SPÖ feststellen, dass man durch Forderung nach Bestrafung von Nazis keine Wählerstimmen gewinnen konnte. Renner erkannte, dass *„es fast keine Familie, auch keine sozialistische Arbeiterfamilie gibt (...), die nicht in der näheren und ferneren Verwandtschaft Leute hat, die mit den Nazis mitgegangen sind.“*[26] So verlangte die SPÖ in ihrem Programm zwei Jahre später, dass die früheren Mitläufer der faschistischen Parteien in die Gemeinschaft der Staatsbürger eingegliedert werden. Auch die KPÖ konnte der Versuchung nicht widerstehen, aus dem Potential „Ehemaliger“ Wählerstimmen zu gewinnen.

De facto befanden sich bei Abschluss des Staatsvertrages von den über 13.000 nach dem Kriegsverbrechergesetz Verurteilten nur noch 14 in Haft. 1955 zog die oberösterreichische ÖVP über die

Reintegration ehemaliger NSDAP-Mitglieder stolz Bilanz: Die Sühnemaßnahmen seien unter ihrer Führung viel früher aufgehoben worden als in anderen Bundesländern. Entlassungen von ehemaligen nationalsozialistischen Beamten, Zwangspensionierungen und alliierte Verfügungen seien rückgängig oder umgangen worden. *„Die Frage der Illegalität sei im günstigsten Sinne für die Nazis geregelt worden."* [27]

Ausblick

Angesichts der Tatsache, dass die jüdische Gemeinde Wiens vor der nationalsozialistischen Verfolgung 170.000 Mitglieder zählte, ist es wirklich traurig, dass sich 1945 nur mehr 4.000 Juden und Jüdinnen in Wien befanden. Selbst diejenigen, die aus dem Exil zurückkehren wollten, bekamen keine Unterstützung von österreichischer Seite.[28] Im Gegenteil, sie sahen sich auch noch mit Reisebeschränkungen konfrontiert. Die österreichische Regierung versuchte sich von der Mitschuld am nationalsozialistischen Verbrechen zu distanzieren und sieht teilweise bis heute nicht ein, warum Österreich als „Opferstaat" Wiedergutmachung zu leisten hat. Traurig ist es auch, zu sehen, dass laut FPÖ und ÖVP die Restitutionsfrage 1999 immer noch als Verschreckungsmittel der Wähler galt. Vor allem die FPÖ kümmerte sich mehr darum, ihren Ruf als „Nazipartei" auszumerzen, als sich für die Entwicklung zu einem globalen Menschenrechtsbewusstsein einzusetzen.

Bleibt nur die Frage offen, ob es wirklich zu einer gemeinsamen Position zum Holocaust und die Folgen kommen wird, wie dies Daniel Levy und Natan Sznaider nach der Stockholmer Holocaust-Konferenz im Jänner 2000 prognostizierten. Momentan sieht es nicht so aus. Es ist zu wenig, um Verzeihung für vergangenes Unrecht zu bitten, konkrete Konsequenzen müssen sich in der Gegenwart abzeichnen. Materielle Wiedergutmachung ist nur ein Teil der Auseinandersetzung mit dem Unrecht.[29]

Literatur

Marinelli, Lydia (Hg.): Freuds verschwundene Nachbarn. – Wien: Turia + Kant, 2003.

Tálos, Emmerich (Hg.); Sieder, Reinhard; Steinert, Heinz: Österreich 1945–1995. Gesellschaft Politik Kultur. – Wien: Verlag für Gesellschaftskritik, 1995.

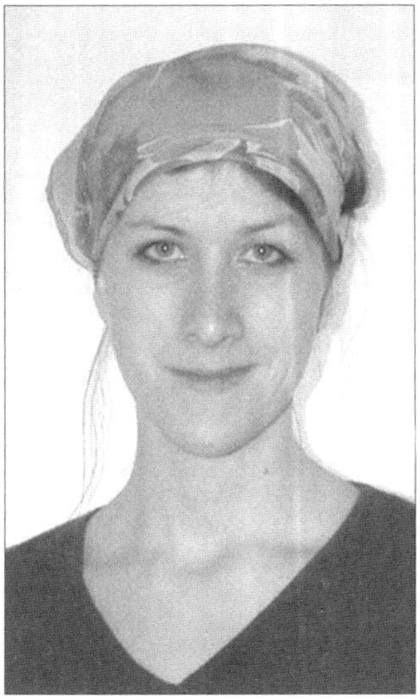

Sabine Pyringer

WIEDERAUFBAU IN ÖSTERREICH NACH 1945

Österreich präsentierte sich nach dem Zweiten Weltkrieg als zerstörtes Land. Der Krieg hatte große Zerstörungen hinterlassen, insbesondere im Osten des Landes. Das Land war von den alliierten Mächten besetzt und in Zonen aufgeteilt. Österreich gelangte in die *Frontlinie des Kalten Krieges zwischen den um die USA gescharten westlichen Großmächten und der UdSSR* [30]. Die Wirtschaft war entgütert, die Produktionsanlagen waren demontiert. Das Verkehrssystem lag brach. Es mangelte an Rohstoffen, Strom und Kohle. Straßenlampen waren eine Seltenheit, Finsternis in der Nacht war normal. Die Inflation stieg.

Dennoch gab es einen bedeutenden Unterschied zu der Situation Österreichs 1918. 1945 wurde Österreich zwar auch aus seinem wirtschaftlichen Zusammenhang gerissen, *doch hatte die siebenjährige Zwangsgemeinschaft mit dem Großdeutschen Reich zu wenig mehr gereicht als zum Zusammenschweißen des Rüstungssektors: Österreich war nach 1938 zum wichtigen Lieferanten von Panzern, Flugzeugen, Lokomotiven, aber auch von Rohstoffen und Energieträgern, insbesondere von Erdöl und – eher potentiell denn aktuell – von Elektrizität aufgestiegen.*[31] Dies vor allem deshalb, weil lange Zeit Österreich als der „Luftschutzkeller des Reiches“ gegolten hatte. Österreichs Rohstoffe wurden während der Zeit des Nationalsozialismus ausgebeutet. Die deutschen Investitionen konzentrierten sich fast ausschließlich auf den Rüstungs- und den Grundstoffsektor, den Bergbau, die Ölgewinnung und den Ausbau der Elektrizitätswirtschaft. Österreich war – wie die Tschechoslowakei – ein wirtschaftlicher Ergänzungsraum.[32]

Die Zeit des Nationalsozialismus änderte die Strukturen der österreichischen Wirtschaft:

Wiederaufbautafel, Zirkusgasse 15, Wien 2
Foto Seiter 2005

• Es fand eine regionale Gewichtsverlagerung innerhalb der österreichischen Industrie statt, weg vom Osten hin zum Westen.

• Es dominierte die Investitionsgüter-Industrie.

• Es wuchs die Zahl der Großbetriebe beträchtlich. Beispiel: die Hermann-Göring-Werke in Linz (die spätere VÖEST).

• Es verschob sich das Eigentum durch die Enteignung der jüdischen Bevölkerung.[33]

Die Trennung Österreichs vom Großdeutschen Reich wurde erst mit Kriegsende endgültig vollzogen. Doch schon ab 1944 wurde Österreich schrittweise regional autark, durch die gezielte Zerstörung der Transportwege durch die Alliierten. Die kriegsbedingte Einbindung in die deutsche Wirtschaft lockerte sich somit zum Kriegsende hin.

Nach Kriegsende stellte sich die Frage, was mit den Riesenbetrieben mit Überkapazitäten geschehen sollte. Wer sollte der neue Eigentümer sein? Die Linzer Stahlwerke verkauften einen Teil ihrer Produktionsanlagen ins Ausland und wurden an weiteren Verkäufen nur durch die amerikanische Besatzungsmacht gehindert.[34] *In der sowjetischen Zone nahmen die Siegermächte den Österreichern einen Teil der Sorgen ab, indem sie Produktionsanlagen demontierten.*[35]

Die Benachteiligung des Ostens war in jeder Hinsicht spürbar: Der Osten war von den Kriegszerstörungen stärker betroffen als der Westen. So betrug der Anteil Niederösterreichs an der gesamtös-

Wiederaufbautafel, Sechsschimmelgasse 10, Wien 9
Foto Urbanek 2005

terreichischen Zerstörung 70%. In der Industrie, im Energie- und im Transportwesen waren die Unterschiede ähnlich gravierend.

Die Jahre 1946 und 1947 waren Krisenjahre. Im Frühjahr 1946 brach eine Ernährungskrise aus, die auch zu Hungerstreiks führte. Im Sommer 1946 beeinträchtigte der Mangel an Kohle den Eisenbahnverkehr. 1947 produzierte die Baustoffindustrie – ebenfalls wegen des Kohlenmangels – sogar weniger als im Vorjahr. Die Ernährung war weiterhin ungenügend. Die Inflation stieg. Als Reaktion darauf wurde im Sommer 1947 das erste von fünf *Lohn-Preis-Abkommen* geschlossen; durch das Währungsschutzgesetz vom November wurde der Notenumlauf nach den ersten Maßnahmen des Jahres 1945 erneut reduziert. Auf internationaler Ebene veränderte sich die Hilfe. Wurden bisher vor allem Lebensmittel eingeführt, nahm im Sommer 1947 der Marshall-Plan Konturen an.

Der Marshall-Plan, ein Hilfsprogramm benannt nach dem Initiator des Plans, US-Außenminister George C. Marshall, sollte die österreichische Wirtschaft wiederbeleben. Das Abkommen zwischen Österreich und den USA wurde am 2. 7. 1948 unterzeichnet. Das so genannte *European Recovery Program (ERP)* brachte Geld- und Sachwerte aus den USA nach Österreich. Als Gegenleistung verpflichtete sich Österreich, die Währung zu stabilisieren und den Staatshaushalt ins Gleichgewicht zu bringen. Österreich bekam als schlecht gestellter Staat die ERP-Hilfe als „*Grants*" (Schenkung) in Warenlieferungen, die zum Inlandspreis verkauft werden mussten.[36]

Ein Großteil der ERP-Mittel floss in den eben erst verstaatlichten Wirtschaftssektor: Die Elekrizitätsfirmen erhielten circa ein Viertel der Mittel der Gelder. Die verstaatliche Industrie, die Wasserkraftwerke und die Eisenbahnen erhielten 60 % der Gesamtsumme. Die regionale Verteilung der ERP-Mittel bevorzugte die westlichen Bundesländer. Diese erhielten 81 % der ERP-Gelder, während sich die traditionellen Industriestandorte Wien und Niederösterreich mit 19 % begnügen mussten. Die Gründe für die Benachteiligung Ostösterreichs lagen einerseits in der geographischen Nähe Ostösterreichs zum „Eisernen Vorhang" und andererseits in der ständigen Präsenz der Roten Armee bis 1955. So gesehen verstärkte der Marshall-Plan die ostösterreichische Benachteiligung. Dennoch kann heute gesagt werden:

In den gesamtwirtschaftlichen Wachstumsraten hat dieses Zurückbleiben Ostösterreichs kaum Niederschlag gefunden. Man könnte, im Gegenteil, die Frage stellen, ob ein den Vereinigten Staaten „sicheres" Österreich mit einer ebenso großzügigen Hilfe bedacht worden wäre wie ein teilweise von der Roten Armee besetztes Land.[37]

Die großzügige Hilfe wurde allerdings auch kritischer gesehen. So gibt der Präsident der Bundeskammer der gewerblichen Wirtschaft, Franz G. Dworak, 1953 Folgendes zu bedenken:

Dem Wiederaufbau der Wirtschaft kam auswärtige Hilfe in hohem Maße zu Gute. Allerdings stellen die gewaltigen Summen, die ins Land flossen, etwa den gleichen Wert dar, den Österreich unter dem Titel der Besatzung an Schaden erlitt, sodaß in der Gesamtbilanz der Wiederaufbau aus eigener Kraft geleistet wurde.[38]

Die österreichische Wirtschaft baute nach 1945 wieder auf ihre Stärken: österreichische Qualität anstatt von Quantität. Die Qualität österreichischer Gewerbeerzeugnisse wie Schuhe, Taschen, Hüte, Schirme und Schmuck war über die Landesgrenzen hinaus bekannt. Ebenfalls eine große Rolle spielte die Ausfuhr der Eisen- und Metallindustrie und die Ausfuhr von Strom. Damit verzeich-

„Österreichs Landschaft ist ohne Zweifel eine Ressource"
Foto Rudi Karber 2002

nete die österreichische Wirtschaft 1952 einen Gesamtexport im Wert von 7,8 Millionen Euro. Importiert wurden vor allem Lebensmittelgüter und Rohstoffe, an denen es in Österreich mangelte.

Das österreichische Wirtschaftswunder der 50-er Jahre wäre sicher nicht ohne den Tourismus möglich gewesen, der eine weitere große Einnahmequelle darstellte – und heute noch darstellt. Eben schon zitierter Franz G. Dworak beschreibt in blumiger Sprache die Gründe für Österreichs Beliebtheit als Urlaubsort:

Nicht nur durch die landschaftliche Vielfalt und Schönheit der österreichischen Gebirge, Flußtäler und Seen, sondern auch durch die Gastlichkeit unseres Volkes werden alljährlich unzählige Ausländer veranlaßt, ihren Winter- oder Sommerurlaub in Österreich zu verbringen.[39]

Österreichs Landschaft ist ohne Zweifel eine Ressource – eine von vielen, über die Österreich nach Kriegsende verfügte. Der Begriff „österreichisches Wirtschaftswunder" der Nachkriegszeit, kann deshalb meiner Meinung nach nur aus der Situation heraus erklärt werden. Das Selbstbewusstsein der österreichischen Bevölkerung war schwer erschüttert und noch immer zweifelten viele daran, ob das kleine Österreich alleine überhaupt lebensfähig wäre. Zweimal aus einem großem Ganzen herausgefallen, bewies erst die Zeit, dass es besser ist, sich auf die eigenen Füße zu stellen. Der sich bald einstellende Erfolg äußerte sich in einem steigenden

Gedenkstein für George C. Marshall
Kaisermühlendamm, 1220 Wien
Foto Urbanek 2005

Selbstbewusstsein und mit dem Bewusstsein um die eigenen Stärken entwickelten die Österreicher erstmals auch ein Österreichbewusstsein. Franz G. Dworaks stolze Liebeserklärung an die Österreicher, ist ein schönes Schlusswort und solle meine Meinung abschließend illustrieren:

Das „österreichische Wunder", wie der Aufbau der österreichischen Wirtschaft aus dem Nichts im Ausland manchmal bezeichnet wird, vollzogen in acht Jahren unter schwersten politischen und wirtschaftlichen Bedingungen, konnte nur durch die Opferbereitschaft und den Lebenswillen eines kleinen Volkes vollbracht werden.[40]

Verwendete Literatur

Tálos, Emmerich (Hg.); Sieder, Reinhard; Steinert, Heinz: Österreich 1945–1995. Gesellschaft Politik Kultur. – Wien: Verlag für Gesellschaftskritik, 1995.

Skandinavischer Klub in Wien (Hrsg.): Österreich dankt Skandinavien. Ferdinand Berger Verlag, Horn 1953

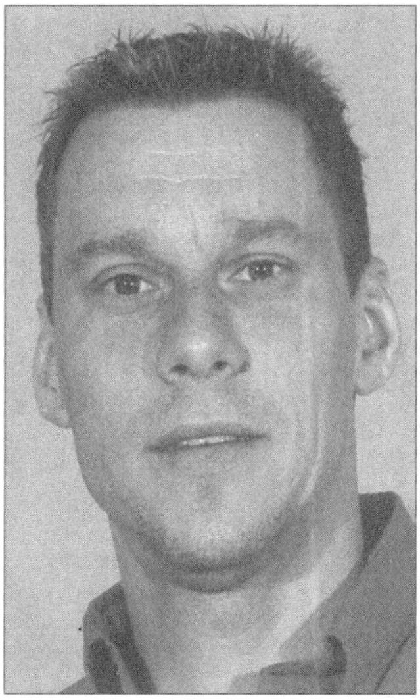

Thomas Novak

MYTHOS STAATSVERTRAG

„Der jährlich wiederkehrende Nationalfeiertag in Österreich fällt deshalb auf den 26.Oktober, weil an diesem Tag der letzte Besatzungssoldat Österreich verlassen hat."

Dieser Satz ist eine klare historische Fehleinschätzung!

Am 19. September 1955 verließen die letzten sowjetischen Soldaten Österreich, ihnen folgten am 21. Oktober 1955 die letzten amerikanischen, offiziell endete die Besatzung mit dem 25. Oktober.

Am 26. Oktober 1955 beschloss das Parlament ein Verfassungsgesetz zur immerwährenden Neutralität, dieser Tag wurde bis 1965 als *„Tag der Fahne"* begangen, danach zum *Österreichischen Nationalfeiertag* erklärt.

Oktober 1943: Die Außenminister Großbritanniens, der Sowjetunion und Amerikas beschlossen die Moskauer Deklaration, in der die Freiheit und Unabhängigkeit eines österreichischen Staates wiederherzustellen sei.

April 1945: Der Europäische Beratungsausschuss der Alliierten (Frankreich, Großbritannien, UdSSR, USA) proklamierte die Teilung Österreichs in vier Zonen:

Nordtirol/Vorarlberg – Frankreich;
Kärnten/Osttirol – Großbritannien;
Niederösterreich/Burgenland/Mühlviertel – UdSSR;
Salzburg/Oberösterreich – USA.

Wien wurde ebenfalls in vier Zonen gegliedert, der 1.Bezirk gemeinsam verwaltet. Der Alliierte Rat kontrollierte die einstimmig gefassten Abkommen.

27. April 1945: Die österreichische Konzentrationsregierung

Denkmal für die Rote Armee „Hochstrahlbrunnen"
Foto Seiter 2005

(SPÖ, ÖVP, KPÖ) verabschiedete die Unabhängigkeitserklärung Österreichs.

Februar 1947: Bei den Londoner Verhandlungen kam es zu einem aus 59 Artikeln bestehenden Vertragsentwurf, welcher die Wiederherstellung eines unabhängigen und demokratischen Österreich sichern sollte. Nahezu die Hälfte aller Punkte wurde von den Alliierten angenommen.

März–April 1947: Bei der Außenministerkonferenz in Moskau blieben die Differenzen zu den Fragen über die jugoslawischen Gebietsansprüche (Teile von Kärnten und Steiermark) sowie die Rückerstattung deutschen Eigentums durch die UdSSR an Österreich bestehen.

Juni 1949: In der Außenministerkonferenz von Paris erklärte die Sowjetunion, die Gebietsansprüche Jugoslawiens nicht mehr unterstützen zu wollen; zum Thema des deutschen Eigentums konnte weiterhin keine Einigung erzielt werden. Bis zum Jahresende 1949 waren dennoch 48 von 53 Artikel der damaligen Fassung des Staatsvertrages fertiggestellt, allerdings unter schlechteren Kondi-

Ehemaliges Hauptquartier der US-Armee in Wien
Nationalbank, Otto Wagner-Platz, Wien 9
Foto Urbanek 2005

tionen als 1955. In weiterer Folge gerieten die Verhandlungen aufgrund des Kalten Krieges zwischen der UdSSR und USA bis zum Frühjahr 1952 ins Stocken.

März 1952: Die Westmächte forderten in einem Vertrag, bestehend aus acht Artikeln, die UdSSR auf, deutsches Eigentum an Österreich zurückzugeben. Diese wies den Vorschlag zurück.

7. Februar 1954: Im Zuge der Außenministerkonferenz in Berlin kam es an diesem Tag zu Staatsvertragsverhandlungen, an denen Österreichs Außenminister Leopold Figl erstmals teilnahm. Die Sowjetunion stellte Bedingungen für einen neuen Vertrag: Auflösung des Alliierten Rats; Abgeltung deutschen Eigentums durch Waren; Verbleib der alliierten Truppen im Land, auch über einen möglichen Staatsvertragstermin hinaus, solange kein Friedensvertrag mit Deutschland beschlossen wurde, um einen neuerlichen Anschluss zu verhindern. Dieser Vorschlag wurde von den alliierten Westmächten und Österreich abgelehnt. Figl unterbreitete seinerseits einen Vorschlag zur militärischen Neutralität.

Eine Verschärfung im Bemühen um den Staatsvertrag trat ein, als Deutschland (Westzonen) 1954 Bestrebungen erkennen ließ, sich in das westliche Verteidigungssystem der NATO einzugliedern. Nun schien die Rolle eines neutralen Österreich zwischen den Blöcken für die UdSSR an Bedeutung zu gewinnen.

8. Februar 1955: In seiner Grundsatzrede vor dem Obersten Sowjet schlägt Außenminister W. M. Molotow eine Konferenz zur Klärung der deutschen Frage und des Staatsvertrages vor, bei entsprechenden Garantien eines Nichtanschlusses Österreichs an

„Staatsvertragsbalkon“, Belvedere
Foto Seiter 2005

Deutschland. Er lud die politischen Vertreter Österreichs nach Moskau ein. Die Westmächte stimmten dieser Einladung zu.

12.–15. April 1955: Bundeskanzler Raab, Vizekanzler Schärf, Außenminister Figl und Staatssekretär Kreisky bildeten die österreichische Delegation. Die dreitägigen Verhandlungen mündeten im Moskauer Memorandum, das u.a. folgende Punkte umfasste: Nichtanschluss an Militärbündnisse; Nichtzulassung von Militärstützpunkten auf österreichischem Boden; internationale Verpflichtung zur ständigen Neutralität (nach dem Vorbild der Schweiz); Garantien zur staatlichen Souveränität wurden zugesichert; deutsches Eigentum wurde gegen Warenlieferungen zurückgegeben (150 Millionen $ Ablöse für deutsches Eigentum, 2 Millionen $ als Ablöse für die DDSG, 1 Million Tonnen Rohöl pro Jahr / zehn Jahre als Ablöse für Erdölbesitzungen) und Normalisierung der Handelsbeziehungen; nach Unterzeichnung des Staatsvertrages Abzug der Besatzungstruppen bis 31. 12. 1955; Rückkehr österreichischer Kriegsgefangener aus der Sowjetunion.

2. Mai 1955: Beginn der Botschafterkonferenz in Wien, bei der

Gedenkstein der USA
(links: überklebt)
Frankplatz, Wien 9
Foto Urbanek 2005

die Differenzen in den Punkten Flüchtlinge und Stärke des österreichischen Bundesheeres beigelegt werden konnten und die UdSSR deutsches Eigentum formell an Österreich übergab.

10. Mai 1955: Der österreichische Ministerrat erteilte Leopold Figl die Berechtigung zur Unterschrift des Staatsvertrages.

14. Mai 1955: Die Abschlusskonferenz der Außenminister (L. Figl, Antoine Pinay: Frankreich, Harold MacMillan: Großbritannien, W.M. Molotow: UdSSR, John Foster Dulles: USA) beschloss Sicherstellungen zur österreichischen Neutralität, Figl setzte die Streichung der Formulierung einer Mitschuld Österreichs am Krieg durch.

15. Mai 1955: Unterzeichnung des Staatsvertrages durch die fünf Außenminister im Schloss Belvedere.

Juni 1955: Die ersten Kriegsgefangenen aus der Sowjetunion kehrten heim.

27. Juli 1955: Der Alliierte Rat traf sich zu seiner 249. und letzten Sitzung.

Verwendete Literatur

Dusek, P. ua: Zeitgeschichte im Aufriß. Österreich von 1918 bis in die achtziger Jahre. Wien: Jugend und Volk, 1981.

Jochum, M.: Die zweite Republik in Dokumenten und Bildern. Wien: W. Braumüller GmbH, 1982.

Portisch, H.; Riff, S. Österreich II: Die Wiedergeburt unseres Staates. Wien: Kremayr & Scheriau, 1985.

Anmerkungen

[1] Portisch 1985, S. 81.
[2] vgl. Rauscher 1995, S. 77ff.
[3] vgl. Portisch 1985, S. 116f.
[4] vgl. Portisch 1985, S. 116.
[5] vgl. Wagner 1995, S. 233, 238.
[6] vgl. Portisch 1985, S. 145, S. 163.
[7] vgl. Rauscher 1995, S. 85.
[8] vgl. Rauscher 1995, S. 86.
[9] Rauscher 1995, S. 86.
[10] Zit. nach: Malina, Peter; Spann, Gustav: Vom Umgang mit unserer Vergangenheit. Herausgegeben vom BmfUK, Wien, 1988.
[11] Hanisch, Ernst: „Österreichische Geschichte 1890–1990: Der lange Schatten des Staates - Österreichische Gesellschaftsgeschichte im 20. Jahrhundert“. Ueberreuter Verlag, Wien 1994, S. 400.
[12] Bundespolizei Salzburg, Staatspolizei, Zl. I - 10742/46/dr. Ho. v. 29.Mai 1946 / DÖW.
[13] Gendarmeriekommando Tamsweg v. 24. 5. 1946 / DÖW.
[14] Grab, Wolfgang; Neugebauer, Wolfgang: Österreichische Freiheits- und Widerstandskämpfer. Wiener Vorlesungen. Picus, 1994, S. 46.
[15] Rathauskorrespondenz, Wiener Kalendarium, „Wien 1945“. PID der Stadt Wien, 1995, Nr. 8, S. 4.
[16] Angabe eines Zeitzeugen im Karl-Marx-Hof, 2003.
[17] Hanisch, S. 390.
[18] Neugebauer, Dr. Wolfgang : „Verfolgung und Widerstand in Wien 1934–1945. ÖBV, Wien 1983.
[19] Widerstandsbegriff nach Botz, in : Hanisch, S. 390.
[20] Rathauskorrespondenz, Wiener Kalendarium, „Wien 1945“. PID der Stadt Wien, 1995, Nr. 8, S. 2.
[21] Tálos 1995, S. 96.
[22] Tálos 1995, S. 96.
[23] Tálos 1995, S. 98.
[24] Tálos 1995, S. 100f.

[25] Tálos 1995, S. 102f.
[26] Bergmann 1995, zit. n. Tálos 1995, S. 101.
[27] Tálos 1995, S. 103.
[28] vgl. Marinelli 2003, S. 49.
[29] vgl. Marinelli 2003, S. 87.
[30] Tálos 1995. S. 69.
[31] Tálos 1995 S. 71.
[32] Tálos 1995 S. 71.
[33] Tálos 1995 vgl. S.72.
[34] Tálos 1995 vgl. S. 73.
[35] Tálos 1995 vgl. S. 73.
[36] vgl. www.aeiou.at; Suchbegriff: Marshall-Plan. (18.06.04)
[37] Tálos 1995 S. 78.
[38] Skandinavischer Klub in Wien (Hrsg.): Österreich dankt Skandinavien. Ferdinand Berger Verlag, Horn 1953. S. 198-199.
[39] Skandinavischer Klub S.214.
[40] Skandinavischer Klub S.216.

DIE BERICHTE

Herbert Krejci

KOMPROMISSE GEHÖREN ZUR DEMOKRATIE

Geboren am 13. September 1922 in Wien. 1940 Ablegung der Reifeprüfung in Wien Döbling.

1945 Journalist beim US-Nachrichtendienst, kommt über den „Wiener Kurier" zur Presseabteilung der Österreichischen Industriellenvereinigung, ab 1961 Leiter der Presseabteilung und Chefredakteur der „industrie". 10-jährige Tätigkeit als Lehrbeauftragter und Universitätslektor für Public Relations an der Wirtschaftsuniversität. 1980–1992 Generalsekretär der Österreichischen Industriellenvereinigung, langjähriger Aufsichtsratvorsitzender der Verbundgesellschaft und der VA Technologie AG.

Das überaus aufschlussreiche und sehr interessante Interview begann Prof. Herbert Krejci mit einer Geschichte über seine Rückkehr nach Wien. Die insgesamt sechs Jahre dauernde Zeitspanne als Arbeitsdienstmann und Soldat führte ihn am Beginn an die Westfront. Nach einem kurzen Aufenthalt zu Hause in Wien, mit der eigentlichen Absicht an der Universität zu inskribieren, kam es jedoch etwas anders und er meldete sich freiwillig zur Luftwaffe. Er war Funker, was in nach Russland führte, wo er bis zum Kriegsende und bis zu seiner Gefangennahme durch die Amerikaner eingeteilt war. In Mecklenburg (Deutschland) wurde er im Frühjahr 1945 von amerikanischen Soldaten gefangen genommen und dann an die Britische Armee übergeben. Diese brachte ihn nach Schleswig-Holstein, wo er und seine Kameraden auf Feldern ihr Lager aufbauen mussten. Die Verpflegung wurde anfangs durch Care-Pakete aus Amerika abgedeckt. Von den Briten an die Kanadier übergeben, gelangte er nach Ostfriesland, von wo aus dann im März des Jahres 1946 die Heimreise nach Wien begann.

In Wien Meidling angekommen, galt die größte Sorge, ob denn das Elternhaus den Angriffen getrotzt hatte und nicht zerstört worden war. Groß war die Freude, als dies der Fall war und auch die Eltern wiedergetroffen wurden.

„Die Befriedigung der Lebensnotwendigkeiten stand im Vordergrund. Das Wichtigste war, dass man nicht gehungert hat und dass man geschaut hat, dass es in der kalten Jahreszeit zumindest einmal am Tag irgendwo ein bisschen warm wurde."

Diese damals herrschende Aufbruchsstimmung ermutigte die Menschen weiterzumachen. Das kulturelle Interesse wurde wieder entflammt und man versuchte alles nachzuholen, was man durch den Krieg verloren hatte. Die Besatzungszeit erlebte Prof. Krejci jung verheiratet. Erst langsam normalisierte sich die Versorgungssituation wieder.

„Das Wichtigste damals war der Lebensmittelaufruf. Der Lebensmittelaufruf wurde jeden Freitag für die nächste Woche veröffentlicht. Das heißt: Wie viel dag Fett bekommt man? Wie viel dag Fleisch gibt es? Gibt es ein halbes Kilo Brot mehr? Da hat es gegeben Normalverbraucher, Arbeiter, Schwerarbeiter, Schwerstarbeiter, stillende Mütter usw.

Das war das, worauf sich die Leute im Radio und in den Tageszeitungen gestürzt haben! Was bringt denn der Lebensmittelaufruf? ... Wenn man das heute liest greift man sich an den Kopf."

Dadurch, dass die Amerikaner für den Teil der Stadt, in dem die Familie Krejci wohnte, zuständig war, war die Situation etwas angenehmer. Der russische Teil war der gefährlichste. Man versuchte, möglichst nur am Tag durch diese Gebiete zu gehen. In der Nacht war es besser sie zu meiden.

Durch die Amerikaner bekam Prof. Krejci auch seinen ersten Job nach dem Kriegsende. Er arbeitete als Portier im Hotel *„Auge Gottes"*, wo eine Vielzahl amerikanischer Journalisten untergebracht war. Einer von diesen war es auch, der ihn zunächst als Übersetzer in den Amerikanischen Nachrichtendienst, der die Nachrichten der großen internationalen Nachrichtenagenturen zusammenfasste, brachte. Von dort ging es im Herbst 1946 zum „Wiener Kurier", dem Organ der amerikanischen Besatzungsmacht in Österreich.

Prof. Herbert Krejci wurde beim Kurier zum Ressortleiter für die Außenpolitik. Durch die Arbeit bei der Zeitung war der *„automatische Verkehr“* mit den Weltnachrichten ein sehr großer Vorteil. Dieses Wissen um die Hintergründe brachte ihm einen Informationsvorteil gegenüber dem Rest der Bevölkerung, der eine sehr wichtige Sache für ihn darstellte. Dies führte – seiner Meinung nach – wahrscheinlich auch dazu, dass er schon recht früh nach Kriegsende erkannte, dass die Zusammenarbeit und der Friede unter den Alliierten nicht bleiben würde. Durch die damals vorhandenen Zeitungen, hauptsächlich aber durch den Kurier, versuchte man die Österreicherinnen und Österreicher zum Zusammenhalt und zum Widerstand gegen die Besatzungsmächte aufzurufen.

> *„Am Fünfzehnten war die Staatsvertragszeremonie im Belvedere, da waren ja tausende Menschen im Park. Ich habe mir aber das am Radio zu Hause angehört. Meine persönlich Stimmung war eher gespalten.“*

Einerseits hatte Prof. Krejci als Österreicher große Freude, da es für das Land Österreich endlich soweit war, die Selbstständigkeit wieder zu erlangen. Anderseits hatte er aber mit seiner außenpolitischen Erfahrung als Journalist die Sorge, wie Österreich mit dieser neuen Situation – als souveräner Staat mit immerwährender Neutralität – in der Welt umgehen werde. Auch die persönliche Situation musste neu geordnet werden. Die Arbeit bei der amerikanischen Besatzungsmacht war schlagartig beendet. Eine neue Existenz für ihn und seiner Familie musste aufgebaut werden.

> *„Man sollte in Ruhe und anständig darüber nachdenken, was das Erfolgsrezept dieser Zeit war.“*

• Die politischen Gegensätze sollten überwunden werden. Die Entzweiung Österreichs zwischen 1918 und 1938 hat zu zwei Bürgerkriegen geführt und eine große Kluft zwischen den Parteien gebracht. *„Es waren diese auch Glaubens- und Weltanschauungskriege zwischen den Lagern.“* Dann war die Zeit des Dritten Reiches und erst danach führte die Zusammenarbeit zwischen den beiden Großparteien zu einer Verbesserung für Österreich und seine Menschen.

„Zusammenarbeit heißt, dass man Verständnis für die Anliegen

der Anderen hat, dass man nicht seinen Standpunkt stur allein durchsetzen kann, sondern dass man sich eben einigen muss.“

• Die Zusammenarbeit der Sozialpartner (Arbeitnehmer- und Arbeitgebervertretungen) war ebenfalls ein wichtiger Schritt in die richtige Richtung.

„Man soll diese Ära der Sozialpartnerschaft jetzt nicht in den Himmel heben, es waren Menschen, die am Werk waren, aber es war der ehrliche Wille da, nicht mehr aufeinander loszugehen, ...“

Prof. Krejci meint, man müsse sich davon lösen, Probleme mit Gewalt zu beseitigen.

„Kompromisse sind nichts Fauliges, sondern ist Eingehen auf die Wünsche des Anderen und zu schauen, dass ein für alle Beteiligten akzeptables Ergebnis herausschaut.“

Dies ist in der heutigen Zeit besonders wichtig, da wir in einer äußerst unsicheren Zeit leben. Durch die prekäre Lage am Arbeitsmarkt wissen viele Menschen oft nicht, wohin sie der Weg führt und wie es weitergehen soll.

„Dabei ist es wichtig, dass man im kleineren Bereich die Zusammenarbeit aufrecht erhält und versucht, gemeinsam Probleme zu lösen, die auch die menschliche Seite nicht zu kurz kommen lässt.“

Herbert Krejci zeigt sich erschüttert über das Wissen vieler Österreicherinnen und Österreicher im Bezug auf die Jahre 1938 bis 1945. Menschen sollten mehr über den Zweiten Weltkrieg, aber auch über die Zeit vorher und nachher Bescheid wissen. Die Menschen müssen eine Beziehung zur Geschichte finden.

„Ein ahistorisches Denken führt zu nichts. Ein deutscher Philosoph hat einmal richtig gesagt: ‚Zukunft hat nur, wer Herkunft hat.‘ Herkunft und Zukunft gehört zusammen.“

Auch ist er sehr betrübt über die vielen Wissenslücken, leider auch aus der Geschichte der jüngsten Zeit. Selbst Studenten der Wiener Wirtschaftuniversität erfahren fast nichts über die dramatische Zeit zwischen dem Kriegsende und den Sechzigerjahren.

Er hofft allerdings sehr darauf, dass sich diese Einstellung in diesem Jahr, dem Staatsvertragsjahr, durch die vielen Reportagen und

Feierlichkeiten stark verbessern wird.

> *„Nur ist dort wieder die Gefahr, dass ein Overkill betrieben wird, wo dann viele junge Leute sagen: Na so patriotisch möchte ich es auch nicht haben, dass das ganze wie ein Hochamt inszeniert wird. Die gesunde Mitte zu finden wäre sinnvoll."*

Er selbst ist sehr froh, dass er sehr intensiv in die Staatsvertragsausstellung im Belvedere eingebunden ist, wo die gesamte Zeitspanne von 1918 bis 1955 abgedeckt wird. Die Ausstellung soll vor allem durch eine medientechnisch hochinteressante Form präsentiert werden,

> *"... damit es nicht fad ist, sondern dass dort Leben ist und eine Beziehung zwischen dem Besucher und dem Objekt bzw. der Geschichte entsteht und da hoffe ich, dass man da beitragen kann. Das wird eine aber auch zum Teil sehr kritische Sicht sein ... Diese Ausstellung ist nicht eine reine Beweihräucherung: 'wir sind so großartig' – sondern es werden auch dunkle Seiten aufgezeigt ... Da hoffe ich, dass man viele junge Menschen hineinbekommen wird."*

Vielen Dank an Herrn Prof. Herbert Krejci für das Interview.

Prof. Dr. Erika Weinzierl

EINER VON JENEN, DIE DIE STADT BEFREIT HABEN

Erika Weinzierl, geboren am 6.6.1925 in Wien, Matura 1943, 1945-1948 Studium der Geschichte, Dr. phil. 1948, Heirat und Beginn der Karriere im Staatsarchiv ebenfalls 1948, 1950 und 1954 Geburt der Söhne, Habilitation 1961 an der Philosophischen Fakultät der Universität Wien, ab 1964 Leiterin des Instituts für kirchliche Zeitgeschichte am Forschungszentrum Salzburg, ab 1967 außerordentliche Professorin, 1969 ordentliche Professorin für Österreichische Geschichte an der Universität Salzburg, von 1979 bis 1995 ordentliche Universitätsprofessorin für Neuere und Neueste Geschichte am Institut für Zeitgeschichte der Universität Wien. Seit 1995 emeritierte Professorin.

Wenn wir zu Ihnen ganz spontan „1955" sagen, was kommt Ihnen da – ebenfalls ganz spontan – in den Sinn?

Weinzierl: Der Staatsvertrag.

Wie verknüpfen Sie dieses Ereignis mit Ihrer persönlichen Geschichte?

Weinzierl: Es war der 15. Mai. Es war ein schöner Tag für mich und meine Familie, obwohl mein jüngerer Sohn damals erst ein Jahr alt war und der andere gerade erst fünf – aber für meinen Mann und mich war das ein sehr, sehr schöner Tag.

Es waren 10 Jahre vorausgegangen, die nicht ganz so schön waren für viele ÖsterreicherInnen, oder zumindest partiell nicht ganz schön waren. Welche Erinnerungen an die sogenannte Besatzungszeit fallen Ihnen ein?

Weinzierl: Ja, da ist die Erinnerung eine ganz merkwürdige. Die ist vom April 1945, als die Russen gerade die Stadt erobert oder befreit haben und wir haben diese letzten Kriegstage im Keller verbracht, bei meiner Mutter, und dann haben wir vorsichtig auf die Straße geschaut und da haben wir als erstes auf der Straße einen toten russischen Soldaten liegen gesehen.

Wenn wir jetzt eine fiktive Skala hernehmen: freudigstes Erlebnis in dieser Zeitspanne und traurigstes Ereignis – was kommt da bei Ihnen auf diese Skala?

Weinzierl: Freudigstes ist sicher der Staatsvertrag und freudig war für meine Familie und mich auch das Ende 1945. Wir haben die Niederlage des Deutschen Reiches als Befreiung empfunden, als Befreiung Österreichs! Und dieser tote russische Soldat war einer von jenen, die die Stadt befreit haben – für uns.

Ich weiß aber nicht, wie die Mehrheit der Wiener darüber gedacht hat.

Die öffentliche Meinung ist schnell gekippt. Die Befreier wurden sehr schnell die Besatzer. Wie sehen Sie das als Zeitgeschichte-Professorin?

Weinzierl: Ja, das kann ich sehr schwer trennen.

Für uns sind sie eigentlich – also persönlich – die Befreier geblieben, aber natürlich haben wir einiges miterlebt – nicht in meinem Haus – aber wir haben das sehr wohl gehört. Im 6. Bezirk etwa hat es Vergewaltigungen gegeben, und dann waren auch Uhrendiebstähle. Ich habe so etwas persönlich, Gott sei Dank, nie erlebt, aber das hat die Stimmung der Leute natürlich sehr, sehr gedrückt.

Eine Stimmung, die ja auch die Parteien aufgegriffen haben.

Wir sind bei unserer Recherche auf den Werbeslogan der ÖVP 1945 gestoßen: „Für Ur-Wiener und Wiener ohne Uhr – wählen Sie ÖVP“

Es dürfte also Niederschlag gefunden haben.

Weinzierl: Also diese Uhrengeschichte – in unserer Familie nicht – aber die war wirklich arg – leider.

Die Bemühungen um den Staatsvertrag waren, wie wir heute wissen, ja relativ lange; Es hat relativ früh begonnen und ist dann wellenbe-

wegungsartig weiter gegangen.

Wann haben Sie und Ihre Familie gedacht, jetzt könnte es etwas werden? War das schon früh, oder ... ?

Weinzierl: Ja, wir habe relativ früh gehofft, und eben lange gehofft, und wir waren dann immer wieder enttäuscht. Ich war im 45er-Jahr 20 Jahre alt und im Jahr [19]48 habe ich geheiratet, im Jahr [19]50 ist der erste Sohn auf die Welt gekommen. Das alles hat sich in dieser Zeit abgespielt und wir haben immer gehofft, es endet.

Haben Sie Armut erlebt in dieser Zeit?

Weinzierl: Hunger!

Also die Nazis hatten ja tatsächlich vorgesorgt. Da gab es diese Lebensmittelkarten und das hat ja funktioniert, so halbwegs, bis zum Kriegs-Schluss, dann aber nicht mehr. Meine Mutter zum Beispiel hat ihren ganzen Schmuck in dieser Zeit, nach Kriegsende, hergegeben, nur für Lebensmittel. Ich kann mich daran erinnern, dass ich einmal mir ihr über die Reichsbrücke zu Fuß hinüber gegangen bin. Wir haben dort Lebensmittel geholt und dann hat uns ein russisches Lastauto mitgenommen, die waren sehr nett. Und dann haben alle Leute in der Familie gesagt, dass wir verrückt waren, meine Mutter und ich, dass wir da überhaupt hinaufgestiegen sind. Und wir haben beide gesagt: *Warum? Die waren sehr nett und wir waren sehr froh, dass wir nicht zu Fuß gehen mussten.* Das zeigt natürlich schon die Stimmung und, dass man sozusagen Leute, die sich auf ein russisches Lastauto getraut haben, für nicht ganz normal gehalten hat.

Wann ist es spürbar besser gegangen?

Weinzierl: Ab 1948.

Also wirklich erst ab 1948?

Weinzierl: Ja.

Und dann aber spürbar! Schrittweise oder linear, oder wie würden Sie es heute einstufen?

Weinzierl: Ich würde sagen: doch deutlich spürbar. Ob das sehr schnell gegangen ist ... ? Bis dahin war die Frage *Essen – und wie* *kriegt man es und so weiter* – schon ein Problem, und dann nicht mehr. Obwohl wir noch Besatzung hatten.

Haben Sie die Hilfe aus dem Ausland persönlich erlebt?

Weinzierl: Nein, wir haben nie ein Care-Paket bekommen.

Die Handhabung war also unterschiedlich?

Weinzierl: Sehr unterschiedlich. Nicht ein einziges Care-Paket! Mich hat das eher unberührt gelassen, aber das ist damals schon oft erzählt worden: *Also die und die kriegen laufend aus dem Ausland Care-Pakete...*

Der Schulbetrieb in dieser Zeit in Wien – wie war der?

Weinzierl: Meine Eltern waren Lehrer und die waren nicht belastet, sondern im Gegenteil – mein Vater war Sozialdemokrat. Er wurde dann Schulinspektor und meine Mutter Schuldirektorin. Ich weiß daher ziemlich genau, dass der Schulbetrieb relativ ordentlich und regelmäßig vor sich gegangen ist.

Also der war immer schon ordentlich in Österreich?

Weinzierl: Naja, wenn ich an die Nazi-Zeit denke und ich habe [19]43 maturiert, da ist dann schon sehr viel Politik ab [19]38 in die Schule gekommen und zwar vor allem durch eine Direktorin. Ich bin in die *Rahlgasse* gegangen und da haben wir eine total fanatische Nazi-Frau als Direktorin bekommen, die Vorgängerin war eine habilitierte Altphilologin, *Gertrud Herzog-Hauser*, und dann ist die andere gekommen und das höre ich heute noch: *„Also, wenn ihr wissen wollt, was gut und böse ist, dann braucht ihr euch nur die Augen des Führers vorzustellen und dann wisst ihr's."*

Haben Sie für sich persönlich Erinnerungsgegenstände und Fotos aus dieser Zeit?

Weinzierl: Ja, aber leider Gottes in einem Schreibtisch, ungeordnet. Sogar ziemlich viele, aber nicht geordnet, das ist zwar eine Schande für jemanden, der lange Archivarin war, aber Fotos habe ich nicht geordnet.

Jetzt kommt abschließend eine relativ pathetische Frage.

Was würden Sie sagen, was sind die Lehren aus diesen 10 Jahren, in denen die Zweite Republik „erstanden" ist und sich erst langsam positionieren musste. Was sind die Lehren daraus?

Weinzierl: Ich finde die Frage nicht pathetisch. Ich habe zuerst Medizin studiert und dann erst im Herbst [19]45 begonnen, Geschichte zu studieren. Für mich war also diese Zeit von [19]34 bis [19]45 insgesamt eine schlimme Zeit, die allerschlimmste von [19]38 bis [19]45. Meine zwei besten Freundinnen waren sogenannte Mischlinge, um in der Nazi-Diktion zu sprechen. Das heißt, die jeweiligen Mütter waren Jüdinnen und ich bin von der Nazi-Direktorin, die ich schon zitiert habe, gerufen worden ... ich wurde denunziert, das hat es leider auch gegeben. Mit Namen. Ich hab' genau gewusst, wer das war: *Du verkehrst im Haus von Jüdinnen, du weißt, dass das strafbar ist. Deine Eltern sind Lehrer, es geht schon bis zum Reichsstatthalter.* Naja, die Freundschaft haben wir deshalb nicht aufgegeben, aber das war ungut.

Wie ist man dann mit den Denunzianten, die man sogar gekannt hat, umgegangen?

Weinzierl: Die waren dann weg, die waren dann nicht mehr in der Schule und ich weiß nicht, was aus ihnen geworden ist.

Und Sie können dadurch auch nicht sagen, wie Sie mit ihnen umgegangen wären, wenn Sie sie getroffen hätten.

Weinzierl: Nein, kann ich nicht sagen.

Letzte Frage: Der damals so bezeichnete „Tag der Fahne", der 26. Oktober – welche Erinnerungen haben Sie daran?

Weinzierl: Also ich muss sagen, so merkwürdig es klingt, wir waren ja keine Nazis, aber überzeugte Österreicher: Mit dem „Tag der Fahne" habe ich aber eigentlich nichts anfangen können. Es hat für uns keine Rolle gespielt, auch für mich nicht.

Ich muss gestehen, dass ich – abgesehen davon, dass ich ab und zu eingeladen war, in der Schule zu reden, dann habe ich es schon gemacht – aber ein besonderes patriotisches Gefühl überkommt mich auch nicht, so merkwürdig es klingt.

Es ist ja auch ein merkwürdiges Datum.

Weinzierl: Es war praktisch ein Kompromiss. Lange, und damit hätte ich mich anfreunden können, ist der 15. Mai zur Diskussion gestanden – und der wäre mir viel einleuchtender gewesen.

Frau Professor, wir danken für das Gespräch!

Interview mit Prof. Dr. Erika Weinzierl
am 21. Oktober 2004 um 14 Uhr im Institut für Zeitgeschichte,
Altes AKH, Hof 1

Freda Meissner-Blau

GEDANKEN ZUM „JUBELJAHR 2005"

Freda Meissner-Blau

Geboren am 11. 3. 1927 in Dresden (Deutschland), Journalistin und Politikerin (Grüne); Ehefrau von Paul Blau. 1986 Kandidatur zur Bundespräsidentenwahl, 1986-88 Abgeordnete zum Nationalrat und Klubobfrau der Grünen; profilierte Kämpferin für die Umwelt.

„Ich war nicht dabei", als die feierliche Unterzeichnung des Staatsvertrags stattfand.

Ich lebte damals in der heutigen Republik Kongo, also weit entfernt vom Ort des Geschehens, so weit, dass die Ereignisse in Österreich dort kaum Erwähnung fanden.

Und nun bin ich eingeladen worden, über die Zeit zwischen dem Ende des 2. Weltkriegs und der wiedererlangten vollen Souveränität unseres Landes zu berichten. Allerdings glaube ich nicht, dass man Verständnis für die Situation nach dem Krieg nachvollziehbar schildern kann, ohne auf den Krieg selbst Bezug zu nehmen. Doch das kann ich nur aus einer sehr persönlich-subjektiver Sicht tun.

Ich war erst 11 Jahre alt, als deutsche Truppen auf Befehl Hitlers in Österreich einmarschierten. Unser Land verschwand von den Landkarten, wir wurden annektiert, besetzt, ausgelöscht. Ich sehe noch heute die deutschen Landser die Linzer Landstraße hinuntermarschieren, ihre genagelten Knobelbecher knallen aufs Pflaster. Mitgegangen, mitgefangen. Wenig über ein Jahr verging und schon wird „zurück"-geschossen (!). Der Zweite Weltkrieg ist angezettelt. (Kriege brechen nicht aus wie ein Vulkan, sie werden stets gemacht). Bald soll ganz Europa bis zum Ural und Nordafrika brennen.

Schon beginnt das große Sterben. Von den Freunden, die mit 19, dann mit 17 Jahren rekrutiert werden, kommen die wenigsten zurück. Stalingrad, der Rückzug der deutschen Armee. Immer länger werden die seitenweisen Annoncen in den Zeitungen. Da liest man: „*Mit Stolz geben wir bekannt, dass unser geliebter Sohn den Heldentod für Führer, Volk und Vaterland starb* …" Angesichts meiner eigenen Traurigkeit verstehe ich den Stolz, das Pathos nicht. Mein Bruder hat inzwischen auch seinen Stolz verloren: Kopfschuss am Don.

Wir sind 1942 nach Reichenberg übersiedelt, der Heimat meiner Mutter in Nordböhmen, noch vor den Luftangriffen auf Wien. Anfang Februar ist Breslau von den Sowjettruppen umzingelt, eine Armeeeinheit marschiert nach Südwesten, auf Nordböhmen zu. Angst und Panik vor ihnen überschattet alles andere, Not, Hunger, Chaos. Flüchtlingsströme aus dem Osten und jetzt auch aus den zerbombten Städten des Westens überfluten das Land. Ich will vor den herannahenden Sowjets flüchten, zwänge mich in einen der letzten Züge Richtung Norden. Stunden später, in drangvoll fürchterlicher Enge verbracht, tosender Lärm, der Zug kommt mit schrillem Quietschen zum Halt. Alles raus, die Gleise sind zerbombt. Keine Ahnung, wo wir sind, Verdunkelung total. Doch plötzlich ist der Nachthimmel taghell von sich kreuzenden Scheinwerfern grell erleuchtet, Kampfflieger pfeifen, heulende Bomben detonieren. Zwei Tage und drei Nächte dauert das Inferno, die Stadt vor uns, Dresden, brennt lichterloh. Ich stehe vor den ersten Leichen meines Lebens. Erwachsene Männer geschrumpft auf die Größe eines Säuglings. Phosphorbomben. Tod und Zerstörung rundum, Fragmente einer Stadt. Ich sage mir ein ums andere Mal: „Nie wieder! Das darf nie wieder passieren! Dafür sind wir alle verantwortlich."

Damals habe ich verstanden: Krieg ist der Ort, wo getötet wird.

1946 gelange ich auf ziemlich abenteuerlichen Wegen zurück nach Wien. Den ersten Sowjetsoldaten begegnete ich in Linz/Urfahr, wo ich barsch zurückgewiesen wurde, weil ich als Flüchtling keine Dokumente besaß. Es dauerte Tage des Verhandelns und Stempel-Einholens, bis ich endlich die „Grenze" überschreiten durfte.

Wien schien mir nach dem fast total zerstörten Nürnberg, durch das ich auf meiner Flucht gekommen war, auf den ersten Blick relativ heil, aber bald sah ich die tiefen Wunden, die die alliierten Bomben auch hier geschlagen hatten. Trümmer, Hunger, alles sah grau in grau aus. Ich hatte Glück, in der amerikanischen Besatzungszone ein Zimmer zu finden, die Fensterscheiben waren zerbrochen und Fensterglas eine allerorts benötigte Rarität. So verklebte ich die Fenster mit Zeitungspapier. Und fror ab November. Zu essen gab es fast nichts, die Menschen waren stark unterernährt, so sehr, dass die Alliierten schließlich Büchsen mit Fleisch verteilen ließen. Es hieß, es sei Pferdefleisch, aber alle waren froh darüber.

Dank meiner Englischkenntnisse fand ich Arbeit als Übersetzerin. Das Interessante daran war aber, dass die Zivilangestellten mittags eine Suppe und ein Stück Brot bekamen. Da ich ja das unmittelbare Kriegsende nicht in Wien erlebt hatte, erfuhr ich die zahlreichen Schicksale der Wiener Bevölkerung, von den Plünderungen, Vergewaltigungen, Abtransporten in die Sowjetunion in Straflager, nur durch Erzählungen.

Wie immer gab es einige, die von der Armut und der Not profitierten, schwunghaften Handel am Schwarzmarkt mit amerikanischen Zigaretten und Lebensmitteln trieben. Dem Großteil der Bevölkerung mangelte es an allem.

1948 besserte sich die Situation schon merklich. Der Schutt war weggeräumt, der Wiederaufbau hatte begonnen. Es war zugleich so etwas wie ein moralischer Aufbruch, man konnte wieder an eine Zukunft glauben. Natürlich war die starke Präsenz der alliierten Truppen, die ständige Kontrolle unserer Regierung durch die alliierten Befehlshaber, das Leben unter einer Besatzungsmacht eine schmerzhafte Beeinträchtigung. Doch wie alles im Leben, gewöhnt man sich an Zustände. Das galt für beide Seiten, die ersten Besatzungstruppen waren abgezogen, die nächsten, die oft den Krieg und das Entsetzen über die Gräueltaten der Deutschen (und zahlreicher Österreicher) in den Konzentrationslagern nicht selbst erlebt hatten, waren auch der Bevölkerung gegenüber viel weniger feindlich gesinnt.

Ein großer Trost war in dieser kargen Zeit die schöne Wiener Umgebung. An den Sonn- und Feiertagen sah man Scharen von Wienern in den Wienerwald ziehen und die Natur genießen, mehr als je zuvor oder danach. In den Schrebergärten wurden Gemüse und Kartoffeln angebaut und jeder, der über ein Stückchen Erde verfügte, konnte sich glücklich schätzen.

Die Parteien waren längst wieder gegründet, vor allem SPÖ und ÖVP, eine Dritte war dazugekommen, die spätere FPÖ, die vor allem von und für ehemalige „Nationale" gegründet worden war. Der abgrundtiefe Hass, der in der Ersten Republik zwischen den Christlich-Sozialen und den Sozialisten geherrscht hatte, war sehr abgemildert. Wohl vor allem durch das gemeinsame Erleben „in den Lagerstrassen der KZs". Allerdings, zu Zeiten der Wahlen wurde immer noch mit der „roten Gefahr" gedroht und auf der anderen Seite war man wohl auch nicht zimperlich. Ein Vorwurf ist beiden Parteien zu machen: man scheute sich, die Flecken der eigenen Vergangenheit zu beleuchten, die Kompromisse, die man machte, auch um ehemalige Nazis zu umwerben. Außerdem fehlte jedwede Bereitschaft, die vertriebenen Österreicher, Juden und politische Flüchtlinge, wieder ins Land zu holen. Viele große Künstler, Wissenschaftler und Intellektuelle gingen Österreich auf Grund dieses engstirnigen Provinzialismus verloren.

Mein persönlicher Weg führte mich nach 1949 nach England, die USA, Deutschland und schließlich Frankreich, von wo ich 1954 mit meiner Familie nach Afrika ging. Nach Österreich zurückgekehrt bin ich erst 1962, abgesehen von mehreren Besuchen dazwischen in Linz, wo meine Mutter lebte. Und 1962 fand ich ein gänzlich anderes Österreich vor, als ich 13 Jahre vorher verlassen hatte!

1955, mit der Unterzeichnung des Staatsvertrags am 15. Mai durch die Signatarmächte Österreichs, war die volle Souveränität des Landes wieder hergestellt. Am 26. Oktober schließlich verließen die letzten Besatzungssoldaten das Land. Die Menschen tanzten auf den Straßen, die Pummerin läutete vom Stephansdom, der Kardinal zelebrierte einen Dankgottesdienst ... und Österreich erklärte die immerwährende Neutralität. Ohne Neutralität hätte Österreich den Staatsvertrag auch 1955 nicht bekommen.

Inzwischen wird das, was immer währen sollte, scheibchenweise abgeschafft und der Nationalfeiertag ist in erster Line eine militärische Demonstration am Heldenplatz. Die Erwähnung der Neutralität, ist, wenn überhaupt, zum wahltaktischen Lippenbekenntnis geworden.

Das Jubeljahr 1955 soll ein Gedankenjahr werden, allerdings mit reichlich Event-Politik. Auch diese Gedanken sind zu bedenken.

Freda Meissner-Blau

Prof. Julius Dabsch

EIN HORT DES FRIEDENS

Geboren 16. 12. 1932 Wien. Vier Jahre Volksschule, vier Jahre Hauptschule; fünf Jahre Lehrerbildungsanstalt (LBA) – Mittelschulform mit Matura gleichbedeutend mit dem Lehramtszeugnis, jedoch keine Berechtigung zum Unterrichten; innerhalb von zwei Jahren Absolvierung der Lehrbefähigungsprüfung (Hausarbeit, mündliche und schriftliche Prüfungen).

Eineinhalb Jahre in der Privatwirtschaft tätig, 1952 Eintritt in den Schuldienst in Wien, zwei Jahre an einer Volksschule in Wien Ottakring tätig, ein Jahr in einer Hauptschule. Versetzung in die Sonderschule, das Interesse galt jedoch der Entwicklung von Knaben vom 10. bis 14. Lebensjahr und daher auf eigenen Wunsch Versetzung in die Hauptschule; Teilprüfung für Leibeserziehung an HS; Teilprüfungen für die Hauptschule am Pädagogischen Institut der Stadt Wien für die Fächer Mathematik, Physik, Biologie und Chemie; zehn Jahre an der Hauptschule in Wien, Hernals; Versetzung in die ÜHS des PI Wien, Neubaugasse; ein Jahr Springer an der ÜVS Wien, Favoriten, Ettenreichgasse; Didaktiker an der Pädagogischen Akademie Wien, Ettenreichgasse, für die Fächer Sachunterricht und Mathematik.

Eine Frage, die hier nicht [auf der Liste] dabei ist, die wir aber trotzdem stellen, auch weil wir darüber diskutiert haben: Ist es Ihrer Meinung nach wichtig, dass die Jugend von heute über die Zeit des Staatsvertrages bzw. vorher und nachher besonders Bescheid weiß?

Dabsch: Da sprechen Sie mir aus der Seele! Ich bin quasi Hobbyhistoriker und kann dem nur zustimmen, das heißt, die Jugend sollte unbedingt über die so genannte Zeitgeschichte mehr erfahren. Ich erlebe das sogar in meiner eigenen Familie. Ich habe vier Söhne und die sind durch meine Hobbyschule gegangen – nicht nur. Historisches bis zuletzt. Ereignisse, die zusammenhängen mit Staatsvertrag und mit 1945 und so weiter.

Wo haben Sie die Zeit des Staatsvertrages erlebt?

Dabsch: Die Zeit des Staatsvertrages habe ich in Wien erlebt. Und zwar – ich war einer der Teilnehmer im Belvederegarten. Die Verkündigung vom Balkon des Belvederes – der damalige Außenminister Figl: „*Österreich ist frei!*" – hab' ich im Park des Schlosses Belvedere erlebt, vorher die Auffahrt der damaligen Außenminister über die Prinz Eugen-Straße, das war für mich, nachdem ich mich selbst als Hobbyhistoriker bezeichne, selbstverständlich. Außerdem bin ich nicht nur gebürtiger Wiener, sondern Wiener, der auch immer bei solchen Ereignissen gerne dabei war. Das heißt, ich habe mich immer interessiert ... wo etwas los war. Wo man – hautnah dabei ist.

Mit wem haben Sie damals gelebt?

Dabsch: Mit meiner Mutter, Vater war verstorben. Ich hab' mit meiner Mutter gelebt.

Geschwister haben Sie gehabt?

Dabsch: Geschwister habe ich auch gehabt, einen wesentlich älteren Bruder, der auch leider schon verstorben ist.

Was waren Ihre persönlichen Erinnerungen von 1945–1955, die Sie als typisch für jene Jahre bezeichnen würden?

Dabsch: [19]45 bis [19]55? Da hab' ich keine Gemeinplätze ... das sind die Aufbaujahre, streng genommen, werden sie heute in Literatur und von Politikern immer wieder als *der Wiederaufbau*, die Jahre des Wiederaufbaues bezeichnet. Ich habe die schrecklichsten Kriegserlebnisse erlebt in diesem Bezirk fast in dem Teil des Bezirks, wo wir hier sitzen. Ich habe hier gewohnt mit meiner Familie im zehnten Bezirk. Ich habe den gesamten Bombenkrieg in diesem Bezirk in Wien und in der Innenstadt mitgemacht und danach die so genannten Nachkriegsjahre mit „Entbehrungen". Wie die Bevölkerung letztlich durch gekommen ist durch diese ersten Monate und Jahre ist fast ein Wunder. Und ... man hat mitten drin gelebt und hat das eigentlich als selbstverständlich genommen und das ist von Zeit zu Zeit, von Jahr zu Jahr halt besser geworden. Das waren die Jahre. Dann bin ich also wie gesagt 1947 in die Lehrerbildungsanstalt eingetreten und da hat sich für mich eine andere Welt eröffnet. Ich war das ganze Jahr praktisch über im ersten Bezirk und daher auch immer wieder hautnah [dabei]. Was sich hier getan hat an Demonstrationen ... bescheidenste Revolutionen ..., das sind diese Jahre gewesen.

Gab es da irgendwelche Ängste?

Dabsch: Ängste ... damals eigentlich schon ... die Frage ist nicht leicht zu beantworten. Ängste vor Krieg, letztlich vor Bombenkrieg habe ich bis heute. Das hat sich so eingeprägt, das kann man eigentlich fast nicht verdrängen.

Haben Sie noch Erinnerungen an irgendwelche speziellen Ereignisse, an irgendein besonderes Ereignis, das besonders lustig oder besonders traurig war?

Dabsch: Ich beginne mit etwas Neutralem bzw, was sicher für den Wiener und für den Mann besonders interessant ist. Ich bin fußballbegeistert und in jener Zeit habe ich nahezu alle Länderspiele und Spiele der berühmten Mannschaften, ich bin Austria-Anhänger, erlebt. Es war vom Sport her für den Fußballbegeisterten in Wien ein Highlight. Im Wiener Stadion: Das erste Erlebnis war zum Beispiel schon im Jahr [19]46. Sie müssen sich vorstellen, die Brücken über den Donaukanal waren zerstört, zum Teil vollkommen zerstört, und eine der Brücken ist die Stadionbrücke und dort sind wir praktisch über diese Notbrücke in die Stadionallee und zum Stadion. Das Stadion war auch bombardiert, das Wiener Stadion, das Ernst Happel-Stadion, ohne den dritten Absatz [ohne die dritte Ebene]. Der dritte Absatz wurde in den letzten Jahren dazu gebaut. Dann kamen natürlich, wenn wir schon beim Sport sind, diese ersten Erfolge der Schifahrer, also bitte Highlight [19]56, Toni Sailer, Cortina! Das bleibt im Gedächtnis. Ich weiß nicht, ob Sie das wissen.

Was ist das bemerkenswerteste Ereignis?

Dabsch: Naja, ein für mich persönliches Ereignis war natürlich 1950, als der Vater gestorben ist. Das war das negative Beispiel oder traurige Beispiel gegenüber dem Fußball.

Wie wurde in ihrer Familie die Besatzungszeit kommentiert?

Dabsch: Die Russen waren ein Feindbild. Und das hat sich durchgezogen bis zum Abschluss des Staatsvertrages. Meine Erlebnisse in den ersten Nachkriegsmonaten hier im Bezirk ... das Haus war schwer bombenbeschädigt, wir haben in dieser Ruine einige Zeit ausgeharrt. Und ich hab' als damals Elf-, Zwölfjähriger Vergewaltigungen von Frauen miterlebt.

Das ist auch wieder bleibende Erinnerung. (Erschüttert)... heute in der Literatur geschrieben ... in den Zeitungen gang und gäbe ... in allen Ländern, wo Kriegsgräuel vorkommen, wie ehemaliges Jugoslawien und so weiter.

Was würden Sie den heutigen jungen Menschen erzählen, was sollten sie darüber wissen?

Dabsch: Ganze Bände ...

Ich war – ich habe in meinem Lebenslauf noch etwas ausgelassen. Ich war viele Jahre hindurch Volksbildner an der Volkshochschule in Wien. Dort habe ich mit einem zweiten Kollegen zweimal pro Woche am Abend unterrichtet. Das Unterrichten war eine äußerst gemütliche Angelegenheit. Da kamen interessierte Menschen, im Großen und Ganzen jeglichen Alters – in Ihrem Alter und Ältere. Und diese Veranstaltung nannte sich „*Lebensschule*". Da haben wir mit unserem ... Wissen mit den Leuten in der Lebensschule, Volkshochschule, Aktuelles aufgearbeitet. Sechs-Tage-Krieg, Israel gegen die Araber usw, Biologisches, Wirtschaftliches ... Das war unter anderem auch für mich prägend, denn in dieser Institution hat sich meine Zunge gelöst. Ich habe zwar an der Hauptschule unterrichtet, aber vor Erwachsenen zu unterrichten, das war etwas ganz anderes! Und das hat mir auch sehr gut getan, denn der spätere Umstieg in die Akademie – ... war für mich selbstverständlich!

Interessant, dass Sie jetzt Lebensschule sagen, weil viele Reformpädagogen heute auch zur Schule Lebensschule sagen wollen!

Dabsch: Schule fürs Leben, ja ... Aber wie gesagt, das war eine Einrichtung der Wiener Volksbildung, die hat Ruf gehabt. Da waren auch wirklich prominente Lehrer dabei, unter anderem ehemalige Direktoren hier im Haus, die kommen alle aus dem gleichem Stall – also das waren meine unmittelbaren Kollegen, in Ausbildung und hier dann auch.

Welchen Einfluss hatten diese Jahre auf Ihr weiteres Leben?

Dabsch: Das habe ich, glaube ich, geschildert ... also das heißt, prägenden Einfluss.

Welche Erinnerungen haben Sie noch an den Schulbetrieb in diesen Jahren?

Dabsch: Diese Frage habe ich erwartet. Die Schule war eine ganz andere, die Schule hat sich im Laufe der letzte Jahrzehnte sehr sehr stark gewandelt.

Ich fange gleich vom Ende her an. Heute glaubt man in der Bevölkerung, dass die Schule alles für die Kinder machen kann, was in der Familie, was die so genannte Gesellschaft versäumt hat. Das ist die Entwicklung rückwirkend – das war damals anders.

Die Schule – und da speziell die Volkschule, ich bezeichne das immer wieder mit dem gleichem Begriff – war der *„Hort des Friedens".*

Die Lehrer hatten Autorität, haben *„gescheit und richtig"* unterrichtet. Da sind Generationen von Kindern durchgegangen. Der Kontakt mit Eltern war vorhanden, im Großen und Ganzen *„konfliktfrei"*.

Und der Einfluss von außen – jeder glaubt, er muss mitreden, denn in der Volksschule ist er selber gesessen, also kann man über die Volkschule auch mitreden ... das ist also dann, leider Gottes, ein wenig daneben gegangen. Und daher sag ich noch einmal: diese Zeit war im Großen und Ganzen für die Volksschule der Hort des Friedens. Die übrigen Schulen waren, auch im Großen und Ganzen, problemfrei, wenn man sie aus der heutigen Sicht betrachtet, denn wir hatten damals den Weg von der Volksschule in die Hauptschule oder in die so genannte Mittelschule, heute heißt sie AHS. Die Mittelschule hatte damals noch eine Aufnahmsprüfung, das heißt also, die Schüler von der Volksschule mussten eine Aufnahmsprüfung ablegen. Die ist erst in den 70er Jahren – da habe ich mich wieder geirrt, knapp davor – ist die Aufnahmsprüfung abgeschafft worden. Da war der Weg für die Kinder aus der Volksschule vorgezeichnet. Die Gescheiten, die besonders Begabten und wo auch das Elternhaus mitgeholfen hat ... die sind locker in die Mittelschule gegangen und haben sie tadellos geschafft. Ich hab' viele ehemalige Schüler, die das bis zur akademischen Ausbildung gebracht haben. Und die Hauptschüler hatten die Möglichkeit, nach der vierten Klasse der Hauptschule in die Berufsbildende Höhere Schule oder in die AHS umzusteigen. Das war auch wieder ein Weg, den viele Hauptschüler geschafft haben. Manche haben dann auf der Maturaschule in Abendkursen die Matura nachgeholt. Ich habe selbst eine Klasse aus der Hauptschule entlassen, wo sieben oder gar acht in Abendkursen die Matura nachgeholt haben. Der Standard der Hauptschule war wesentlich höher als heute!

Ein Schlagwort, das *ich nicht* erfunden habe: Hauptschule gilt heute als „*Restschule*" – auch durch den großen Anteil von Kindern, deren Familien zugezogen sind. Das ist ein abfälliger Begriff, aber er ist nun einmal gang und gäbe – Restschule.

Wobei auch in der AHS nicht alles glänzt was nur glänzen sollte.

Wissen Sie über Tatsachen Bescheid, wie die politische Situation die Schule bzw. den Schulbesuch geprägt hat?

Dabsch: Die Zeit des Nationalsozialismus! Ein totalitärer Staat wie Hitler-Deutschland hat natürlich seine Jugend geprägt – mit allen möglichen Beeinflussungen. Eines zum Beispiel habe ich hautnah miterlebt ... ich war während der Gefahr des Bombenkrieges „*Kinderland*"- *verschickt*, in Salzburg – das war ein Heimbetrieb. Wir hatten auch dazu einen Lager- oder Mannschaftsführer. Also das heißt, die so genannte *Hitlerjugend* hat indirekt oder direkt auf die Kinder eingewirkt. Indoktriniert. Soviel zur totalitären Zeit.

Und nun zur Nachkriegszeit. Die Schulgesetzgebung ist ja bekanntlich abhängig von der Zweidrittel-Mehrheit im Parlament. Hier war der Ausgleich zwischen ÖVP und SPÖ im Großen und

Ganzen gang und gäbe.

War eigentlich der Hort des Friedens für Sie eine bessere Schule, also die damalige Schule besser als die heutige?

Dabsch: Da kann ich nicht ja sagen. Ich hab' gemeint mit dem „Hort des Friedens", dass der Einfluss, vielleicht der ... lassen Sie mich noch genauer formulieren: dass das *„Dreinreden"* nicht so stark war – von Eltern, von Politikern usw – nicht so stark wie heute. Die Schule ist heute sicher anders und sicher gut. Das hängt natürlich auch von lokalen Gegebenheiten ab, hängt ab letztlich von den Lehrern, die in der Schule unterrichten. Und ich habe genug Einblick in die Volkschule. Meine Gattin ist Volkschuldirektorin. Ich weiß um die Volkschule Bescheid – die Schule ist freier geworden – offener geworden. Natürlich auch mit dem Nachteil, dass wieder alle von irgendwo *„mitquatschen"* – Einfluss nehmen.

Gab es außerhalb der Schule etwas Besonderes für Kinder – oder für Sie?

Dabsch: Die Kinder haben die gleichen Möglichkeiten gehabt wie heute, das heißt, was die Schule nicht direkt abgedeckt hat, hat das Elternhaus abgedeckt – wenn das Elternhaus dahinter war. Das war zum Beispiel Extra-Musikunterricht, das war Extra-Sportbetätigung, das war extra religiöse Betätigung – das darf man nicht vergessen – das waren die Möglichkeiten der außerschulischen Einwirkungen auf die Kinder, die natürlich, je nach dem welche Intensionen die Eltern gehabt haben, größer oder kleiner waren.

Kinder, die ein behütetes Elternhaus gehabt haben, deren Eltern haben auf diese und jene Dinge besonders Wert gelegt und haben die außerschulische Weiterbildung und ergänzende Bildung und Betätigung im weitesten Sinne des Wortes verantwortet.

Die letzte Frage ist praktisch schon beantwortet – gibt es noch Erinnerungen an den ersten Tag der Fahne?

Dabsch: Da erzähl ich natürlich Dinge, die jeder nachlesen kann in jeder Tageszeitung oder jeder historischen Zeitschrift. Der 26. Oktober wurde ausgerufen, nachdem offiziell der letzte Besatzungssoldat Österreich zu verlassen hatte. Und dieser Tag wurde als Tag der Fahne und heute natürlich als Nationalfeiertag betitelt.

Wollen Sie noch etwas Spezielles sagen?

Dabsch: Ich glaube, es war ausführlich genug!

Das finden wir auch! Danke!

Bundespräsident Dr. Heinz Fischer

HISTORISCHE PROZESSE SIND NICHT GERADLINIG

Geboren am 9. Oktober 1938 in Graz, 1944–1948 Volksschule, 1948–1956 Humanistisches Gymnasium, 1956–1961 Studium der Rechts- und Staatswissenschaften an der Universität Wien (Dr. jur.), 1961 Gerichtspraxis, 1962–1963 Jurist im Sekretariat des Klubs der Sozialdemokratischen Abgeordneten und Bundesräte, 1963–1975 Sekretär des Klubs der Sozialdemokratischen Abgeordneten und Bundesräte, 1978 Habilitation an der Universität Innsbruck, 1971–1983 und 1987–2004 Abgeordneter zum Nationalrat. 1975–1983 Geschäftsführender Obmann des Klubs der Sozialdemokratischen Abgeordneten und Bundesräte, 1983–1987 Bundesminister für Wissenschaft und Forschung, 1987–1990 Obmann des Klubs der Sozialdemokratischen Abgeordneten und Bundesräte, 1990–2002 Präsident des Nationalrates, 2002–2004 Zweiter Präsident des Nationalrates, 2003–2004 Mitglied und Stellvertretender Vorsitzender des Österreich-Konvents.

25. April 2004 zum Bundespräsidenten gewählt. 8. Juli 2004 Angelobung und Amtsantritt als Bundespräsident.

Seit 1968 verheiratet mit Margit. Der Ehe entstammen ein Sohn und eine Tochter. Als sein größtes Hobby gilt das Bergsteigen, musikalisch gehört sein Liebe dem Jazz.

Sie stammen aus einer sozialdemokratischen Familie und sind während des Zweiten Weltkriegs aufgewachsen. Wie wurde in Ihrer Familie mit der damals herrschenden Ideologie umgegangen?

Fischer: Ich war 1939, zu Beginn des Zweiten Weltkriegs, ein Jahr alt und war knapp sieben oder sechseinhalb Jahre alt, als der Weltkrieg zu Ende gegangen ist. Meine persönlichen Erinnerungen beziehen sich natürlich vornehmlich auf die letzten zwei, drei Jahre der Kriegszeit.

Ich weiß, dass meine Eltern in großer Furcht gelebt haben und dass sie dem Hitlerregime mit tiefer Ablehnung und großem Entsetzen gegenüber gestanden sind.

Mein Vater hat auch manche nicht ungefährlichen Dinge getan, wie zum Beispiel von Juden, die sich versteckt hielten oder die flüchten mussten, gewisse Wertgegenstände zu übernehmen und ihnen irgendwie zu helfen, sich dem Zugriff der Nationalsozialisten zu entziehen.

Interessant ist, dass sowohl mein Vater als auch meine Mutter fließend Esperanto gesprochen haben. Ich kann mich erinnern, dass sie oft miteinander Unterhaltungen in Esperanto geführt haben, in der Absicht, dass gewisse Dinge von meiner Schwester und mir nicht verstanden werden. Es sollte kein Risiko bestehen, dass wir uns außer Haus unwissentlich verredeten und womöglich etwas ausplauderten. So ist mir viel Heikles von dem, was meine Eltern beredet haben, als Kind verschlossen geblieben, weil sie sich bei der Besprechung dieser Dinge einer Kunstsprache bedient haben.

Ich habe auch in Erinnerung, dass, wenn im Radio ein so genannter „Kuckuck“ gerufen hat, Gefahr bestand. Es war dann Fliegeralarm und man musste in den Luftschutzkeller oder im eigenen Haus in den Keller gehen. Ich kann mich natürlich noch gut an den Lärm der enorm großen Verbände der anfliegenden Bombenflugzeuge erinnern und umgekehrt an das Geschützfeuer der Flak [=Fliegerabwehrkanonen]. Ich habe damals in Hietzing in der Jagdschloßgasse gewohnt. Etwa einen halben Kilometer entfernt war der Rote Berg und dort oben waren Flakgeschütze positioniert. Dieses akustische Wechselspiel von Flugzeugmotorengeräuschen einerseits und den Geräuschen der Flakgeschütze andererseits ist mir im Gedächtnis geblieben. Auch das Blinken der Staniolstreifen, die von den Bombenflugzeugen abgeworfen wurden – offenbar um die Ortung der Flugzeuge zu erschweren und die Flak zu irritieren.

Im Herbst 1944 wurde ich ins Burgenland nach Andau geschickt, um aus der Großstadt weg zu kommen. Als dann die Front – vor allem die Front der russischen Soldaten – näher gekommen ist, sind wir von Andau in den Westen nach Loich an der Mariazellerbahn, in Niederösterreich, ausgewichen. Was die dortige Zeit betrifft, kann ich mich an weniger Bombenangriffe erinnern.

Aber an die Transporte von Flüchtlingen und auch von ungarischen Juden – zumindest hat man gesagt, es seien ungarische Juden – erinnere ich mich noch gut. Es waren zerlumpte, ausgemergelte Gestalten, die da praktisch im Winter (Anfang 1945) über die Landstraßen getrieben wurden.

Ende März/April 1945 fand der Rückzug der deutschen Soldaten statt. Auf der Flucht war ihnen oft der Treibstoff ausgegangen und sie haben teilweise ihre Fahrzeuge und auch Waffen gesprengt. Davor hat sich meine Mutter ganz besonders gefürchtet. Diese Sprengaktionen und die Lautstärke der Detonationen haben ihr sehr viel Angst eingeflößt.

Wir Kinder haben damals – glaube ich – den Ernst der Lage nicht wirklich erfasst.

Wo und in welchem sozialen Umfeld haben Sie Ihre Volksschulzeit erlebt?

Fischer: Ich habe mit der Volksschule im Herbst 1944 in Andau begonnen und bin dann im Winter nach Wien zurückgekommen. Einige Wochen bin ich in die Volksschule in der Speisinger Straße gegangen, wo alle Schüler jeden Tag in der Früh mit „Heil Hitler“ und erhobener Hand grüßen mussten. Im Burgenland war das interessanterweise nicht der Fall. Ich bin dann wenige Wochen später – ich glaube, das war im Jänner 1945 – mit meiner Mutter und meiner Schwester nach Loich.

Wie war es für Ihre Familie möglich – in dieser notleidenden Zeit – wieder in den Alltag zu finden?

Fischer: Ich glaube, dass es vor allem für meine Eltern schwer war. Kinder sind da sehr flexibel und belastbar. Als der Krieg im April 1945 zu Ende war, sind wir noch bis Juni in Loich geblieben, weil meine Eltern noch eine Wohnung gesucht haben. Im Dezember 1945 haben sie dann in Wien eine Wohnung gefunden. Bevor wir nach Loich kamen, hatten wir bei der Schwester meines Vaters gewohnt und meine Eltern mussten sich nun auf etwas Neues einstellen und umstellen. So schwierig das vielleicht auch war: Der Umstand, dass die Diktatur zu Ende war, dass das Naziregime zu Ende war, dass der Krieg vorbei war, wurde als ungeheuer positiv und befreiend empfunden.

Mein Vater hatte befürchtet, in den letzten zwei Monaten des Kriegs zum Volkssturm eingezogen zu werden. Nach dem Ende des Hitlersystems waren meine Eltern dann ungeheuer erleichtert. Es sind zentnerschwere Lasten von ihnen genommen worden.

Meine Eltern haben sich damals im Krieg – das hat uns unsere Mutter erst später erzählt – auch um ein Kind gekümmert, das seine Eltern verloren hatte. Es war keine formelle Adoption. Sie haben eben für ein Kind – für ein Waisenkind – die Verantwortung übernommen. Sie haben ihm auch bis zur eigenen Berufsfähigkeit finanzielle Unterstützung gegeben. Der Bruder meines Vaters hat ein Kind richtig adoptiert. Bei all dem ist die Erleichterung zum Ausdruck gekommen, dass die Nazidiktatur vorbei war.

Besatzungszeit: Wie war das Gefühl in Ihrer Familie, als das Ende des Nazi-Regimes da war? Welche Hoffnungen und Ängste verband man mit den Alliierten, auch vor dem Hintergrund, dass viele Österreicher gegen die Besatzungsmächte kämpften?

Fischer: Im Jahr 1955 – wenn Sie mir gestatten, hier anzusetzen – hat Leopold Figl die berühmten Worte „Österreich ist frei" gesprochen. Man hat die Besatzung immer mehr als eine Belastung empfunden, und im Laufe des zehnjährigen Besatzungsregimes hat es ja leider auch tatsächlich etliche Übergriffe, Verschleppungen und Vergewaltigungen durch die Besatzungsmächte gegeben.

Die Unterzeichnung des Staatsvertrags und der Abzug der Besatzungssoldaten im Jahr 1955 waren da natürlich auch ein sehr befreiendes Erlebnis. Viele Österreicher hatten das Gefühl, das Land habe erst jetzt volle Freiheit erlangt. Aber in meiner Familie war die Befreiung schlechthin, die große, lebensrettende Befreiung, jene im Jahr 1945. Nämlich die eingetretene Freiheit vom Krieg und die Freiheit von der mörderischen Nazidiktatur.

Aber es ist eine Tatsache, dass das Ende des Kriegs und die Befreiung von der Nazidiktatur belastet und überschattet waren. Dass es nun vier Besatzungsmächte in Österreich gab, bedeutete keine hundertprozentige Freiheit, sondern eine Freiheit mit Hypotheken: mit der Hypothek dieser vier Besatzungsmächte. Dennoch halte ich eine Betrachtungsweise etwa der Art, dass Österreich von 1938 bis 1955 unfrei war, für inakzeptabel. Sie würde die Zäsur des Jahres 1945 relativieren und in fataler Weise die Proportionen missachten. Es gab nach 1945, zum Glück, keine Konzentrationslager mehr und keine Gestapo, die jeden Tag an die Tür klopfen und jemanden mitnehmen und in ein KZ verschleppen konnte. Und es gab, zum Glück, nicht nur den *„Völkischen Beobachter"*, sondern man konnte verschiedene Zeitungen lesen. Es gab nicht nur die NSDAP, sondern verschiedene Parteien.

Man hat ja den Quantensprung von der NS-Diktatur zur Republik Österreich unter Renner und Figl gefeiert – im Jahr 1945 war das ein noch größerer Wechsel als die ganz wichtige und mit Jubel begrüßte zweite Befreiung, die von den Besatzungsmächten.

Sie waren schon sehr früh politisch aktiv. Sie waren im Verband sozialistischer Mittelschüler im Gymnasium, haben später mit Flugzetteln für die Freiheit Ungarns geworben. Ihr Vater war während dieser Zeit als Staatssekretär an der Gründung der Zweiten Republik beteiligt. Wie nahe haben Sie diese Gründungsgeschichte persönlich mitverfolgen können?

Fischer: Naja – im Jahr 1945 hatte ich im Oktober meinen siebenten Geburtstag. Volksschüler sind keine Experten der Politik. Da haben mich andere Dinge interessiert. Aber natürlich habe ich die Gespräche mitbekommen. Mein Onkel Otto Sagmeister wurde im Jahr 1946 Bundesminister für Volksernährung. Damals gab es ein Ernährungsministerium, eines der wichtigsten Ministerien. Er übte diese Funktion bis 1949 aus. Ich hatte mit der Familie Sagmeister sehr guten Kontakt. Und die Tatsache, dass dieser Onkel von mir damals Regierungsmitglied war, hat dazu geführt, dass mir auch viele Namen ein Begriff waren.

Bundeskanzler Figl zum Beispiel ist mit meinem Onkel Sagmeister einige Male auf die Jagd gegangen und zwar in einem Jagdrevier in Oberösterreich, in der Nähe von Molln. Dort haben wir Kinder – meine

Schwester, meine Cousine, mein Cousin und ich – unsere Sommerferien verbracht. Dadurch haben wir auch die Familie Figl kennen gelernt. Auch andere Persönlichkeiten aus dieser Zeit waren mir vertraut.

Ich kann mich an den Tod von Karl Renner erinnern, der Ende Dezember 1950, als wir gerade zwischen Wien und Graz unterwegs waren, in Wien gestorben ist. Ich weiß noch, dass wir auf der Fahrt die Nachricht bekamen, dass meine Eltern sich mit Freunden unterhielten, dass wir in Kindberg in ein Gasthaus gegangen sind und darüber diskutiert worden ist usw.

Also insofern habe ich die politischen Ereignisse mitbekommen. Ich kann mich auch heute noch erinnern, dass die Nationalratswahlen 1949 am 9. Oktober waren: Das war mein Geburtstag und ich wollte Geburtstag feiern. Meine Eltern haben die Wahlberichterstattung – so unvollständig und unprofessionell sie damals auch war – verfolgt. Die Wahl von Bundespräsident Körner, die sehr spannend war, fand 1951 statt. Es gab zwei Wahlgänge: Im ersten Wahlgang war damals Heinrich Gleißner (ÖVP) voran. Beim zweiten Wahlgang bekam der Wiener Bürgermeister Körner (SPÖ) eine knappe Mehrheit. Ich kann mich noch erinnern, dass dieser Wahlsonntag zu meiner Gymnasiumszeit war.

Die Nationalratswahlen von 1953 brachten ein sehr interessantes Ergebnis: Die Sozialdemokratische Partei wurde zum ersten Mal nach 1945 stimmenstärkste Partei. Ich war überrascht und enttäuscht zugleich. Denn obwohl die Sozialdemokraten stärkste Partei waren, hatte dennoch die Volkspartei ein Mandat mehr. Einige Monate später folgten komplizierte Regierungsverhandlungen. Im Frühsommer 1954 wurde mein Vater zum Staatssekretär bestellt. Zu dieser Zeit war Raab Bundeskanzler und Adolf Schärf war Vizekanzler, Handelsminister war Illig. Als Staatssekretär im Handelsministerium war mein Vater sehr viel im Außenhandel tätig und hat daher auch viele Auslandsreisen unternommen.

In dieser Zeit, 1953 bis 1954, bin ich auch der Sozialdemokratischen (damals hat es geheißen: *Sozialistischen*) Mittelschülerbewegung beigetreten. Dort haben sich Freundschaften ergeben, die bis heute gehalten haben. Politik hat mich also als 16-, 17-Jährigen sehr interessiert.

Mit 18 Jahren – also 1956 – hat mich die ungarische Revolution sehr beschäftigt. Als junge, idealistische Studenten haben wir uns gegen die kommunistische Diktatur sehr engagiert. Wir Studenten haben Demonstrationen gemacht und sind für die Demokratisierung und gegen den Stalinismus aufgetreten. Höhepunkt dieser Entwicklung war der 20. Parteitag im Februar 1956, wo Chruschtschow den Prozess der Entstalinisierung und der Anklage gegen Stalin einleitete, was jedoch aus dem Ruder lief. Vor allem in Ungarn und Polen, aber auch in anderen Teilen des Ostblocks, haben Persönlichkeiten, die sich nur unter dem Druck von Stalins Terrorregime gefügt hatten, erkannt, dass sie sich nun bewegen konnten.

Nun haben in Moskau die Alarmglocken zu läuten begonnen. Und Chruschtschow, der ursprünglich das System des Stalinismus überwinden wollte, musste den Retourgang einlegen – aus Angst, dass alles zusammenbrechen könnte. 1956/57 kamen die Dinge sowohl in Ungarn als auch in Polen ins Rollen. Etwas Ähnliches vollzog sich dann 1968 in Prag, beim so genannten Prager Frühling. 1986 war die Perestroika [=„Umbau"] unter Gorbatschow nicht mehr aufzuhalten. Dies hatte zur Folge, dass das ganze System – Gegner Gorbatschows hatten dies bereits prophezeit – zusammenbrach.

Um noch einmal nach Österreich zurückzukommen: Wie war das 1955 beim Staatsvertrag? Sie sind heute selbst Präsident der Zweiten Republik. Damals, mit 16 Jahren, waren Wünsche, Ideale da. Wie viel ist von diesem 16-jährigen Heinz Fischer, von seinen Wünschen, geblieben? Wie viele persönliche und auch politische Kompromisse mussten Sie eingehen und müssen Sie auch heute noch eingehen?

Fischer: Also nicht so, dass Sie mich bedauern müssten. Als ich 15, 16 Jahre alt war, habe ich ernsthaft überlegt, etwas im naturwissenschaftlichen Bereich zu tun. Damals hat mich auch Astronomie sehr interessiert. Ich habe in der sechsten und siebten Klasse Gymnasium ernsthaft überlegt, Astronomie zu studieren. In der achten Klasse entschloss ich mich jedoch zu einem Jus-Studium und wollte Rechtsanwalt werden.

Nach dem Studium begann ich ein Gerichtsjahr. Dieses Berufsziel vernachlässigte ich jedoch dann und ich arbeitete zwei Jahre im Parlament. Auf diese Weise geriet ich in die Politik. Anfang der 70-er Jahre wurde ich dann selbst in den Nationalrat gewählt. Ich habe somit eine politische Laufbahn eingeschlagen, die ich bis jetzt noch nie bereut habe. Umso weniger, als ich mir Mitte der 70-er Jahre ein zweites Standbein als Dozent an der Universität in Innsbruck schuf.

Wenn ich heute lese, was ich als 24-Jähriger geschrieben habe: Ich habe sehr an eine andere Gesellschaftsordnung, Gerechtigkeit und Gleichheit geglaubt. Ich war davon überzeugt, dass man eine Gesellschaft nach idealistischen Vorstellungen verändern und die Gleichwertigkeit der Menschen in der Gesellschaft stärker zum Durchbruch bringen kann. Insofern habe ich – wenn Sie wollen – Abstriche machen müssen. Ich hatte die Möglichkeit aus historischen Entwicklungen zu lernen, bestimmte politische Konzeptionen der Gesellschaft und des Zusammenlebens der Menschen zu organisieren. Dabei war ich immer ein Gegner der Diktatur und ein Anhänger des Pluralismus und der Meinungsfreiheit. In weiterer Folge war ich Anhänger von Karl Popper und seinem kritischen Rationalismus, der mich sehr beeinflusst hat. Dabei ist es auch bis heute geblieben.

Wir haben noch eine abschließende Frage. Wenn ich jetzt noch einmal zurückgehe zu 1955: Österreich gewinnt seine Freiheit. Österreich war auf der Suche nach einer neuen Identität - nach neuen Werten und Idealen. Wenn ich dann in die Gegenwart schwenke: 2005 – die Feier 60 Jahre Kriegsende, 50 Jahre freies Österreich, nächstes Jahr sind wir zehn Jahre bei der Europäischen Union dabei ...

Fischer: Richtig!

... und nach wie vor sind Wertediskussionen aktuell und werden es vermutlich auch immer bleiben. Unterrichtsministerin Gehrer hat zum Beispiel gesagt, dass viele jugendliche Menschen von Party zu Party hetzen - sich keine Zeit mehr für Kinder nehmen. Natürlich hat sich die Lebensqualität in den letzten 60 Jahren grundlegend verändert. Wie sehen Sie das mit den Werten der jungen Menschen von heute?

Fischer: Ich glaube, seit tausenden Jahren hat jede Generation ihre Werte und Ziele gehabt. Genauso hat auch jede Generation viele Rückschläge erlitten und Abstriche machen müssen. Denn die gesellschaftliche Realität hatte immer auch Kanten und Ecken – Ungerechtigkeiten und Rückschläge.

Der historische Prozess ist über Jahrhunderte betrachtet ein Spannungsfeld. Außerdem ist er im Wechselspiel zwischen Erfolgen und Misserfolgen, zwischen Fortschritten und Rückschlägen, zwischen Perioden, wo das Verändern, und Perioden, wo das Beharren im Vordergrund steht.

Arthur Köstler sprach einmal von der *„Schaukel der Geschichte".* Ich glaube auch, dass sich historische Prozesse nicht geradlinig wie auf einer Autobahn vorwärts fortbewegen. Sie bestehen immer aus These und Antithese, aus Modell und Gegenmodell, aus Fortschritt und Rückschritt.

Und nur Menschen tendieren dazu, zukunftsoptimistisch und idealistisch zu sein. Man lernt dann auch, mit Hindernissen, Hürden und mit retardierenden Momenten umzugehen. Ich habe bei meiner Antrittsrede als Bundespräsident am 8. Juli 2004 vor der Bundesversammlung gesagt, dass ich den Idealen meiner Jugend treu bleiben möchte – dass ich sie nie verraten möchte und dass ich mich nach wie vor dazu bekenne.

Mir ist das Prinzip der Menschenrechte sehr wichtig, mir ist das Prinzip der Gleichwertigkeit und der Gleichberechtigung der Menschen sehr wichtig, das Demokratieprinzip. Mir ist das Prinzip der sozialen Gerechtigkeit sehr wichtig, das mit der Stabilität der gesamten Gesellschaft in enger Verbindung steht. Von diesen Werten habe ich also keine Abstriche gemacht. Vielleicht mit etwas mehr Erfahrung, Gelassenheit und Verständnis, dass man die eigene Position immer wieder kritisch hinterfragen muss und nicht absolut setzen darf. Im Prinzip habe ich nicht das Gefühl, dass in meiner Biographie irgendetwas in Bruch gegangen wäre.

Zur Zeit meiner Funktion in der Hochschülerschaft, also im Prozess des Reifens und des „Gelassener-Seins", war ich Gott sei Dank nicht – und ich möchte mir das nicht als eigenen Verdienst anrechnen – in der Situation derer, die in der NS-Zeit aufgewachsen waren und sich den damaligen Bedingungen mehr oder weniger hatten fügen müssen. Diese Leute mussten den Kindern erklären, wieso sie Teil des NS-Systems gewesen waren und die Pflichten gegenüber Hitler erfüllt hatten.

In dieser Situation war ich glücklicherweise nicht und glücklicherweise auch nicht in der Situation irgendeines Lehrers zu DDR-Zeiten, der sich nach 1989 rechtfertigen musste, wieso er eigentlich in der SED gewesen war und einen Lehrplan vertreten hatte, in dem Stalin als großer geliebter Führer gefeiert worden war. Ich habe eine relativ geradlinige Entwicklung nehmen können.

Die nunmehr 60-jährige Periode des Friedens und der Demokratie von 1945 bis heute hat eine solche Biographie ermöglicht, ohne Bruch, ohne Diktatur, ohne Faschismus und ohne Kommunismus. Ich wünsche mir, dass das für die kommenden Generationen weiter so möglich sein wird.

Prof. Gerhard Lindbichler

VIER PERSONEN IN EINEM ZIMMER

Geboren am 13. April 1940 in Wien. Er besuchte seit 1946 die Volksschule in Weyer an der Enns bis 1947, war anschließend einige Monate in Holland und ab 1948 in der Volksschule in Wien. Ab 1950 besuchte er das BRG Albertgasse, 1080 Wien. Nach der Matura 1958 studierte er Mathematik und Physik an der Universität Wien. 1962 legte er die Lehramtsprüfung aus Mathematik (bei Edmund Hlawka) und Physik (Georg Stetter) ab. 1965 Promotion. 1965–1968 Lehrer an der Lehrerbildungsanstalt und BORG Innsbruck, anschließend am RG Marchettigasse, 1060 Wien und in der Bildungsanstalt für Kindergärtnerinnen, 1100 Wien. Seit 1972 lehrte er Fachmathematik an der Pädagogischen Akademie des Bundes in Wien.

Seit 2001 ist er im Ruhestand und Initiator (Obmann) des HAUSES DER MATHEMATIK. Schulbuchautor, Autor von mathematischen Fachbüchern und Beiträgen in Fachzeitschriften, Drehbuchautor und Produzent von mathematischen Filmen.

Verheiratet mit Daniele Lindbichler und Vater von 4 Kindern.

Ehrungen: Goldenes Ehrenzeichen für Verdienste um die Republik Österreich

Welche persönlichen Erinnerungen haben Sie an die Besatzungszeit?

Lindbichler: Da habe ich sehr viele, schlechte wie gute Erinnerungen. Ich möchte aber nur über ein paar sprechen:

1946 war ich 6 Jahre alt und lebte mit meinen Eltern und meiner Schwester in Weyer an der Enns in Oberösterreich bei Verwandten. Oberösterreich wurde damals von Amerikanern verwaltet. In Weyer hatten amerikanische Offiziere das größte Hotel des Ortes in Besitz genommen. Von einem Balkon aus warfen sie öfters zu uns Kindern, die unten auf der Straße standen, kleine Schokoladen und Kaugummi hinunter. Absichtlich wählten sie die Anzahl der Süßigkeiten, die uns damals noch unbekannt waren, so, dass wir uns um diese raufen mussten. Mit großer Freude beobachteten sie von oben unsere Balgereien, applaudierten und johlten, meist betrunken. Heute ist mir bewusst, mit welchem Sadismus sie damals uns Kinder quälten.

Auch ein anderes Erlebnis, Amerikaner bereffend, hat mich als Volksschüler der 1. Klasse damals sehr beeindruckt. Junge amerikanische Soldaten besuchten sehr gerne Tanzveranstaltungen der Marktgemeinde Weyer, in einem Lokal sehr nahe beim Enns-ufer. Bei einer dieser Veranstaltungen belästigten sie einheimische Mädchen, die mit ihren Freunden tanzten. Die jungen Burschen, von ihnen waren die meisten vor Kriegsende bei der deutschen Wehrmacht gewesen, überwältigten die amerikanischen, ziemlich betrunkenen Soldaten und warfen diese einfach in die kalte Enns. Diese drehten daraufhin verständlicherweise durch, zogen schreiend durch den Ort und schossen mit Militärpistolen wild um sich. Einem Bäckergesellen, der nichts ahnend, schlaftrunken um 1 Uhr in der Früh in die Bäckerei meines Onkels ging, wurde von den wild gestikulierenden Soldaten nachgeschossen. Mit letzter Kraft rettete er sich durch eine Glastür in die Bäckerei. Die Soldaten zerschossen diese und schossen auch noch einige Male in das Gebäude. Für uns Schüler waren am nächsten Tag die spannenden Berichte der Erwachsenen über diese Vorfälle sehr interessant. Ich habe auch den „Tatort" in der Bäckerei aufgesucht und kann mich heute noch sehr genau an die zerschossene Tür und die weiteren Einschüsse erinnern. Wie wir später erfuhren, wurden die amerikanischen Soldaten wegen der Schießerei angezeigt und von einem Militärgericht auch streng bestraft.

Eine sehr gute Erinnerung habe ich an die „Ausspeisung" an den Wochentagen nach Schulunterricht. Diese wurde von den Amerikanern für österreichische Schulkinder gestiftet.

Neben sehr gut schmeckenden Suppen kann ich mich gut an Würstchen, ähnlich wie Frankfurter, erinnern. Auch viele Sorten von getrockneten Früchten haben uns damals sehr gut geschmeckt.

Wie viele Jahre verbrachten sie in Weyer?

Lindbichler: Nach zirka 2 Jahren Aufenthalt in Oberösterreich übersiedelten wir nach Niederösterreich in den Ort Bisamberg. Nach einigen Wochen Schulbesuch der 2. Klasse Volksschule in Bisamberg wurde ich 1947 nach Holland wegen Unterernährung verschickt. Das war damals so üblich, dass man Kinder mit geringem Gewicht zB in die Schweiz, nach Schweden, Dänemark oder Holland geschickt hat. In der holländischen Schule, die ich einige Monate besuchte, lernte ich auch Holländisch, habe aber leider wieder alles vergessen. 1948 kam ich in einem recht guten Gesundheitszustand nach Österreich zurück. Meine Eltern waren inzwischen nach Wien in den 9. Bezirk, in die Ferstelgasse übersiedelt. Ich besuchte zu diesem Zeitpunkt die 3. Klasse Volksschule und kann mich dabei an weitere prägende Ereignisse erinnern. Da wir in nächster Nähe vom Palais Epstein (später Amtssitz des Stadtschulrats für Wien) wohnten, habe ich diesen Ort sehr oft aus zwei Gründen aufgesucht. Im Palais Epstein residierte damals die russische Stadtkommandantur und an der Außenfront des Gebäudes befand sich ein sehr großes rotes Pentagramm als Symbol der kommunistischen Herrschaft. Dieser „Sowjetstern" hat mich von der Größe und dem Aussehen her sehr fasziniert und ich habe diesen sehr gern und genau betrachtet. Aber es gab auch noch einen anderen Grund um zum Palais Epstein zu gehen. Jeden Monat hat eine andere Besatzungsmacht den Vorsitz in Wien übernommen und das wurde mit einer militärischen „Wachablöse" vor dem Palais zelebriert. Mich beeindruckte damals das exakte Marschieren der Soldaten in ihren schönen Uniformen und auch die dabei abgespielte Militärmusik. Besonders imponiert haben mir dabei die Amerikaner mit ihren strahlend weißen Stiefeln. Von ihnen hörte ich damals eine mir völlig unbekannte Musik in der Art von Glenn Miller und auch mit Jazzelementen. Ich konnte damals nicht genug von dieser „Brassband" hören und ich glaube, dass aus dieser Zeit meine heutige Vorliebe für Jazz stammt.

Haben Sie als Schüler persönliche Erfahrungen mit der Besetzung Österreichs gemacht?

Lindbichler: Ja, die habe ich. Noch heute kann ich mich gut daran erinnern, dass auch wir Kinder immer einen so genannten Identitätsausweis mit Foto und in den Sprachen Deutsch, Englisch, Französisch und Russisch bei uns mithaben mussten. Wollte man z.B. mit dem Fahrrad oder zu Fuß von der amerikanischen Zone von Oberösterreich in die russische in Niederösterreich gelangen, wurde man zweimal, wie bei einer Staatsgrenze, genau kontrolliert. Ich habe mich schon damals gewundert, warum auch Kinder dabei so genau überprüft wurden. Ebenso seltsam kommt es mir heute noch vor, dass alle Briefe, die ich mit 7 Jahren von Holland an meine Eltern in Wien schickte, von allen vier Besatzungsmächten streng zensuriert wurden.

Gibt es auch für Sie ein trauriges Erlebnis aus dieser Zeit?

Lindbichler: Ja. Ich musste als 7-jähriges Kind miterleben, wie mein Cousin, der im Weltkrieg am Kopf verletzt worden war, 2 Jahre nach Kriegsende an den Folgen dieser Verletzung mit 22 Jahren verstarb. Mich hat sein Tod sehr getroffen, da ich ihn damals sehr verehrt habe. Er war oberösterreichischer Meister im Schispringen, ein bekannter Schirennläufer und Naturbahnrodler.

Wie wurde nach Ihren Erinnerungen die Besatzungszeit in Ihrer Familie kommentiert?

Lindbichler: Na ja, nicht sehr freundlich. Ein Großteil der männlichen Familienmitglieder war im Krieg eingerückt und einige sind dabei auch gefallen. Man muss sich heute vorstellen, dass Teilnehmer eines verlorenen Krieges, auch wenn das Einrücken nicht freiwillig geschehen war, nicht sehr glücklich mit dem Umstand waren, dass die ehemaligen Feinde nun im eigenen Land, für das sie hatten kämpfen müssen, das Sagen hatten. Meine Großeltern aber zB haben die Besetzung Österreichs wiederum als echte Befreiung vom Nationalsozialismus gesehen.

Glauben Sie, dass es in Ihrer Familie Angehörige gab, die den Krieg befürwortet haben?

Lindbichler: Ich bin 1940, also am Anfang des 2. Weltkriegs geboren und kann daher diese Frage nicht exakt beantworten. Ich kann mir aber schon vorstellen, dass einige Familienmitglieder, durch die damaligen Umstände und entsprechende Propaganda, Kriegsbefürworter waren. Zu dieser Problematik hat übrigens einmal Dr. Helmut Zilk anlässlich eines Vortrages an der PÄDAK Wien Bund gesagt, dass jene Österreicher meistens lügen, wenn sie behaupten, dass alle Familienmitglieder 1938 Kriegsgegner waren. So ist ja auch zB bekannt, dass von den Söhnen des letzten Bundespräsidenten der 1. Republik, Dr. Wilhelm Miklas, zwei bekennende Nationalsozialisten und somit auch Kriegsbefürworter waren. Die anderen Söhne hingegen waren Gegner dieser Regierungsform und auch später Widerstandskämpfer.

Wie wurde nach Ihrer Erinnerung der Staatsvertrag in Ihrer Familie kommentiert?

Lindbichler: Bei der Staatsvertragsunterzeichnung war ich bereits 15 Jahre alt und hatte mich schon ziemlich von der Familie „abgenabelt". Dies ist auch sicherlich der Grund, warum ich mich heute an keine Kommentare diesbezüglich wirklich erinnern kann. Gut erinnern kann ich mich allerdings an den Tag der Unterzeichnung des Staatsvertrages. Ich war damals in ein 14-jähriges Mädchen verliebt und habe diesen Tag mit ihrer Familie vor dem Rathaus gefeiert. Der Vorplatz des Rathauses war wie ein riesiger Ballplatz und ich habe mit meiner Freundin und auch mit ihrer Mutter versucht nach Walzerklängen zu tanzen. Wir erlebten dabei gemeinsam eine sehr fröhliche und ausgelassene Stimmung aller anwesenden Personen.

Haben Sie noch Erinnerungsgegenstände oder Fotos aus der Besatzungszeit?

Lindbichler: Ja, zB die Identitätskarte und die zensurierten Briefe aus meinem Hollandaufenthalt an meine Eltern. Meine Gastfamilie in Holland besaß damals auch einen Fotoapparat und daher gibt es auch einige Fotos von mir aus dieser Zeit. Meine Eltern konnten sich nach Kriegsende keinen Fotoapparat leisten, so dass es von mir neben ganz wenigen Fotos von Bekannten und Freunden eigentlich nur die offiziellen Schulfotos von Profifotografen gibt.

Haben Sie sich in Holland wohl gefühlt und ist es Ihnen dort besser gegangen?

Lindbichler: In Holland ist es mir sehr gut gegangen. Mein Pflegevater war ein bekannter Architekt und somit erlebte ich einen mir damals noch unbekannten sehr guten Lebensstandard. Mein Vorteil war auch, dass ich ein Österreicher und kein Deutscher war. In der Schule musste ich damals auf Holländisch von meinen damaligen MitschülerInnen hören: „*Deutsche sind Schweine!*" Mir hat der Aufenthalt in Holland so gut gefallen, dass ich zum Entsetzen meiner Eltern in einem Brief an sie mit Großbuchstaben schrieb: „*ICH WILL NICHT MEHR NACH HAUSE*".

Wie hat es zu dieser Zeit mit der Wohnsituation ausgesehen?

Lindbichler: Bis Kriegsende hatten meine Eltern eine ungefähr 120 m^2 große Wohnung, die zum Kriegsende 1945 völlig ausgebombt wurde. Als wir 1947 von Weyer und Bisamberg nach Wien zurückkehrten, lebten meine Eltern, Schwester und ich in einem einzigen Zimmer mit ca. 25 m^2 in der Ferstelgasse im 9. Bezirk. In diesem einzigen Raum wohnten und schliefen also vier Personen. Eine Küche und ein desolates Bad mussten wir noch mit der Besitzerin der Wohnung streng nach Zeitplan teilen. Ich habe an diese Wohnsituation schlechte Erinnerungen, da mein Vater damals ein Kettenraucher war und aus finanziellen Gründen nur billige Zigaretten aus den so genannten „*USIA-Geschäften*" rauchte. USIA-Geschäfte gab es nur in von Russen besetzten Bezirken mit billigen Waren aus der Sowjetunion und anderen damals kommunistischen Staaten. Sicher auch ein Grund dafür, dass ich ein Nichtraucher wurde.

1954 bekamen wir eine neue, noch teilweise ausgebombte Wohnung in der Robertgasse im 2. Bezirk. 1955 wurde der zerbombte Teil wieder aufgebaut, so dass wir dann plötzlich wieder über eine 120m^2-Wohnung verfügten. Übrigens war dieses Wohnhaus der erste Bau von Van der Nüll in Wien, genannt „*Roberthof*".

Wie hat es damals mit der Kleidung ausgesehen?

Lindbichler: An meine Kleidung kann ich mich gut ab 1950, also ab dem Beginn meiner Schulzeit im Realgymnasium in der Albertgasse im 8. Bezirk, erinnern. Im Sommer hatten wir Schüler alle ausnahmslos eine kurze Lederhose mit Tragriemen über

Schulter und Brust. Dazu trugen wir Socken und Halbschuhe. An sehr heißen Tagen haben wir auch unsere kurzärmeligen Hemden und Leibchen ausgezogen, so dass der Tragriemen der Lederhose sich auf dem nackten Oberkörper befand. Ich kann mich gut erinnern, dass mein Klassenkollege Gerd Leitgeb, später Herausgeber von PROFIL und Chefredakteur vom KURIER, Ende März oder Anfang April stets der erste war, der von zu Hause aus die Lederhose anziehen durfte. Das war auch das Startzeichen für uns und die Lederhose trugen wir meist bis Ende Oktober.

Im Winter hatten wir meist eine Knickerbocker mit Stutzen, langärmelige Hemden und Pullover an. Unser zugehöriges Schuhwerk waren Schnürschuhe bis über die Knöcheln. Wenn es sehr kalt war, zog ich auch einen Mantel an und den Kopf bedeckte eine Pullmannkappe oder eine Kappe mit Ohrenschützern.

Wie war ihr Schulweg?

Lindbichler: Mein Schulweg war etwa 2 km lang von der Votivkirche über die Alserstraße, Skodagasse bis in die Albertgasse. Diesen ging ich zu allen Jahreszeiten und braucht für den Hinweg cirka eine halbe Stunde. Der Heimweg war länger, da wir nach der Schule, wenn möglich, noch im Hamerlingpark *„Köpfelten"* oder Fußball spielten. Freifahrten für SchülerInnen gab es damals noch keine und es war selbstverständlich, dass wir Schüler zu jeder Jahreszeit zu Fuß in die Schule gingen.

Wie war zwischen 1945 und 1955 der Schulbetrieb?

Lindbichler: In meiner Volksschulzeit, also von 1946 bis 1950 war die Klassenzahl meist 40 Schüler, also nur Knaben. Ebenso begannen wir im Realgymnasium mit 40 Schülern, schrumpften aber bis zur Matura 1958 auf 17 Schüler. In der Albertgasse gab es damals fünf 1. und sechs 2. Parallelklassen trotz strenger Aufnahmsprüfung. Die Jahrgänge 1939 und 1940 waren aus bekannten Gründen besonders stark. Wir zahlten damals noch pro Trimester Schulgeld, konnten aber auch in Härtefällen davon befreit werden. Für Schulbücher waren wir selber verantwortlich. Es gab damals keine Schulbuchaktion, sodass wir Schulbücher meist von Schülern höherer Klassen oder aus einem Antiquariat kauften. Gymnasien gab es damals meist nur für Mädchen oder Knaben.

Wie war Ihre Beziehung zu den Lehrern?

Lindbichler: Die Lehrer waren damals zu uns sehr distanziert und achteten auf ganz strenge Disziplin.

Ich habe gute Erinnerungen an meist sehr korrekte und gerechte Lehrer während meiner Gymnasialzeit. Das Verhältnis war sicher gut, denn zu unseren Klassentreffen, die zweimal im Jahr stattfinden, kommen heute noch Klassenlehrer im Alter zwischen 85 und 90 Jahren. Ich selbst habe nach der Matura mit meinem ehemaligen Deutschprofessor Herwig Hornung noch einige Jahre in meiner Freizeit an dem Werk „*Inschriften des deutschen Mittelalters*“ für die österreichische Akademie der Wissenschaften mitgearbeitet.

Wie waren Wandertage und Schikurse?

Lindbichler: Unsere Wandertage und Schikurse liefen sehr geordnet, ja fast militärisch ab. Unser Klassenvorstand Prof. Kurt Aschenbrenner war einige Jahre im Krieg als Soldat eingerückt und somit wurden wir mit Kontrollen der Fingernägel bis zu Spindkontrollen auf Schikursen vertraut gemacht. War ein Spind nicht in Ordnung, wurden die darin befindlichen Sachen herausgeräumt und wir mussten diese wieder „*Kante auf Kante*“ einräumen. Auch unsere Wandertage hatten damals noch sehr sportlichen Charakter mit wirklich langen, ausdauernden Wanderungen.

Wollen Sie noch über etwas Besonderes aus dieser Zeit erzählen?

Lindbichler: Besonders beeindruckt hat mich 1955 die Neueröffnung von Burgtheater und Oper. Beide Gebäude waren ja im Krieg zerstört worden. Das Burgtheater spielte bis 1955 im Ersatzort Ronacher und die Oper im Theater an der Wien. Bei der Eröffnung des Burgtheaters spielte man „*König Ottokars Glück und Ende*“ mit meinen damaligen Lieblingsschauspielern Attila Hörbiger, Raoul Aslan, Ewald Balser, Albin Skoda usf. Die Eröffnungsvorstellung wurde im Radio übertragen und ich habe diese mit einem Textbuch genau verfolgt. Bereits einige Tage später sah ich dann diese hervorragende Vorstellung auch im Burgtheater vom Stehplatz aus. Ebenso verfolgte ich die Eröffnungsvorstellung der Oper mit Fidelio (Anton Dermota als Florestan und Martha Mödl als Eleonore) im Radio mit einem Textbuch in der Hand. Damals beschloss ich übrigens Schauspieler zu werden, was mir ja teilweise mit der Berufswahl des Lehrers auch gelungen ist.

Dr. Erhard Busek

„SCHWEINE NICHT, ABER MENSCHEN, DIE HUNGER HABEN"

Geboren am 25. März 1941 in Wien, verheiratet mit Mag. Helga Busek. 1959–1963 Studium an der Universität Wien, Juridische Fakultät, Abschluss mit Doktorat, gleichzeitig Werkstudent. 1975–1976 Generalsekretär der ÖVP, 1976–1978 Stadtrat in Wien, 1976–1989 Landesparteiobmann der Wiener Volkspartei, 1978–1987 Landeshauptmann-Stellvertreter und Vizebürgermeister von Wien, 1987–1989 Stadtrat in Wien, 1989–1994 Minister für Wissenschaft und Forschung, 1994–1995 Bundesminister für Unterricht und kulturelle Angelegenheiten, 1991–1995 Vizekanzler der Republik Österreich und Bundesparteiobmann der ÖVP. Seit 1995 Vorsitzender des Instituts für den Donauraum und Mitteleuropa (IDM); seit 1996 Koordinator der Southeast European Cooperative Initiative (SECI); seit 2000 Regierungsbeauftragter der österreichischen Bundesregierung für EU-Erweiterungsfragen; seit 2000 Präsident des Europäischen Forum Alpbach; seit 2002 Sonderkoordinator des Stabilitätspaktes für Südosteuropa.

Zahlreiche Ehrendoktorate, Auszeichnungen und Publikationen

Welche persönlichen Erinnerungen haben Sie an die Besatzungszeit, die Sie als typisch für jene Jahre bezeichnen würden?

Busek: Meine Erinnerung beginnt mit dem Ende des Krieges, und das ist nicht die Erinnerung im langläufigen Sinn, denn als Vierjähriger hat man nicht diese Zugänge, sondern es sind eigentlich Fotos in mir selber.

Das eine war der Abzug der deutschen Truppen, es war eine Einheit der Waffen-SS – was ich damals nicht wusste – wir waren evakuiert in der Wachau, von Wien weg wegen der Bomben und wir haben erlebt, wie diese Panzer durch den Ort gerollt sind und es völlig klar war, jetzt kommen bald – wie alle gesagt haben – die Russen, die Rote Armee.

Die zweite Erfahrung sind die Grenzen der Besatzungszonen, die es gegeben hat, wir haben den Urlaub in Tirol verbracht – wobei es nicht Urlaub im heutigen Sinn war – wir haben eine familiäre Verbindung dorthin und man ist eigentlich nach Tirol gefahren, damit man endlich wieder einmal etwas Gescheites zum Essen bekommt, weil die Versorgung dort einfach besser war als in Wien und da gab es für mich mehrere Eindrücke. Das erste war ein riesiges Stalinbild und ein riesiges Leninbild, wenn man in den Bahnhof von St. Pölten hinein gefahren ist. Das hab' ich so in mir aufgenommen, weil es über die ganze Breitseite des Bahnhofs war. Das zweite: an der Ennsbrücke – Grenze zwischen Nieder- und Oberösterreich – wurde der Zug gestoppt, dann hat alle die Angst erfasst, weil die Sowjets im so genannten I-Ausweis, – dem Identitätsausweis – den man haben musste, die Stempel gezählt haben.

Eine weitere Erinnerung hab' ich noch aus Erzählungen: es hat in Wien die Versorgung der Wiener jedes Monat gewechselt. Es hatte immer eine andere alliierte Macht die Versorgung, und man konnte aus dem, was es gerade gegeben hat, entnehmen, wer g'rad verantwortlich war.

Wie war zwischen [19]45 u. [19]55 der Schulbetrieb?

Busek: Ich bin im 9. Bezirk in eine Schule gegangen das war ein normaler Volksschulbetrieb mit Ausspeise. Früher bekamen wir zum Teil schwedische Ausspeisung. Später, das war ein amerikanischer Besatzungsbezirk, amerikanische Ausspeisung.

Haben Sie Erinnerungsgegenstände, Fotos?

Busek: Es gibt einen Erinnerungsgegenstand. Der ist auch ein Familienerbe. Das ist ein Engel und zwar mit einem vergoldeten Zacken drauf, der kommt auf die Spitze des Christbaums. Das zweite ist eine Krippe, das dritte ist ein Gebetsbuch, das mein Urgroßvater in Lourdes gekauft hat – das hab' ich auch noch. Das meiste ist durch den Krieg einfach weg.

Was würden Sie der heutigen Jugend als Lehre jener Jahre mitgeben?

Busek: Den Optimismus. Ich hab' manchmal den Eindruck, dass angesichts einer doch sehr guten Situation die Leute viel zu kritisch, viel zu pessimistisch sind und alles ist gleich immer eine Krise und alles ganz schrecklich usw. Dass damals, mit viel weniger, das wir hatten, der grundsätzliche Ton ein optimistischer war. Man wird mit allen Problemen fertig. Ich würd' ihnen nicht weitergeben, was gesagt wird. Wisst ihr, was damals gelaufen ist, das ist ein Quatsch, das ist nicht vergleichbar. Sie haben andere Probleme als meine Generation und da ist ein Urteil auch schwer zu fällen. Jede Generation muss mit den Problemen selber fertig werden. Wir waren eigentlich – wir sind eine glückliche Generation. Ich hoffe, Sie verstehen das richtig. Sie haben es viel schwerer, als wir es haben, weil unsere Möglichkeiten bescheiden gewesen sind. Sie haben eine größere Wahl – das ist anstrengend – wir haben nicht viel Auswahl gehabt. Man hat sich nicht den Kopf zerbrechen müssen, wo man hinfährt, weil man ohnehin nirgendwo hinfahren konnte.

Der erste „Tag der Fahne" – Gegenüberstellung zu heute.

Busek: Also der Tag der Fahne hat, außer, dass wir ihn in der Schule begangen haben und irgendwelche Gedichte aufsagen mussten, niemanden beeindruckt. Das war kein Fest – der Weg bis zum Nationalfeiertag, der ist ein langer, mühseliger gewesen. Es ist auch sicher nicht so, dass die erste Erklärung war, der Nationalfeiertag sei an dem Tag, an dem der letzte ausländische Soldat Österreich verlassen hat – was historisch gar nicht stimmt. Die letzten sind im August gegangen und nicht am 26. Oktober. Also ich würde sagen, der Nationalfeiertag schaut heute besser aus, als es damals ausgeschaut hat.

Wie war der Staatsvertrag?

Busek: Ich hab' den 15. Mai 1955 gut in Erinnerung, weil ich mit meinem Vater ins Belvedere gegangen bin, ich bin einer, der dort gestanden ist und es sind dann die vier Außenminister und der Leopold Figl mit dem Staatsvertrag herausgekommen, „*Österreich ist frei.*"

Wir haben eigentlich das Gefühl gehabt, es kann jetzt immer nur besser werden und es war auch so, dass es jedes Jahr irgendwie besser geworden ist. Nicht in jedem Fall, sodass wir gesagt hätten, wir sind alle stinkreich oder so irgendetwas – das nicht, aber es ging eben aufwärts.

Was ist das lustigste Ereignis, an das Sie sich von damals erinnern können?

Busek: Also ich kann euch das anekdotisch erzählen. Das Glaubensbekenntnis, die Kurzfassung des Glaubensbekenntnisses, das sogenannte Melanchton-Credo, das zur katholischen Messliturgie gehört, ist gleich mit dem evangelischen. Mit einer einzigen Ausnahme, die Katholiken sagen: *„Ich glaube an die heilige Katholische Kirche“* und die Protestanten sagen, glaube ich: *„Ich glaube an die heilige christliche Kirche“.* Und an dieser Stelle hat mein Vater immer gehüstelt: *„Ich glaube an die heilige *hust* Kirche!“* Das hab‘ ich dann begriffen – das hat mir sehr gut gefallen. Mein Vater war nämlich Protestant, meine Mutter Katholikin.

Was ist das traurigste Ereignis?

Busek: Mir ist als 14-Jährigem ungeheuer im Gedächtnis geblieben, dass mein Vater, der ein nüchterner Ingenieur und trockener Mensch gewesen ist – irgendwo sah ich dann eine Träne, hier herunter, und ich sagte: *„Papa was isn?“* und er sagte in seiner ganz knappen Art: *„A bissl spät is halt“,* sag‘ ich: *“Was meinst denn damit?“, „Naja, jetzt samma endlich frei, nach soviel Geschehnissen und I bin halt a scho 52.“*

Also das war ein bisschen das Gefühl seiner Generation: Jetzt gibt es eine Möglichkeit, aber der Großteil des eigenen Leben ist vorüber. Das ist mir sehr stark im Gedächtnis geblieben.

Können Sie etwas über die häuslichen Umstände erzählen? (Versorgung, Verkehr, Heizung, Kleidung, Besatzungstruppen, ...)

Busek: Meine Mutter hatte zB wie gesagt Hühner. Bis heute – hasse ich Hühner, weil wir sie viele Jahre hatten und dann sind sie geschlachtet worden und dann haben wir zuerst einmal eine Hühnersuppe gekriegt und ein vier Jahre altes Hendl – das schmeckt zach und nach nix und schmeckt schrecklich. Ich halte Hühner nicht aus! (lacht) Und ich hab' die immer essen müssen. Also die Frage der Selbstversorgung hat schon eine große Rolle gespielt. Ich hab' da die köstlichsten Erinnerungen. Wir haben aus dem Weinviertel von jemandem Milch zugeliefert bekommen, neben der normalen Milchration, Lebensmittelkarten usw. Meine Mutter hat sorglich – diese Milch ist dann hingestellt worden – das Obers mit einem Löffel abgehoben, da ist dann Schlagobers draus gemacht worden.

In Tirol haben wir immer mit Begeisterung beim Bauern Butter erzeugt, wir haben auch ein bissl was gekriegt. Und lauter so Dinge, die unvorstellbar sind. Wir waren dann sehr verwundert, viel, viel später, als bei dem Bauern dann plötzlich auch die Staniolwürfel mit Butter gelegen sind, da hat man dann „*Teebutter*" gekauft. Da hab' ich gewusst, dass sich eine Welt verabschiedet von einer natürlichen Produktion hin zu einer ganz selbstverständlichen Butterei usw.

Ein paar charakteristische Dinge: da gab es Konservendosen der Briten, darin waren Fische – keine besondere Qualität, muss man sagen. Dann waren die Erbsen berühmt, ... die die Russen verteilt haben, wo leider immer Würmer drinnen waren – angeblich. Also man hat sozusagen Fleisch auch bekommen, das gab es sogar als Wienerlied. Die Amerikaner hatten dann diesen Käse – *cheddarcheese* – in großen, grünen Dosen und gesalzene Butter. Ich weiß, dass ich dann schon im größeren Alter dazu angestellt wurde, diese gesalzene Butte in einem Lavoir – wie man wienerisch gesagt hat – zu kneten, damit das Salz raus geht, weil wir Salzbutter nicht gewöhnt waren.

Wie haben Sie die Zeit erlebt?

Busek: Ich möchte fairer Weise sagen, dass die Kampftruppen der Russen zu uns Kindern sehr freundlich waren. Zum Schrecken meiner Mutter bin ich aus dem Versteck heraus gelaufen und wurde dort mit Zuckerl durch sowjetische Soldaten versorgt, die sehr freundlich waren. Dann hab' ich eine ganz markante Erinnerung - die mich physisch sehr stark erschüttert hat – es kamen am 6. Jänner 1946 schwedische Soldaten nach Wien. Meine Mutter konnte Schwedisch, weil sie nach dem Ersten Weltkrieg in Schweden in die Schule gegangen ist, zweieinhalb Jahre. Sie wurde dann herangezogen zum Übersetzen. Der schwedische Offizier hatte meine Mutter gefragt – also diese schwedischen Truppen kamen zu Hilfe. Sie haben dann ein Kinderhilfswerk errichtet. Rädda Barnen hat das geheißen – sie haben sehr viel gemacht und der Offizier hat gefragt: „*Ja, wir haben soviel Essen da, haben Sie Schweine?*" und meine Mutter sagte drauf: „*Schweine nicht, aber Menschen, die Hunger haben*". Dann hab' ich zum ersten Mal in meinem Leben einen Kakao bekommen, der ganz verheerende Folgen hatte, denn ich hab' nämlich – Entschuldigung – Durchfall bekommen. Fatal, es hat mir alles herausgerissen, weil ich das Fett nicht gewohnt war.

Also, meine Erinnerung an diese erste Zeit nach dem Krieg besteht aus solchen Bildern.

Prof. Dr. Fritz Braun

WIEDER HERR IM EIGENEN LAND

Geboren 1943 in Wien. Volksschule und Realgymnasium in Wien. Studium an der Akademie der bildenden Künste und an der Universität Wien (Geschichte, Kunstgeschichte). 1968 Promotion, 1969 Lehramtsprüfung. Zunächst als freier Journalist, dann als Redakteur und Grafiker im Bundeskanzleramt tätig. Ab 1976 Kunsterzieher am Gymnasium und Realgymnasium Wien IX und als freischaffender Maler tätig. Von 1983 bis 2000 Professor an der Pädagogischen Akademie des Bundes in Wien. Zwischenzeitlich Lehrbeauftragter an der Akademie der bildenden Künste. Nunmehr ausschließlich Freischaffender.

Einzel- und Gruppenausstellungen in Österreich, Italien und der Schweiz.

Schönen guten Morgen. Neben mir steht Herr Doktor Fritz Braun, ein ehemaliger Professor der Pädagogischen Akademie des Bundes in Wien. Er hat sich dankenswerterweise für unser Projekt „50 Jahre Staatsvertrag – Ich war dabei" zur Verfügung gestellt. Wir haben viele interessante Fragen an ihn und ich stelle gleich die ersten Frage: Wie haben Sie zu dieser Zeit gelebt, wo mit wem – der Hintergrund würde uns sehr interessieren?

Braun: Ich darf vorausschicken, ich bin Jahrgang 1943, habe also an das Kriegsgeschehen selbst sehr wenig Erinnerung. Man hat mir natürlich später erzählt, wie zum Beispiel ich auf Bombenalarm reagiert habe, wenn der Kuckuck geschlagen hat - das war die letzte Warnung, bevor feindliche Flugzeuge wirklich da waren. Wenn also im Radio der „Kuckuck" geschlagen hat, dann habe ich meinen Mantel genommen und bin durch den Garten - wir haben damals ein kleines Sommerhäuschen am Wilhelminenberg gehabt, ein klitzekleines - und bin in den behelfsmäßigen Erdbunker gelaufen, den mein Großvater für seine Frau, seine Tochter, also meine Mutter, und mich angelegt hatte. Ungefährlich war die Gegend nicht, obwohl wir uns in den letzten Kriegstagen dorthin zurückgezogen hatten. Denn einen Kilometer von uns lag der so genannte „Warchalovsky“, eine Fabrik, die früher Emailgeschirr produziert hat, aber im Krieg kriegswichtige Ware hergestellt hat – dem Vernehmen nach auch Teile für die V2, also für eine Rakete. Die Fabrik ist natürlich regelmäßig bombardiert worden. Auch Fremdarbeiter haben vielleicht 50 Meter von uns entfernt gewohnt, in unterirdischen Behausungen. Sie waren gegen Bombensplitter geschützt. Meine Großeltern haben mir auch erzählt, dass sie in den letzten Kriegstagen im Mai mit einem Leiterwagen aus dem 9. Bezirk aufgebrochen sind. Dabei haben sie sich von den Soldaten der deutschen Wehrmacht den Wagen über die Barriere, die sie dort am Gürtel aufgerichtet hatten, wo Artillerie und MG gestanden sind, darüber heben lassen und sind mit meiner Mutter und mir auf den Wilhelminenberg gezogen. Straßenbahn fuhr natürlich keine. Wir sind zwei Stunden zwischen den Fronten zu Fuß marschiert, bis wir in relativer Sicherheit waren.

Wie kann man sich dieses Häuschen am Wilhelminenberg vorstellen?

Braun: Ganz einfach. Es war ein so genannter Holzriegelbau. Es hat rein aus Holz bestanden. Als Wohnfläche hatten wir vielleicht 55 bis 60 m² – Erdgeschoß und erster Stock zusammengerechnet. Es hat kein Wasser, es hat keinen Strom und natürlich auch keinen Kanal gegeben. Dafür war der Garten sehr groß, den ich als Zehn- bis Vierzehnjähriger mit der Sense mähen durfte – zu meinem Leidwesen. Aber ich kann jedem sagen, der sich vor Gartenarbeit fürchtet: Als Kind hab‘ ich geflucht, später habe ich zwei Gärten gehabt und habe sie heiß geliebt. Dieser Garten war ein Pachtgrund der Gemeinde Wien und hat eigentlich schon zum Wald- und Wiesengürtel der Stadt Wien gehört. Der Wald- und Wiesengürtel verbietet allen Einwohnern dort – wenn sie neu kommen, nicht alt Eingesessenen natürlich – Wasser, Strom und dergleichen einzuleiten. Damit Wien nicht in den Wienerwald ausufert.

Den Wald- und Wiesengürtel gibt es heute noch und das ist eine sehr gute Einrichtung.

Sind Sie praktisch von der Stadtwohnung in eine Randwohnung übersiedelt?

Braun: Ja, in eine Randwohnung, um eine relativ größere Sicherheit zu haben, da wir gewusst haben, dass es zu Häuserkämpfen kommen wird. Es ist tatsächlich nicht so schlimm gewesen, es ist nicht Haus für Haus verteidigt worden. Aber trotzdem sind Häuser in unserer Straße abgebrannt. Zum Beispiel: Als die sowjetischen Truppen durch die Alserstraße – wo wir gewohnt haben – marschiert sind, die Kampfhandlungen waren also vorbei, da hat sich ein Verrückter in ein Fenster gestellt und schoss mit der Pistole hinunter. Natürlich stellten die Russen eine Kanone auf und schossen das Haus in Brand. Das war zwei Häuser von unserer Wohnung entfernt.

Sie haben dort mit ihren Großeltern gelebt? Habe ich das richtig verstanden? Mit ihren Eltern?

Braun: Ja, mit meinen Großeltern und mit meiner Mutter. Mein Vater war bei der deutschen Wehrmacht eingerückt. ... Geschwister hatte ich nicht.

In dieser Zeit von 1945–1955; haben sie irgendwelche persönlichen Erinnerungen, die sie sehr geprägt haben?

Braun: Vor allem die Vorsicht und die Angst der Eltern oder der Erwachsenen, mit denen ich aufgewachsen bin. Die Ehe meiner Mutter ist knapp nach Kriegsende in die Brüche gegangen. Ich bin mit meinen Großeltern und mit meiner Mutter aufgewachsen. Vor allem hatten wir, wenn wir draußen im Garten gewohnt haben, am Wilhelminenberg, ständige Angst vor den Sowjets. Vor den Russen, wie man sagte. Es ist bekannt, dass sich die kämpfende Truppe der Russen, als sie Wien besetzten, relativ korrekt benommen hat, dass sich aber der Tross allerhand zu Schulden hat kommen lassen. Es war später auch durchaus üblich, dass Leute grundlos verschwanden. Das wäre fast auch meinem Großvater passiert. Aus welchen Gründen auch immer wurde er auf der Straße angehalten, auf ein Lastauto verfrachtet und die Fahrt nach Sibirien begann. Er hat gewusst, was los war, denn er konnte ein wenig Russisch – noch aus dem Ersten Weltkrieg. Bei einem Manöver des LKWs, als es etwas langsamer wurde, gelang es ihm abzuspringen. Die anderen auf der Ladefläche trauten sich nicht. Er ist entkommen

Gibt es ein besonderes Ereignis, das Sie betroffen hat – besonders lustig oder besonders dramatisch?

Braun: Dramatisch für mich persönlich war, weil mit mir geschimpft wurde, ohne dass ich etwas dafür konnte. Nachbarskinder hatten mir in ein Heft ein Hakenkreuz gemalt. Ich habe es meiner Großmutter gezeigt, meine Großmutter ist vor Angst fast gestorben, dass das von irgendeinem Soldaten entdeckt werden könnte und dass die Familie dann Schwierigkeiten hätte.

Das war nicht soweit hergeholt, denn ich kann mich erinnern – ich war 3 Jahre alt – da sind zwei Männer in Uniform über den Gartenzaun gestiegen, haben auf mich eingeredet (welche Sprache? keine Erinnerung mehr) und sind dann wiederum querfeldein über die Zäune davongezogen. Ich habe das meiner Großmutter erzählt – wir waren ja völlig alleine da draußen im Garten, es hat praktisch keine Nachbarn gegeben – und sie ist käsebleich im Gesicht geworden, war verängstigt und am Abend ist alles mit meinem Großvater besprochen worden. Was man machen könnte und dergleichen. Was hätte alles passieren können?!

Wie hat Ihre Familie die Besatzungszeit damals kommentiert?

Braun: Ja, also ein generelles Gefühl der Unfreiheit hat durch die Gespräche durchgeklungen. Diese Atmosphäre hab' ich als Kind mitbekommen und für mich persönlich war es ein großes Anliegen zu erfahren, wann werden die Russen – die Sowjets – und die Amerikaner abziehen. Und da war natürlich bis zu meinem 12. Lebensjahr keine Hoffnung. Aber dann ist es sehr schnell gegangen. Chrustschow, der damals ein „Entspannungszeichen" setzen wollte, hat ein klitzekleines Territorium, die Sowjetzone in Österreich, plötzlich aufgegeben.

Man hat immer empfunden, dass die sowjetische Zone etwas ganz anderes ist, als die übrigen drei Besatzungszonen. Dass es dort den Leuten nicht so gut geht, dass die Rechtsunsicherheit größer ist, mehr Willkür herrscht und daher, als es zum Staatsvertrag gekommen ist, hab' ich das persönlich als eine ganz, ganz große Sache empfunden. Als wirkliche Befreiung ... und dass man sozusagen wieder Herr im eigenen Land ist. Das hab' ich auch für später mitgenommen. Herr im eigenen Land, Herr in der eigenen Wohnung, selbstbestimmt zu sein, sich von niemandem was dreinreden lassen zu müssen, das sind für mich sehr hohe Werte und ich führe das auf diese Zeit zurück.

Wie würden Sie das zusammenfassend sagen, wenn Sie mit jungen Menschen zusammen treffen? Was wäre Ihnen das Wichtigste?

Braun: Genau das, was ich jetzt gesagt habe. Das Gefühl der Unabhängigkeit, der persönlichen Souveränität über sein Leben, über seine Zeit. Das ist sehr wichtig. Das heißt deswegen noch lange nicht, dass man zu einer Insel wird.

Was würden Sie sagen, welchen Einfluss haben diese Einstellungen auf Ihren weiteren Werdegang gehabt? Und, kann man da irgendeine Verbindung ziehen?

Braun: Höchstens sehr, sehr indirekt. Ich weiß nur, als das österreichische Bundesheer gegründet worden ist und ich die ersten Soldaten in Uniform gesehen habe – ich bin nie ein Militarist gewesen, aber trotzdem war das für mich etwas Besonderes. Weil die Wehrbereitschaft eines Landes ja doch auch ein großer Ausdruck der Unabhängigkeit ist. Das vergessen vielleicht heute manche Leute. Ich sage noch einmal, ich bin im Prinzip Pazifist, aber das muss man auf der anderen Seite doch auch sehen, dass die Wehrbereitschaft eines Landes viel darüber aussagt, wie man zu seinem eigenen Staat steht.

Aus dieser Sichtweise habe ich das noch nie betrachtet, ja stimmt. Und gibt es – für uns als zukünftige LehrerInnen sehr relevant – irgendwelche Erinnerungen an den Schulbetrieb?

Braun: An den Schulbetrieb eigentlich nicht. Ich war in einem Schulsystem gefangen, das natürlich. Ich habe sehr gern gezeichnet. Meine Zeichnungen sind immer an der Wand gehängt. Singen hab' ich nicht dürfen, das war zu schrecklich für die Lehrerin. Das sind aber ganz normale Erfahrungen.

Das heißt, die politische Situation hat sich in der Schule nicht geäußert?

Braun: Die politische Situation hat sich in der Schule nicht widergespiegelt. Nein.

Der Tag der Fahne ...?

Braun: Ja, das war wirklich eine unglückliche Benennung. Als dieser Tag der Fahne ausgerufen wurde, hat ganz Wien angefangen darüber Witze zu machen. Man hat sich darüber lustig gemacht, vor allem nachdem man beim Heurigen war oder wenn man irgendwo ein Fest hatte – da sagte man, man hatte gestern einen „*Tag der Fahne*". Mich hat das furchtbar gestört. Der Tag unserer endgültigen Befreiung hätte etwas Besseres verdient als eine dümmliche Namensgebung. Die Bezeichnung „*Nationalfeiertag*" ist durchaus in Ordnung. Für andere Leute nicht, ich weiß es, aber für mich ist er in Ordnung.

Waren Sie damals schon politisch interessiert?

Braun: Ich war politisch interessiert, vielleicht nicht politisch gebildet mit zwölf Jahren. Aber es war für mich ein ganz großer Tag, als ich im Belvedere mit meiner Mutter gestanden bin. Ich habe die vier Außenminister gesehen und in der Mitte Figl mit dem besiegelten Vertrag. Und dann die berühmten Worte: „Österreich ist frei!" Das ist bis heute etwas, das emotional außerordentlich besetzt ist.

Umso mehr bedauere ich es, auch sagen zu müssen: ich bin nicht in einer Menschenmenge gestanden, wo sozusagen Sardine an Sardine war, sondern ich habe relativ viel Platz um mich gehabt. Und es gibt Wochenschauaufnahmen, da sieht man, dass der untere Teil des Belvederegartens ziemlich leer ist.

Das heißt, es waren gar nicht so viele Leute ...

Braun: Für mich war damals klar, an diesem Tag habe der Garten des Belvederes gerammelt voll zu sein. Ich kann nicht beurteilen, wieviel zigtausend Menschen dort waren. Es war ein ganz subjektives Erlebnis.

Haben Sie ein Gefühl, warum nicht so viele Menschen da waren?

Braun: Ich kann das wirklich nicht sagen. Es wäre ja auch möglich, dass die Polizei später niemanden mehr in den Park gelassen hat, um eine zu große Drängerei zu verhindern.

Sind Sie da extra schon früher gekommen, um das zu sehen?

Braun: Ja, ja natürlich. Wir waren gut ein Stunde früher dort und haben gewartet auf den großen Augenblick.

War für Sie so eine Großveranstaltung etwas Besonderes?

Braun: Meine Mutter hat für so herausragende Dinge, für Events würde man heute sagen, durchaus einen Sinn gehabt und hat sich da nichts entgehen lassen.

Sie waren also nur mit Ihrer Mutter dort?

Braun: Ich war nur mit meiner Mutter dort. Mein Großvater war ein kleiner Finanzbeamter und war natürlich im Amt. Meine Großmutter hat den Haushalt versorgt.

Und haben Sie diese Bilder noch genau so im Kopf? Würden Sie sagen, dass Sie die noch so abgespeichert haben?

Braun: Ja, die habe ich abgespeichert. Die sind Fotografien.

Also, ganz bleibende Erinnerungen.

Braun: Ja.

Vielen, vielen Dank. Ich glaube unsere Fragen sind damit vollständig und sehr ausführlich beantwortet. Wir haben viele Aspekte mitbekommen, die uns nicht so bewusst waren, die wir nicht gewusst haben und es war sehr interessant.

Braun: Gut. Auch ich danke Ihnen.

Prof. Dr. Brauneder

SCHLANGE STEHEN BEI DER LEIHBIBLIOTHEK

Geboren 8.1.1943 in Mödling; verheiratet, 2 Kinder; Dr.iuris, Mag.rer.soc.oec. Seit 1980 Ordentlicher Universitätsprofessor; Gastprofessuren an der University of Kansas, Lawrence/Kansas, der Universität Paris, der Universität Budapest; 1987–1989 Dekan der Rechtswissenschaftlichen Fakultät der Universität Wien.
Direktor des Ludwig-Boltzmann-Instituts (LBI für vergleichende Rechtssystemforschung, Wien). Experte bei Parlaments-Enqueten zu Fragen des Föderalismus und der parlamentarischen Kontrollrechte (ua Wien, Prag).
Abgeordneter zum Nationalrat 1994–1999 (Vorsitzender Wissenschaftsausschuss, Mitglied u.a. Verfassungsausschuss, Justizausschuss), 1996–1999 3. Präsident des Nationalrates.

Das Interview heute handelt hauptsächlich von der Nachkriegszeit. Wir wollen Sie über Ihre persönlichen Erfahrungen in dieser Zeit interviewen und um uns einmal eine grobe Orientierung zu geben, wollten wir Sie fragen, wo Sie aufgewachsen sind, in welchem Land, welchem Bundesland, in welchem Bezirk?

Brauneder: Gern. Also, ich bin aufgewachsen, um mit dem Ort anzufangen, in Perchtoldsdorf …

… in Niederösterreich …

Brauneder: in … ja das ist jetzt ein bisschen kompliziert … ich bin in Perchtoldsdorf aufgewachsen und in Mödling in die Schule gegangen. Bis 1954 – glaube ich – haben Perchtoldsdorf und Mödling und ein paar andere Orte zu Wien gehört. Dann sind diese Orte an Niederösterreich abgetreten worden, und das führt zum Beispiel dazu, dass auf einem Teil meiner Mittelschulzeugnisse draufsteht: Bundesgymnasium und Bundesrealgymnasium Mödling, Wien, 25. Gemeindebezirk.

Das war einer der Wiener Bezirke und dann kam diese Ausgliederung, wobei die Ausgliederung sehr spät eine Folge hatte. Ich war in Mödling am Gericht, die Gerichtspraxis machen, das war im Jahre 66. Bis dahin gab es Buslinien von der jetzigen U-Bahnstation Meidlinger-Hauptstraße nach Mödling und erst so spät hat man gesagt, na Moment, die Stadtgrenze ist ja Liesing. Und dann hat man alle diese Buslinien gekappt und jemand, der nach Mödling fahren wollte, musste plötzlich umsteigen

... mit dem Zug, oder sind sie da mit einer ...

Brauneder: Also, ich bin von Perchtoldsdorf mit einer legendären Straßenbahnlinie, dem 360er gefahren, den kennt heutzutage kein Mensch mehr. Die Linie hat man dann ohnedies im Jahre 66 – glaube ich – modernisiert, und nachdem man sie modernisiert hat, hat man sie eingestellt.

Das war auch eine dieser Folgen der Trennung, weil die Wiener Stadtwerke gesagt haben: „*Wozu sollen wir Straßenbahnen in Niederösterreich betreiben, nicht?!*"

Wissen Sie, warum dann der Bezirk von Wien abgetrennt wurde ? Warum der dann zu Niederösterreich übergangen ist?

Brauneder: Na ja, das war so: Diese Umlandsgemeinden bis einschließlich Gumpoldskirchen beispielsweise, sind 1938 zu Wien eingemeindet worden, ... Groß-Wien hieß das, unter anderem mit Schwechat, Klosterneuburg und über der Donau noch andere Gemeinden.

Und jetzt, damit sind wir schon ein bisschen bei dem Nachkriegsthema, jetzt war dann nach 1945 natürlich erstens die Frage, machen wir das wieder rückgängig, was in der deutschen Zeit passiert ist? Eigentlich hat man gesagt, ja, das machen wir wieder rückgängig – obwohl das Rückgängigmachen, siehe Verkehrslinien, eigentlich eine dumme Idee war. Dann hat man aber gesagt: „Wenn wir das rückgängig machen und Wien wird kleiner, dann fallen diese Umlandgemeinden, weil zu Niederösterreich gehörig, in die sowjetische Besatzungszone." Und das wollte man wieder nicht. Bei ein paar Gemeinden war es natürlich ohnedies der Fall, durch die Wien-Aufteilung in diese 4, eigentlich 5 Zonen, und da hat man dies so irgendwie hinaus geschoben, damit diese Gemeinden nicht unter die Sowjets fallen und [19]54 hat man das doch gemacht. Da war das Besatzungsregime eigentlich schon sehr milde, da war es dann schon egal.

... Aus verschiedenen Gründen konnte ich daher im Westen, wenn ich oft gefragt worden bin, sind Sie Wiener? – was also viele im Westen nicht so gerne hören – sagen *nein, ich bin Niederösterreicher,* aber ich konnte auch sagen *ja, ja, ich bin Wiener,* weil ich bin in Mödling geboren und dadurch eigentlich ein gebürtiger Wiener, weil Mödling damals zu Wien gehört hat. Ja, und damit habe ich gleich etwas Wesentliches gesagt, dass ich in der sowjetischen Besatzungszone aufgewachsen bin.

Mmh, ... das sind sicher auch wieder besondere Erinnerungen.

Brauneder: Ja das sind ganz spezifische Erinnerungen, vor allem deswegen, weil man durch Urlaub mitbekommen hat, wie es in den anderen Besatzungszonen war und das war wirklich ein Riesenunterschied. Ein Aufenthalt, ich kann mich noch erinnern, in Salzburg, ich schätze einmal 1948 oder 1949 – ich bin Jahrgang [19]43 – also das war ganz etwas anders ...

Da waren die Amerikaner in Salzburg?

Brauneder: ... da waren die Amerikaner, ja ...

Das war ja natürlich, also ich kenne das von meiner Großmutter, von den Erzählungen, das war ja eigentlich eine „angenehme Besatzung", zumindest für die Kinder, die haben das relativ positiv erlebt. Es hat sehr viel Schokolade gegeben ... und solche Kleinigkeiten ... Seidenstrumpfhosen ... und ...

Brauneder: Genau, ja ... und dann kann ich mich noch erinnern, eben bei einem Aufenthalt in Salzburg, da konnte man dann auch eine Busfahrt zum Königssee machen, also nach Bayern, ... und da haben alle gesagt, wenn ihr da jetzt rüber fährt, müsst ihr unbedingt etwas ausprobieren, das gab es damals selbst in Salzburg noch nicht, das ist ganz was Tolles. Das muss man unbedingt ausprobieren. Kommen Sie drauf was das sein kann? Man kann es trinken, es kommt aus Amerika.

Cola!

Brauneder: Coca Cola ... Das war sozusagen eine Sensation. Da drüben gibt es auch schon Coca Cola – und ich muss sagen, das war ein grausliches Gesöff ... Mir hat Coca Cola lange nicht geschmeckt.

Ja, es ist ja dann auch noch verändert worden, glaube ich in den folgenden Jahren ... geschmacklich ... aber ja ...

Brauneder: Kann sein, ... aber das große positive Erlebnis ist total ausgeblieben ...

Und sind Sie bei Ihrer Familie aufgewachsen?

Brauneder: Ja, also ich bin aufgewachsen in Perchtoldsdorf ... bei meiner Mutter und meinen mütterlichen Großeltern. Meine Eltern haben seit 1945 durch die Kriegsereignisse und durch meinen Vater beruflich bedingt getrennt gelebt.

Aber der Vater war nicht in Gefangenschaft?

Brauneder: Nein, nein, der war bei einer Sanitätseinheit und ist direkt entlassen worden, so weit ich weiß. Aber er war damals beruflich in Wien und da haben sich meine Eltern auseinander gelebt. Das habe ich gar nicht so mitgekriegt, muss ich sagen.

Aber das hat jetzt auch gewisse Bedeutung. Es war für meinen Vater ein Kommunikationsproblem, er hat begonnen als Steuerberater zu arbeiten, hat also ein eigenes winziges Büro gehabt, und das konnte er von Perchtoldsdorf eigentlich nicht betreiben, denn unter anderem war die Kommunikation in diesen ersten Nachkriegsjahren sehr erschwert. Was vor allem jetzt ganz komisch klingt: wir hatten lange kein Telefon.

Wie aber alle anderen Leute auch, Telefon war eine Seltenheit. Also in einem Ort wie Perchtoldsdorf oder in einem Urlaubsort am Attersee, wo ich dann war, da hatte das Telefon, abgesehen von der Post, nur der Arzt, der Bürgermeister, vermutlich die Schule, Pfarrer weiß ich nicht, und die Gasthöfe. In alten Prospekten stand dann oft drinnen *„Öffentliche Fernsprecher (Gasthof)"*. Meiner Mutter ist es dann gelungen, dass wir einen Telefonanschluss bekommen haben und das war eine Sensation ...

Jahrelang gab es in Wien im Telefonbuch – Perchtoldsdorf war bei Wien – Brauneder Josefine, sonst niemanden mit dem gleichen Namen.

Das beantwortet ja schon eine der folgenden Fragen. Erinnern Sie sich vielleicht an ein besonders bemerkenswertes Ereignis aus dieser Zeit, das Ihnen in Erinnerung geblieben ist? Das ist dann vielleicht eben zum Beispiel das Telefon …

Brauneder: Unter anderem das Telefon. Also ich habe lange nachgedacht bei der Frage: besonderes Ereignis – lustig/traurig. Eigentlich muss ich sagen, das besondere Ereignis, das sich permanent wiederholt hat jedes Jahr, war der Urlaub, der Sommerurlaub – und da waren wir eben am Attersee in Weyregg …

Also das waren Österreichurlaube?.

Brauneder: Natürlich. Dass jemand Urlaub gemacht hat, wohin gefahren ist im Sommer, das war die Ausnahme und Italien etwa war die Ausnahme in der Ausnahme wohl erst so ab 1957. In der Volksschule, Mittelschule – … sagen wir, da waren 30 in der Klasse … vielleicht fünf sind auf Urlaub gefahren von den 30 …

Es war ein Privileg?

Brauneder: Na ja … ich würde es nicht als Privileg bezeichnen … Ich bin in eher einfachen Verhältnissen aufgewachsen, aber meine Mutter hat jedenfalls den Drang gehabt, sie will irgendwo hinfahren und andere hätten sich das vielleicht genauso leisten können, aber das war wohl mentalitätsmäßig nicht drinnen. Vier Wochen etwa sind wir da nach Weyregg gefahren und haben dort auf einem wesentlich niedrigeren Standard diese 4–5 Wochen verbracht. Im ersten Jahr beispielsweise, das erste Jahr Weyregg war [19]52/[19]53, da gab es auf den Zimmern kein Fließwasser. Dann kam nach einem Jahr – das betrifft aber den Tourismus insgesamt, kann man sagen – … dann kam als Innovation fließendes Kaltwasser auf den Zimmern. Dann war jahrelang, kann ich mich noch erinnern, eigens angeschrieben bei Zimmervermietungen: fließendes Kalt- und Warmwasser. Also das Warmwasser galt lange Jahre nach [19]55 noch als Luxus. Von Nasszelle oder eigener Dusche war noch überhaupt keine Rede.

Die Mobilität war immer geringer ...

Waren das dann Reisen mit dem Zug?

Brauneder: Ja, zum Beispiel Weyregg: Da fuhren wir mit der Straßenbahn zum Westbahnhof, von hier nach Attnang-Puchheim, da ist man dann umgestiegen in einen Lokalzug, damit kam man am Attersee an. Dann ist man auf das Schiff umgestiegen, das war damals ein richtiger Linienverkehr, wie Bus oder Eisenbahn, und dann – wenn man Glück gehabt hat – ist an der Schiffhaltestelle von den Vermietern der kleine Bub mit so einem kleinen Leiterwagen gewesen, wo man die Koffer aufladen konnte und ist in das Quartier gefahren.

Also, das war ein relativ großer Aufwand?

Brauneder: Ja, und den Aufwand haben viele gescheut ...
Meine Großmutter beispielsweise hat uns ein einziges Mal am Attersee besucht. Wir waren über zehn Jahre hintereinander dort. Für sie war das einfach lästig ... obwohl sie gratis gefahren ist, weil mein Großvater Eisenbahner war. Für sie war das keine finanzielle Frage – aber in Perchtoldsdorf das Haus allein lassen? Sie hat sich wohl gefragt: *Was mache ich mit dem Haushalt und der Großvater verhungert vielleicht, wenn ich längere Zeit nicht da bin?* Dann spielte vielleicht ein bisschen eine Rolle ... die Unsicherheit und die russische Besatzung – und in der ersten Nachkriegszeit ist bei uns im Haus zwei Mal eingebrochen worden.

War das damals grundsätzlich eine Gefahr?

Brauneder: Ja, das war offenbar eine Gefahr. Ich sag jetzt einmal: Nicht aus gar so böser Absicht. Die haben gedacht, die haben einen Garten, da laufen Hühner herum, ... da gibt es Nahrungsmittel und die waren furchtbar knapp.

Das heißt, es war ein unangenehmes Gefühl das Haus länger alleine zu lassen?

Brauneder: So ist es. Ich bin überzeugt, das war bei vielen ein Motiv: Ich lasse das Haus, die Wohnung nicht allein. Und die Mobilität war unheimlich gering.

Wie ist diese sowjetische Besatzungszeit grundsätzlich von Ihrer Fa-

milie kommentiert worden? Wie war die Einstellung dazu? Wurde das sehr negativ erlebt oder gab es auch gewisse Befreiungsgefühle?

Brauneder: Grundsätzlich muss ich sagen, man hat diese Besatzung einfach hingenommen. Das hat zum Alltag gehört. Man hat darüber nicht viel gesprochen. Dann gab es Ereignisse, an die man Hoffnungen geknüpft hat. Ich kann mich noch erinnern, ich weiß das Jahr nicht so genau, um 1952 herum, da gab es wieder eine dieser Außenministerkonferenzen, die sich damit beschäftigt haben: Friedensvertrag mit Deutschland. Da war immer der Staatsvertrag mit Österreich an diesen Friedensvertrag mit Deutschland gekoppelt. Da kann ich mich noch an dieses Gespräch erinnern: ziehen die jetzt ab ... also wenn die Konferenz positiv über die Bühne geht, ziehen die jetzt ab ... Da fiel mir etwas ganz Komisches ein: Werden wir wieder mit Deutschland vereinigt?

War das eine Angst oder ein positiver Gedanke?

Brauneder: Nein, das war eigentlich, wissen Sie, im Alltag weder positiv noch negativ ... Das hätte man so wie es kommt hingenommen. Man konnte es sowieso nicht ändern. Man konnte es nicht beeinflussen. Und dann kann ich mich auch noch erinnern, ist diese Konferenz wieder geplatzt und man hat gesagt: Ist halt wieder nix!

Und dann kann ich mich an noch einen Umstand erinnern: Korea Krieg, [19]50/53 ...

Da war plötzlich wieder die Kriegsangst da, der Dritte Weltkrieg könnte kommen, man hat ja fast geglaubt, irgendwann kommt der. Und mit dem Korea Krieg war die Angst wieder einmal sehr akut. Da haben meine Großeltern gesagt, diesmal flüchten wir nicht so wie [19]45. Da hatten sie das Haus zugesperrt und sind mit meiner Mutter und mir – Vater war beim Militär – nach Westen in die amerikanische Zone, das war das Ziel von vielen Flüchtlingen, über die Enns, damit wir bei den Amerikanern sind. Und dann ist man eben wieder zurück. Sie haben gesagt, das würden sie jetzt nicht mehr machen, aber gewisse Sachen würden sie im Garten vergraben. Damit die Russen das nicht finden. Dabei haben meine Großeltern keine Schätze gehabt, besseres Porzellan vielleicht ...

Um gleich bei dem zu bleiben: Ich habe mir das oft auch schon aus anderen Gründen angesehen, denn ich hab' seit dem Jahr [19]55 Kalenderaufzeichnungen gemacht. Was habe ich zum Staatsvertrag hingeschrieben? In der Woche habe ich mir eine Kinokarte aufgehoben – übrigens. jetzt sehe ich das gerade, vom 15. Mai und da steht: Kirche ... Österreich: frei ...Staatsvertragsunterzeichnung ... im Kino: Der Dieb von Bagdad – sehr spannend. Und das war eine Jugendvorstellung. Und ich habe eigentlich an diesen Sonntag in Bezug auf den Staatsvertrag überhaupt keine Erinnerung mehr. Ich habe das mit Gleichaltrigen besprochen und die haben gesagt: Erinnerst du dich nicht, da sind wir doch alle vor dem Radio gesessen und haben uns die Übertragung angehört. An das kann ich mich zum Beispiel nicht mehr erinnern. Aber wir haben es sicher gemacht. Ich gehe davon aus, dass man im Vorhinein gewusst hat, jetzt wird es bald soweit sein, und das war dann diese offizielle Zeremonie.

Sie waren damals erst zwölf.

Brauneder: Und wenn man sich diese Aufzeichnungen ansieht – naja, was hat einen bewegt, bitte in kleiner Auswahl aus 1955:

1. Juni Schule (pfui)

4. Juni Mathematikschularbeit

28. November Freiluftturnen / war nicht / kein Deutsch / Schule / Aufgaben gemacht / Schule

2. Dezember Straßenbahnerstreik / erst um 9 Uhr zur Schule / Aufgaben gemacht

Und dann kam der Staatsvertrag?

Also, das war der Alltag, der näher war und man hat ja Weltereignisse oder politische Ereignisse, ganz im Unterschied zu heute, nicht gesehen! Stellen Sie sich einmal vor, das Fernsehen ist weg. Es gibt nur Radio, Zeitung. Meine Großeltern hatten das Kleine Volksblatt abonniert, das war, was ich damals natürlich nicht gewusst habe, so irgendwas in die Richtung Parteizeitung der ÖVP. Ja, und man hat täglich das Kleine Volksblatt gelesen und aus dem hat man sein Wissen bezogen und aus den Nachrichten im Radio. Mein Großvater war damals schon in Pension, er hörte regelmäßig die 12 Uhr-Nachrichten und 19 Uhr-Nachrichten. Da hat man etwas gehört, aber gesehen hat man nichts. Der 1. Mai beispielsweise, da kann ich mich auch noch erinnern, das war sehr komisch, da sind Gruppierungen mit roten Fahnen marschiert. Wir konnten da auf eine große Hauptstraße sehen. Zum Beispiel mit roten Fahnen sind die Straßenbahner nach Liesing marschiert, weil offenbar dort eine größere Maikundgebung war.

Wenn sie jetzt sagen, Tage wie dieser sind Ihnen nicht bewusst in Erinnerung geblieben, hat es Ereignisse gegeben, die für Sie besonders einprägend waren in diesen zehn Jahren Besatzungszeit?

Brauneder: *J*a, also wenn ich das jetzt einmal auf die Besatzung konzentriere. Wie hat man die Besatzung wahr genommen?
Ganz etwas Allgemeines: Russische Zone, Perchtoldsdorf, Sie werden das ja wissen: Heurigenort, Wein. Das heißt, die Russen haben dem zugesprochen und die Straßenbeleuchtung war damals furchtbar mäßig, nur auf jedem zweiten Eck. Wenn es dunkel war und man hörte ein Auto, was damals sehr selten war: wenn man einen Lastwagen hörte, konnten es Russen sein – und wenn man sie singen gehört hat, hat man geschaut, dass man in einer Hauseinfahrt verschwindet. Es war so eine gewisse Bedrückung ...

Also, die Menschen haben sich gefürchtet?

Brauneder: Ja, vielleicht.

Hat es da Ereignisse gegeben, die dazu geführt haben?

Brauneder: Ja, ganz bestimmt. Nach [19]45 hat man das gehört. Die Vergewaltigung war groß. Ich kann mich noch erinnern, meine Mutter hat einmal entweder zu mir oder zu einem Gesprächspartner vor mir gesagt: *Da drüben geht ein Doktor sowieso, dem haben die Frauen viel zu verdanken. Er hat abgetrieben.*

Insgesamt gab es eine latente Russenangst. Aber ich sage dann auch etwas Positives.
Zum Besatzungsalltag gehörte auch die Zonenkontrolle, an der Enns beispielsweise und am Semmering; zu den Amerikanern in Oberösterreich, zu den Briten in der Steiermark und das hat sich so abgespielt:
Bei der Enns war es besonders auffallend. Es blieb der Zug auf offenem Felde stehen vor der Enns. Da war ein Bahnsteig, eine

Hütte, und da sind die Russen rein gekommen und haben kontrolliert. Maschinenpistole umgehängt sind sie durch den Zug gegangen und es war eisig ruhig. Die haben die I-Karte, die *Identitätskarte* kontrolliert. Die war viersprachig: Deutsch, Englisch, Französisch, Russisch. Und das haben die Russen penibel kontrolliert. Das hat sehr lange gedauert. Und da gab es Witze: Vielleicht war das gar nicht so falsch, dass man gesagt hat, die Russen können nicht lesen, die zählen nur die Stempel die drinnen sind und wenn nicht die 14 Stempel drinnen sind, dann hat man Pech gehabt.

Was war da auf dieser Karte ersichtlich?

Brauneder: Ein Photo, wie heute ein Personalausweis im Prinzip. Und es konnte natürlich passieren, dass die Russen Leute aus dem Zug mitgenommen haben und dann hieß es: Oje, jetzt dauert es lange ... Ich kann mich an eine Lautsprecherdurchsage am Bahnhof Villach erinnern: *Schnellzug aus Wien hat voraussichtlich 2 Stunden Verspätung* – nächste Durchsage: *Zug hat 3 Stunden Verspätung – Zug hat 4 Stunden Verspätung.*
Züge aus Wien hatten selbstverständlich Verspätung durch diese Kontrollen.
Dann hat man sich gefragt, ob die Russen die wieder zurückbringen, oder – das war ein stehender Satz: *Kommen die nach Sibirien?*

Das ist nicht wirklich passiert, oder?

Brauneder: Natürlich ist das passiert! Selbstverständlich! Da gab es Fälle, da kamen die nicht mehr zurück. Dann ist der Zug ohne den oder die weiter gefahren. So etwas habe ich nicht erlebt. Aber ich weiß das von Erzählungen, dass es das gab. Auch von der Straße weg.

Etwas Positives wollten Sie auch noch sagen.

Brauneder: Positiv: Ich bin aufgewachsen in einem Einfamilienhaus. Eine meiner ersten Erinnerungen ist, dass wir von der Flucht zurückgekommen sind, das war im Herbst [19]45, und wir sind in das Haus hinein, ich und meine Mutter. Beide Großväter haben uns von der Bahn abgeholt, weil wir Gepäck hatten. Da hatten wir eine Wohnküche und in der Wohnküche standen hinter einem Kohlenherd zwei Frauen, beide dicklich. Die eine hat zu weinen angefangen, das war meine Großmutter. Die andere war die Russin. Denn oben, im ersten Stock, hat eine russische Familie gewohnt, ein russischer Offizier mit seiner Gattin und die hatten zwei Töchter. Später bekamen sie ein drittes Kind, einen Buben – der heißt mit zweitem Vornamen Willi, nach mir. Weil der Kapitan, Hauptmann, mich wie seinen Sohn betrachtet hat. Der kam vom Dienst, vom Büro mit seiner Aktentasche und die zwei Töchter und ich sind auf ihn zugelaufen, wenn er beim Gartentor hereinkam.

Die waren wie gesagt im ersten Stock einquartiert und ich ging hinauf mit – in meiner Erinnerung – einer großen Glasflasche, wie man das früher in Zuckerlgeschäften hatte. Wenn diese leer war, bin ich mit dem leeren Glasbehälter hinauf gegangen, um ihn gegen einen vollen auszutauschen. Wir unten sind von den Russen also mit Zuckerln versorgt worden. Ich war schon so groß, dass ich mir meinen Kopf an einer Tischkante anstoßen konnte – das war furchtbar schmerzhaft. Daraufhin habe ich ein Stück Schokolade bekommen und noch viel mehr. Also die waren sehr nett!

Sie sind dann, schätze ich [19]53 nach Russland zurück. Sie sind ganz ungern weggegangen. Beim Abschied hat der Kapitan, nach den Erzählungen meiner Mutter vermutlich, gesagt: *Ich nix habe gemeldet, Wohnung. Sie können beruhigt sein, kein Russe kommt mehr. Sie können wieder hinauf in den ersten Stock ziehen.* So war es dann.

Gab es dann in der Folgezeit noch persönlichen Kontakt?

Brauneder: Nein, überhaupt nicht. Die waren weg. Es wäre reizvoll zu wissen – irgendwo in Russland läuft jemand herum mit meinem Vornamen.

Ein ungewöhnlicher Name für einen Russen.

Brauneder: Ein Ivan Willi; das war, muss ich sagen, positiv.

Und wir, da meine ich jetzt die Schule, wir haben in den letzten Jahren vor [19]55 die Russen kaum mehr gespürt, kaum mehr gesehen. In Mödling war offenbar ein größeres Kommando, in Mödling bei einem Gebäude in der Hauptstraße waren zwei riesige Bilder, ein Stalin- und ein Lenin-Bild. Da ging man vorbei und hat das nicht einmal mehr angeschaut.

Die Russen sind im Schulbetrieb überhaupt nicht mehr aufgefallen. Einmal sind wir in Mödling in das Theater gegangen, die Mödlinger Bühne, auf Wunsch der Russen. Sie haben uns dort einen Film vorgeführt. Von dem haben wir überhaupt nichts verstanden, weil er auf Russisch war und das war irgend so ein Freiheitsfilm. Das war recht nett, weil zwei Unterrichtsstunden ausfielen. Der Film war uns im Wesentlichen egal.

Ein russisches Erlebnis möchte ich auch noch erzählen. Das war schon recht knapp vor [19]55. Und zwar führte bei uns über den Vorgarten ungefähr einen oder zwei Meter parallel zur Straße eine russische Telegrafenleitung. Da gab es noch freie Felder damals, da gingen die Telegrafenleitungen über die Felder und dann interessanterweise nicht über den Gehweg, sondern über den Vorgarten. Links und rechts neben unserem Haus waren die Grundstücke unverbaut. Täglich ging eine russische Patrouille immer genau unter diesem Draht, bei uns aber am Gehweg, am nächsten Feld wieder unter dem Draht weiter. Eines Sonntags saßen wir beim Essen und mein Großvater sagte: *„Da hackt jemand Holz."* Wir haben gesagt, wer soll denn Holz hacken, wir sind doch alle im Haus, du bildest dir das ein ... *„Nein, da hackt jemand Holz."*

Das musste ich mir anschauen. Tatsächlich hat jemand Holz gehackt. Wir sind alle hinaus gegangen und da standen die Russen im Vorgarten und haben von dem einen freien Grundstück aus den Zaun herausgeschnitten gehabt und waren dabei, Spalierobstbäume umzusägen.

Meine Mutter ist fast wie eine Furie auf diese russischen Soldaten zu und hat sie angeschrieen. Es war kein Offizier dabei und es kam zu einer Diskussion. Sie konnten ein bisschen Deutsch. Meine Mutter hat gesagt: *Das kannst doch nicht machen.* Mein Großvater hat sich ganz im Hintergrund gehalten und hat gesagt *Sprich nicht so mit dem*, oder so irgendwas. Die haben tatsächlich aufgehört dieses Spalier umzusägen, wollten aber auf der anderen Seite auch wieder den Zaun durchschneiden. Sie haben sich eben eingebildet, sie müssen jetzt durch den Vorgarten genau unter der Leitung gehen.

Auf der geraden Linie sozusagen.

Brauneder: Genau. Also nicht am Gehweg, 2 Meter parallel, sondern genau unter dem Draht. Und während dieses Disputs – ich habe das fast wie einen Film heute noch vor Augen – fangen zwei, drei Soldaten an, sich Zigaretten zu drehen. Und zwar hatten sie als Zigarettenpapier klein geschnittenes Zeitungspapier. Daraufhin hat meine Mutter eine Welle des Mitleids überfallen, dass die sich aus Zeitungspapier Zigaretten drehen mit Tabak – vielleicht aus geschnittenen Haselnussblättern oder so etwas. Jetzt weiß ich nicht mehr, was sie da gemacht hat, hat sie ihnen Schnaps angeboten oder etwas zum Essen gegeben – jedenfalls waren die so dankbar und alles hat sich in Wohlgefallen aufgelöst. Und sie sind abgezogen. Und wir haben dann den Zaun reparieren müssen und jahrelang haben wir gesagt: *Seht's die Äste, die da fehlen, die haben die Russen abgeschnitten.*

Und nachher geraucht …

Brauneder: Und … jaja. Irgendwie waren die arm dran, das muss man schon sagen. Die waren ja ganz isoliert, bewusst, so wie man das später aus der DDR auch gehört hat, aber vor [19]55 war ja das alles noch wesentlich primitiver.

Das heißt die Angst war dann bei weitem nicht mehr so groß und es gab schon mehr Mitgefühl und …

Brauneder: Die verging dann, die Angst vor den Russen, die hat, würde ich sagen, sehr bald abgenommen. Weil in den Jahren, an die ich mich mehr erinnere als an die vorherigen, waren sie, ich will jetzt einmal sagen unsichtbar. Dann war das auch mit den Zugsverspätungen nicht mehr so drastisch. Ich glaube, die Russen haben – das kann man in einem Geschichtsbuch sicher nachlesen – [19]54, vielleicht schon [19]53 mit der Kontrolle aufgehört an den Zonengrenzen. Aber Sie sollten sich zu dem Thema einen Film ansehen – wissen Sie, welchen ich meine?

Nein.

Brauneder: 1. April 2000 heißt der Film, der ist wirklich sehenswert. Der ist im Jahr [19]53 oder [19]54 gedreht worden mit staatlicher Unterstützung – also den habe ich damals im Kino gesehen, aber wer den finanziert hat, das hat mich nicht interessiert. Es war ein Propagandafilm der Bundesregierung, dass endlich der Staatsvertrag abgeschlossen werden soll.

Ich skizziere nur ganz kurz nur den Inhalt. 1. April, einmal, 2000. Das heißt: *Wird lange noch dauern.* [Mit dem Staatsvertrag] Es gibt einen neuen österreichischen Ministerpräsidenten, die Bezeichnungen sind ein bisschen anders, nicht Bundeskanzler. Und der verkündet bei seinem Regierungsantritt *„Die Besatzungsmächte müssen jetzt raus"* und *„Österreich ist frei"* und zerreißt – und da gibts im Film schon Fernsehen, die Leute stehen vor der Auslage eines Geschäftes und sehen zu ... die I-Karte. Und das am Naschmarkt! Die Leute sind gerade beim Einkaufen und lauschen auch auf eine Lautsprecherübertragung: Freudentaumel, alle Leute zerreißen ihren Identitätsausweis, weil der galt irgendwie so als Dokument der Besatzungsmacht, man musste den immer mittragen. Dann gibts so eine Art UNO, die sagt *„Furchtbar, Österreich bricht den Frieden".* Es kommt deren Präsidentin mit einer Untersuchungskommission und Polizei, die landen vorm Schloss Schönbrunn, mit fliegenden Untertassen und schauen alle aus wie Marsmenschen. Österreich wird von dieser Polizeitruppe besetzt und der Prozess gemacht, da es den Frieden stört. Das wird auch übertragen, und jetzt kommt diese lustige Szene – plötzlich kriechen alle Leute am Naschmarkt am Boden herum und sammeln die Papierschnitzel ein und wollen den I-Ausweis wieder zusammenfügen, weil den brauchen sie wieder. Österreich verteidigt sich und führt seine heldenhafte Geschichte vor, dass es immer friedliebend war. Und die geht allerdings nur bis zu Maria Theresia. Knapp vor dem Urteilsspruch besucht ein Chinese von der Delegation das Staatsarchiv und findet ein Dokument, ich glaube, es ist diese Moskauer Erklärung aus dem Jahr [19]43, in der Österreich die Unabhängigkeit versprochen wird. Da sagt er: Ich habe da eine uralte Urkunde gefunden, die Besatzungsmächte müssen ja wirklich weg. Österreich ist ja versprochen worden, dass sie nur vorübergehend da sind. Dann löst sich alles in Wohlgefallen auf. Der Film war ein Propagandafilm und es hat, was damals wirklich noch etwas Tolles war, die ganze Burgtheatermannschaft mitgespielt. Die kleinste Rolle war von ganz hochkarätigen Schauspielern besetzt. Der Film zeigt diese Atmosphäre ausgezeichnet.

Ja, eine für uns noch sehr interessante Frage wäre, ob Sie für sich persönlich sagen würden, dass diese Zeit einen wesentlichen Einfluss auf Ihr weiteres Leben gehabt hat. Wenn Sie sagen, die Nachkriegszeit mit allen Einschränkungen und vielleicht auch Angst hat Sie dann im weiteren Leben geprägt.

Brauneder: Ich habe mir ja anhand Ihrer Fragen den Kopf zerbrochen, aber ich hab' mir eigentlich nicht viel den Kopf zerbrechen müssen, weil daran hat man hie und da ja schon gedacht. Erstens, um mit etwas Simplem anzufangen, kein Fernsehen. Das halte ich für ganz entscheidend. Kein Fernsehen und kein oder kaum ein Auto. Ersteres: kein Fernsehen – man hat unheimlich viel gelesen, im Urlaub sind die Leute Schlange gestanden in dem kleinen Dorf bei der Leihbibliothek. Das ist geblieben und hat sicher zu meiner Berufswahl beigetragen.

Das heißt, Sie haben sehr viele geschichtliche Bücher gelesen?

Brauneder: Alles was einem untergekommen ist, muss ich Ihnen sagen. Geschichte hat mich besonders interessiert. Dann auch, was so herumgelegen ist irgendwo, im Urlaub oder zu Hause. Auf die Weise konnte ich schon lesen, bevor ich in die Schule gegangen bin und ich konnte Frakturschrift lesen. Denn viele ältere Bücher waren in Fraktur, zB die Kinderbücher von meinem Großvater. Man hat eigentlich alles gelesen, geschichtliche Sachen, Sherlock Holmes oder was immer die in der Leihbibliothek gehabt haben. Die Klassiker, die kamen dann wesentlich später. Aber sehr viel Belletristik. Und wenn ich mit Gleichaltrigen heute spreche, eben mit einem, der auch in Weyregg auf Urlaub war, er hat eine Liste gemacht, was er gelesen hat. Die haben wir uns einmal angesehen, und wir waren beide erstaunt, wie lange die war. Da haben wir gesagt „*Was, in diesen sechs Wochen Weyregg hast du so viele Bücher gelesen?*". Radio hören, das war auch etwas sehr Beliebtes, natürlich – kein Fernsehen. Und im Radio gab's damals etwas, ich weiß gar nicht, ob's das heutzutage so noch gibt: Hörspiele von hoher Qualität, oft gesprochen von Burgtheater-Schauspielern.

Ja, auf Ö1 gibt's das noch.

Brauneder: Gibt's das noch! Hörspiele! Aber es gab ja damals verschiedene Rundfunksender pro Besatzungszone. Zum Beispiel der Sender *Rot-Weiß-Rot Salzburg*, das war der – was man damals aber nicht gewusst hat – amerikanische Sender. Dann *Radio Wien* in der Argentinierstraße, in der russischen Zone. Aber das hat, glaube ich, keine große Rolle gespielt. Laut meinen Kalendern habe ich jeden Freitag in einem bestimmten Jahr mit Interesse das Hörspiel „*Reise zum Mittelpunkt der Erde*" angehört, nach einem Jules Verne-Roman. Das wurde mit verteilten Rollen gelesen. Diese Hörspiele waren also ganz beliebt damals. Ich habe einen Bekannten in der Ö1-Redaktion, der mir erzählte, dass es von all diesen Hörspielen weder Aufzeichnungen noch Manuskripte gibt, ist alles weg.

Was habe ich mir noch gemerkt? Ja – öffentliche Verkehrsmittel. Ich glaube, damit hängt zusammen, dass ich gern pünktlich bin. Man konnte nicht irgendwann ins Auto einsteigen und auf die Uni fahren, sondern da ging der Bus um 08:07 und wenn ich um 08:08 da war, war der Bus weg und der nächste kam erst in einer Stunde.

Die Pünktlichkeit wurde dadurch trainiert?

Brauneder: Das war vorprogrammiert. In die Schule: Straßenbahn um 07:20. Hat man die versäumt, die nächste kam in 10 Minuten, war man schon zu spät in der Schule! Das wäre ein Skandal ersten Ranges gewesen! Da wäre man vor den Direktor zitiert worden und weiß der Teufel was alles. Pünktlichkeit!

Umgang mit Lebensmitteln: Mich reißt's heute noch immer, wenn ich irgendwo ein Brot liegen sehe, in einem Abfallkorb oder sonstwo. Beim Mittagessen hieß es immer Aufessen! Aufessen! Aufessen! Und ich kann mich noch erinnern, dass ich einmal vor einem Grießkoch gesessen bin, vielleicht eine Stunde lang. Ich konnte nicht mehr essen und ich wollte nicht mehr essen, *aber du musst das aufessen*. Ich habe aber damals gewonnen. Was mir jetzt zum Beispiel auffällt – und ich muss sagen, es ist mir bis jetzt nicht aufgefallen: Wenn ich bei unserem großen Hörsaal rausgehe: mindestens in jeder Reihe liegt eine Plastikflasche und vor ein paar Tagen sag' ich noch zu jemandem: *„Das darf doch nicht wahr sein, die Coca-Cola-Flasche ist ja noch fast voll, die da unten am Boden liegt".* Also da ist vielleicht diese Erfahrung mit Lebensmitteln …

Es wird sicher jetzt gedankenloser umgegangen …

Brauneder: Ja, wesentlich gedankenloser. Es gibt ja jetzt mehr Mist.

Dann als weitere Folge: Man muss nicht immer alles haben oder machen. Wie meine ich das: Ich muss nicht im Jänner Erdbeeren essen. Irgendwann kommt die Erdbeerzeit, auf die hat man sich gefreut – dann gibt's Erdbeeren, dann erst, danach oder gleichzeitig, gab's Kirschen. Also keinem Menschen ist es zum Beispiel eingefallen, im Winter Eis zu essen. Das gab's einfach nicht. Alles hatte irgendwie so seine Zeit, weil die Erdbeeren kamen vom eigenen Land und nicht von irgendwo.

Besondere Wünsche wurden wahrscheinlich nur zu besonderen Anlässen erfüllt.

Brauneder: Oh ja – das ging aber bis zu Gebrauchsgegenständen. Wenn sich herausgestellt hat, man braucht einen neuen Wintermantel, hat man gesagt *„Den bringt das Christkind".* Nicht? Und Spielzeug und solche Sachen, die gab's nur zu besonderen Anlässen. Aber wie gesagt, das ging bis zu Gebrauchsgegenständen. Oder dass ich pausenlos telefoniere mit dem Handy, oder überhaupt das Telefon! Weil es eben so wenig Telefone gab! Ich kann mich noch erinnern: Radtour mit einem Bekannten vom Attersee nach München, zurück Station in Salzburg. Zu meiner Überraschung ist meine Mutter in Salzburg bei der Tante, die hat immer alles organisiert. Die hat gesagt, wir organisieren morgen *‚Jedermann',* Stehplatzkarten natürlich. Jetzt war es aber so, dass wir an dem Tag zurück hätten sein sollen, dh die Mutter von meinem Freund hat gewartet, dass wir an dem Tag kommen. Und das war das große Problem, wie benachrichtigen wir sie, dass wir nicht kommen? Denn dort, wo wir gewohnt haben, gab's natürlich kein Telefon. Und dann haben wir gedacht, wir überwinden uns und machen Folgendes: Wir rufen den Arzt dort an, weil der in der Nähe seine Ordination hat und bitten, ob er nicht jemanden hinüberschicken kann, fünf Häuser weiter und sagen, dass wir später kommen. Wie hat sich das abgespielt? Man ist auf die Hauptpost in Salzburg gegangen, hat ein Gespräch angemeldet und dann hat man gewartet. Mindestens eine Stunde. Und dann ist man aufgerufen worden „*Ihr Gespräch ist jetzt da, wenn Sie in die Zelle 5 gehen*". Pausenlos Telefonieren war nicht!

Das war alles kompliziert, finde ich …

Brauneder: War alles komplizierter und man hat sich überlegt „*Muss ich überhaupt telefonieren?*". Denn das ist ja so kompliziert und außerdem kostet's was.

Ja, oder dass man einfach wohin fährt, das war natürlich nicht drinnen. Ich konnte mich nicht ins Auto setzen und irgendwo hinfahren. Ich kann mich noch gut erinnern, ich hab' einmal nach dem Ende der DDR mit einer DDR-Kollegin gesprochen, die dann in der alten Bundesrepublik war, da hab' ich zu ihr gesagt „*Was war denn so eines ihrer ersten Erlebnisse?*". Und sie hat gesagt „*Das war so komisch, die sagen, wir fahren nach Frankfurt. Und ich: ‚Ja, wie viel Tage bleiben wir dort?' Und daraufhin haben die gesagt 'Naja, wir kommen heute wieder zurück*'". Das war die nicht gewohnt, weil sie das in der DDR nicht selbst erlebt hatte. Mit dem Auto wo hinzufahren war ein Ereignis und das ist geplant worden wie eine Expedition nach Afrika. Und das war damals bei uns genauso. Und das ist glaube ich etwas damals Entstandenes: Alles einteilen. Man teilt sich die Zeit ein, man teilt sich das Geld ein, man teilt sich das Essen ein …

Kleidung: man hat sich schon gefreut – irgendwo steht das in meinen Kalendern, im März oder im April – wenn man zum 1. Mal die Lederhose angehabt hat, und von da weg hat man, so lange es gegangen ist, die Lederhose getragen Man hat, wahrscheinlich nicht alle, auch abgetragene Sachen getragen. Unter den Geschwistern auf jeden Fall. Ja. Das war eine ganze andere Einstellung zu den Dingen, so quasi Kleidung war einem wurscht, Hauptsache es war einem nicht kalt und die Schuhe haben nicht gedrückt.

Der Wert war einfach anders?

Brauneder: Der Wert war anders! Und man hat über solche Sachen auch mehr nachgedacht. Und ich glaube, man hat auch mehr gesehen, man ist zu Fuß in die Schule gegangen bzw. bis zur Straßenbahn, da hat man gesehen, dass eine Eidechse herumläuft, dass der Flieder blüht und man hat viel mehr so kleinere Dinge wahrgenommen, würde ich auch sagen.

Aufmerksamer. Man ist aufmerksamer durch die Welt gegangen.

Brauneder: Ja, man ist aufmerksamer durch die Welt gegangen. Notgedrungen. Weil man nicht durch die Welt gefahren ist.

Sie haben schon darauf angespielt, auch bezüglich Pünktlichkeit: Zu spät in die Schule kommen, war etwas ganz Schlimmes – wie haben Sie Ihre Schulzeit erlebt? Speziell in diesen Besatzungsjahren?

Brauneder: Wie gesagt, die Besatzung selber hat in der Schule direkt keine Rolle gespielt. Dass die Russen den Unterricht beeinflusst hätten, davon war überhaupt keine Rede. In der Schule habe ich nie einen Russen gesehen.

Ich habe nur gelesen, dass bis 1950 die Schulgebäude in Wien zum Großteil zerstört waren, ich weiß jetzt nicht, ob das Mödling auch betroffen hat, aber …

Brauneder: Ja, das war in Mödling auch der Fall und zwar mit der HTL, Bundesgewerbeschule hieß das. Das ist eine riesige Schule in Mödling, weiß nicht, ob Sie sie kennen, beim Anninger draußen, in dem Gebäude waren die Russen. Daher war diese Schule auch im Gebäude des Gymnasiums untergebracht. Wir hatten abwechselnd Vormittags- und Nachmittagsunterricht, alles war furchtbar eng, die Klassenräume überfüllt.

Was sagt Ihnen der 26. Oktober?

Brauneder: Formell ist es eben der Tag, an dem das Neutralitätsgesetz beschlossen worden ist und das war deswegen am 26. Oktober, weil man gewartet hat, dass kein fremder Soldat mehr da ist, sodass man nicht irgendwann sagt, es war noch ein Russe da und der stand mit dem Maschinengewehr vor dem Parlament und hat diese Abstimmung erzwungen. Aber an das kann ich mich nur ein bisschen erinnern. Ich bin mir nicht sicher, ob die Erinnerung vielleicht nicht eher durch Filme geschaffen ist, die ich nachträglich gesehen habe. Aber jedenfalls, das kann ich schon sagen, man war heilfroh, dass vor allem die Russen weg waren. Obwohl das dann nicht mehr so wichtig war, aber in der Sowjetzone war das sicher eine Erleichterung, in den Westzonen, wie gesagt, da haben etwa die Amis in Salzburg zum Bestandteil des Lebens in der Stadt gehört.

Aber ich glaube, grundsätzlich wird wahrscheinlich das Ende der Besatzungsmacht überhaupt positiv erlebt worden sein.

Brauneder: Selbstverständlich. In Wien zum Beispiel, in der Argentinierstraße, war die Grenze zwischen russischer und – ich bin mir jetzt nicht sicher – amerikanischer oder britischer Zone. Und da haben wir gesagt: „*Gehen wir lieber da herüben und nicht dort drüben in der Sowjetzone*." Denn es gab eben Fälle, wo Leute verschwunden sind. Kennen Sie den Fall Ottilinger?

Ich habe schon davon gehört.

Brauneder: Das war die Sekretärin von einem Minister und die war auf einmal fort. Und die ist in Russland dann eingesperrt worden, vermutlich hat man ihr einen Prozess gemacht, und die kam erst lange nach [19]55 wieder zurück. Es gab schon solche Fälle. Man müsste sich einmal Tageszeitungen anschauen, die haben darüber berichtet, da gab es keine Zensur.

Herr Doktor, ich danke Ihnen herzlich, es war sehr nett mit Ihnen zu plaudern, oder wollten Sie noch etwas sagen?

Brauneder: Etwas Abschließendes wollte ich noch sagen, denn Sie hatten da eine Frage. Man hat ein Gefühl gehabt, das, fürchte ich, heute die Jugend nicht mehr hat. Man hat das Gefühl gehabt, es geht aufwärts, und das hat man immer so an Indizien sehen können.

Ich glaube, ich weiß schon, welche Frage Sie meinen: Was Sie der Jugend, ihren Kindern oder ihren Enkeln zum Beispiel jetzt sagen würden über die damalige Zeit.

Brauneder: Die Lebensmittelversorgung ist besser geworden. Ich kann mich noch erinnern, Ausspeisung ... da ging man natürlich hin, weil da bekam man Suppe und einmal in der Woche gab es einen Eckerlkäse, so einen Streichkäse am Donnerstag. Und diesen Eckerlkäse habe ich immer erst am Mittwoch gegessen, weil ich gewusst habe, am nächsten Tag gibt es wieder einen. Das war also ganz etwas Tolles, der Käse. Und irgendwann war das dann nichts Tolles mehr.

Oder Perchtoldsdorf, wie komme ich nach Wien? Sehr kompliziert zur Straßenbahn gegangen, 360er, 60er, dann bei der Kennedybrücke ... 60er, 58er, und dann waren wir endlich nach fast 1 ½ Stunden an der Ringstrasse. Und plötzlich gab es einen Bus von Perchtoldsdorf nach Wien. Also lauter so Kleinigkeiten.

Mit wachen Augen hat man verfolgt, wie die Eisenbahn elektrifiziert worden ist. Wenn man nach Salzburg gefahren ist, von Wien weg mit der Dampflok nach Linz, später war es in Amstetten, wo die E-Lok kam und da haben wir gesagt: *„Gott sei Dank, jetzt ist das nicht mehr so rußig, der Ruß ist ja so klebrig. Ach, endlich elektrifiziert, da geht's bergauf".* Und als die Südbahn elektrifiziert worden ist, ist die ganze Schule zum Mödlinger Bahnhof hinunter gegangen, ich glaube da haben sie uns sogar Fähnchen in die Hand gedrückt, und da haben wir gewartet und auf einmal *„schschuwuff"* ... das war der erste elektrische Zug, der vorbeigefahren ist . Dann sind wir wieder in die Schule gegangen.

Kaprun, Staudamm Kaprun, also was da Tolles gebaut wird, was man uns natürlich verschwiegen hatte war, dass schon vor [19]45 mit Kaprun begonnen worden ist.

Oder die Staubfreimachung der Straßen. Ich war vor etlichen Jahren in Amerika als Gastprofessor, und da habe ich mir gedacht, ich sehe etwas, das ich völlig vergessen hatte, dass es das gibt. Dass es nämlich Staubfahnen auf einer Hauptstraße gibt, die man von fern gesehen hat, dh, dass die Autos Staubfahnen nachziehen, weil die Straße nicht asphaltiert ist. Und die nicht asphaltierte Straße war der Regelfall damals. Da haben wir gesagt: *„Schau, in dem Ort ist die Straße schon asphaltiert und jetzt wird außerhalb vom Ort auch schon asphaltiert"*. Das waren kleine Momente, wo man immer das Gefühl gehabt hat, es wird besser und besser.

Dann waren die Russen und natürlich auch die Amis weg, und dann haben wir gesagt: „*Jetzt wird es noch besser*". Und so war's ... Irgendwann hätte ich in meinen Kalender schreiben können: *Jetzt gibt es Erdbeeren auch schon vor der Erdbeerzeit.*

Und dann kamen auch plötzlich die deutschen Touristen, das habe ich miterlebt im Sommer. Weyregg, das war ein verschlafenes Bauerndorf, da waren fast alle nur Bauern – jetzt gibt es dort nur mehr drei Bauern, ist mir gesagt worden. Plötzlich kamen die deutschen Touristen, aber natürlich auch nicht mit dem Auto, die sind auch vom Schiff abgeholt worden, sie sind dann verteilt worden, und für die war das alles so billig. Später haben die Einheimischen dort begonnen, einmal etwas für die Touristen zu machen. Da gab es dann den Heimatabend mit Schuhplatteln, wo wir als Buben vor dem Gasthaus gestanden sind und reingeschaut haben und gemeint haben: „*So was Blödes, was die da machen*". Das war alles neu, es kam immer wieder etwas Neues dazu, auch wenn man in den Urlaub gefahren ist, bei dem man das Gefühl gehabt hat, es geht bergauf.

Und Sie meinen, das hat die Jugend heutzutage nicht mehr so ?

Brauneder: Ich weiß nicht? Geht's bergauf?

Ich würde sagen, im Moment stagniert's, aber ich glaube nicht, dass das nur ein subjektives Empfinden ist, sondern es ist so.

Brauneder: Damals war das objektiv richtig, es ging bergauf, und man hat es subjektiv auch sehr dankbar so wahrgenommen.

Wie gesagt Herr Doktor, es war sehr interessant, mit Ihnen ein Gespräch führen zu dürfen, es war ein gutes Gespräch, danke, dass Sie sich Zeit genommen haben.

Dr. Friedhelm Frischenschlager

EIN NACHKRIEGSKIND AUS ÖSTERREICH IN EUROPA

Geboren am 06. 10. 1943 in Salzburg; Universitätsassistent.

1949–1953 Volksschule, 1953–1962 Akademisches Gymnasium in Salzburg, 1963–1969 Studium der Rechte an der Univ. Wien (Dr. iur.), 1962–1963 Präsenzdienst, 1969–1971 Universitätsassistent am Institut für Völkerrecht an der Universität Salzburg, 1971 Universitätsassistent am Institut für Politikwissenschaft, Universität Salzburg, Universitätsoberassistent.

1963–1969 Hochschulpolitische Tätigkeit, 1969 Stellvertretender Vorsitzender des Zentralausschusses der Österreichischen Hochschülerschaft, 1972 Mitglied der Bundesparteileitung der FPÖ, 1984–1988 Bundesparteiobmann-Stellvertreter der FPÖ, 1985–1987 Landesparteiobmann der FPÖ Salzburg.

1993 Austritt aus dem Klub der FPÖ im Februar, seither Mitglied des Klubs des Liberalen Forums, 1993–1999 Stellvertretender Bundessprecher des Liberalen Forums, 1993–1994 Klubobmann des Liberalen Forums, 1994–1996 geschäftsführender Klubobmann des Liberalen Forums, seit 2000 Präsidiumssprecher der Liberalen Forums. Seit 1995 Mitglied des ORF-Kuratoriums.

Also vor 50 Jahren wurde der Staatsvertrag unterzeichnet und unsere erste Frage lautet: wo haben Sie das erlebt?

Frischenschlager: Ich kann mich sehr gut erinnern an den 15. Mai 1955. Ich komme aus Salzburg und meine Familie besaß damals eine kleine Hütte am Gaisberg mit einem wunderbaren Blick auf die Stadt. Um 11 Uhr haben alle Glocken geläutet und mein Vater hat mich an der Hand genommen, hinausgeführt und hat sehr gerührt gesagt: *„Jetzt ist Österreich endlich frei!"* Ich war damals mit meinen 12 Jahren politisch schon sehr interessiert, und deshalb habe ich auch eine starke Erinnerung an diesen Tag im Mai 1955.

Und mit wem haben Sie damals gelebt?

Frischenschlager: Mit meiner Familie, Vater, der allerdings schon sehr alt war, 1885 geboren, meiner Mutter und drei älteren Brüdern, einer studierte schon, wir anderen gingen ins Gymnasium. Die Großeltern waren zu dem Zeitpunkt alle schon tot.

Welche persönlichen Erinnerungen haben Sie an diese Zeit von 1945 bis 1955, die Sie als typisch für jene Jahre bezeichnen würden?

Frischenschlager: Ich bin 1943 geboren, und meine ersten Erinnerungen, naturgemäß sehr kindliche, später jugendliche Erinnerungen, setzen so um 1947 ein, als meine Familie unter extrem schwierigen Verhältnissen lebte – vier Kinder mit den Eltern in zwei Räumen, mein Vater hatte kein Einkommen – wir lebten hauptsächlich durch Untervermietung der an sich großen Wohnung an Flüchtlinge etc.

Die überfüllte Wohnung, das ist eine Erinnerung, eine andere der Hunger, das kann man sich heute nicht mehr vorstellen. Es war ja alles rationiert damals, Lebensmittel konnten nur über Marken bezogen werden. Aber auch zu Hause war alles genauest eingeteilt, in der Früh, wenn es gut geht, einen halben Teelöffel Zucker, ein halbes Stück Brot und mein Vater musste auch die Lebensmittel wegsperren, weil vier ständig hungrige Kinder nicht so leicht bereit waren sich an die elterlichen „Rationierungen" zu halten.

Andere frühe Erinnerungen, die noch mit dem Krieg zusammenhängen sind die Bombenruinen. Ich begleitete meine Mutter als kleines Kind bei ihren Lebensmittel-Einkäufen, und kann mich gut an die Bombenruinen erinnern in der Kaigasse, beim Justizgebäude, das besonders schwer getroffen war. Die letzte recht romantisch aussehende Ruine hat mich noch bewegt, an der ich später auf meinem Schulweg ins Gymnasium vorbeiging, die ist ich glaube bis 1958 – aus welchen Gründen auch immer – unverändert so dagestanden, ich weiß heute noch, um welches Haus es sich handelt, mit seinen angebrannten Balken, den Fensterhöhlen usw.

Ein anderer früher, kindlicher Eindruck: die vielen Kriegsrelikte aus den letzten Kriegstagen, die so herumgelegen sind in der Gegend, in der ich aufwuchs, zB Reste eines zu Bruch gegangenes Flugzeugs gab es da, oder einen ausgebrannten Lastwagen, da konnten wir uns hineinsetzen und herumfuhrwerken, eine für Kinder natürlich großartige Sache. Wir haben alles Mögliche gefunden und das war auch gefährlich. Also die Zeichen des zu Ende gegangenen Krieges waren damals noch sehr deutlich.

Gibt es andere Ereignisse, an das Sie sich besonders erinnern können?

Frischenschlager: Im Jahre 1949 bin ich in die Volksschule Morzg gekommen, ein eingemeindetes Dorf am Rande von Salzburg, die Volksschule wurde damals umgebaut und war eingeplankt, und da kann ich mich an ganz bestimmte Plakate des Nationalratswahlkampfes 1949 erinnern.

Ein Eindruck, den ich damals natürlich nicht voll begriffen habe aus der Volksschulzeit: In diese Schule gingen auch die Kinder aus der sogenannten *„Alpensiedlung"*, damals ein Barackenlager aus der Kriegszeit. In dem waren Flüchtlinge untergebracht, aber die Not dieser Menschen, der Kinder, war wirklich furchtbar. Meiner Familie ging es damals auch schlecht, es gab wirklich Not, aber das Elend dieser Kinder aus dem Flüchtlingslager war um vieles ärger. Ich kann mich an Mitschüler erinnern, die im ersten Schnee bloßfüßig in die Schule gekommen sind. Und dann, das muss so 1951/52 gewesen sein, ist dieses Flüchtlingslager abgebrannt. Ich kann mich an diesen riesigen Feuerschein erinnern, es war im Winter am späten Nachmittag, schon dunkel, ein Flammenmeer, und dann am nächsten Tag das Elend der heulenden Mitschüler, eine sehr traurige Erinnerung.

Können Sie sich an die Besatzungszeit erinnern, obwohl Sie damals sehr jung waren, bzw. wissen Sie, wie Ihre Familie die Besatzungszeit erlebt hat?

Frischenschlager: Ich habe die Besatzungszeit schon relativ bewusst erlebt und erinnere ich mich noch gut an die US-Soldaten, Salzburg war ja amerikanische Zone. Vor dem Haus in Hellbrunn, wo meine Mutter heute noch 95-jährig lebt, sind die US-Soldaten aus der Glasenbachkaserne vorbeimarschiert zum Schießplatz Glanegg am Fuße des Untersberges, ursprünglich eine Wehrmachtskaserne, dann waren die Amerikaner drinnen, heute das Bundesheer. Die US-Soldaten sind da vorbei und vor unserem Haus haben sie oft gelagert und wir Kinder waren fasziniert. Die haben mit uns Kindern gespielt, Kaugummi war sehr begehrt. Äpfel, die wir im Tausch dafür anboten, kamen manchmal auch ganz gut an. Ein späteres Erlebnis hängt damit und dem Staatsvertrag zusammen. Als nämlich im Herbst 1955 zum ersten Mal auf dem gleichen Weg österreichische Soldaten vorbeizogen. Als späterer Verteidigungsminister berührt mich das nachträglich noch immer, wie gut vorher die Amerikaner aussahen, aber die ersten österreichischen Soldaten ... da hatten die einen englische Mäntel an, andere amerikanische, die einen eine Mütze auf, andere einen Helm am Kopf, sehr bunt, weil das Bundesheer ja vieles geschenkt bekommen hat von den vormaligen Besatzern, irgendwie ärmlich. Aber eine stolze Erinnerung war es auch, diese ersten österreichischen Soldaten.

An die Besatzungszeit erinnere ich mich auch gut, weil ich damals Klavierschüler am Mozarteum war und gleich daneben befand sich ein Unterhaltungszentrum der US Truppen und da waren viele Amerikaner um die Wege, auch mit ihren Freundinnen etc., darunter viele Schwarze. Für uns Kinder war das alles sehr spannend, und wir konnten da bei den Fenstern hineinschauen in diese fremde, üppige Verpflegungswelt, die Jazz-Musik etc.

Ganz interessant ist auch, wie meine Familie die Besatzungszeit erlebt hat. Meine Mutter hat mir erzählt – sie ist heute 95, schreibt gerade ihre Lebensgeschichte nieder – was für eine Abneigung sie anfangs gegenüber den Besatzern hatte, später hat sich das geändert, weil sie als Organistin in der amerikanischen Kaserne am Sonntag die Orgel gespielt hat und die amerikanischen Militärpfarrer oft zu uns nach Hause eingeladen wurden. Meine Mutter sprach gut Englisch und ich kann mich auch an die politischen Debatten mit ihnen erinnern. Die Amerikaner waren dann in Salzburg eigentlich sehr beliebt.

1955 – da kann ich mich auch gut erinnern – brach in Salzburg dann das Gejammer aus wegen dem Staatsvertrag: *jetzt ziehen die Amerikaner ab … die Wirtschaft wird schlechter werden … all die Bars, Restaurants und Geschäfte werden sich leeren … ein wichtiger Wirtschaftsfaktor fällt weg …* Es war dann überhaupt nicht tragisch, im Gegenteil. Neben der heutigen Schwarzenbergkaserne, die hieß damals Camp Roeder, nach einem US-General, hatten die Amerikaner im Jahr [19]53, kurz vor ihrem Abzug, zB eine riesige Siedlung für ihre Militärangehörigen errichtet. Heute ist das ein Stadtteil von Salzburg. Er wurde gerade fertig als sie abzogen, ein Riesenglück bei der damaligen Wohnungsnot. Österreich musste nichts bezahlen, für Salzburg eine wichtige Sache.

Noch so eine kindliche Erinnerung: Es gab ja in der Besatzungszeit keine österreichische Luftfahrt, keine österreichischen Flugzeuge. Ich war sehr stolz, als ich erstmals ein ganz kleines Flugzeug mit rot-weiß-rot über unser Haus fliegen sah. Das muss so im Sommer 1955 gewesen sein.

Aber auch andere besondere politische Ereignisse dieser Zeit habe ich gut mitbekommen; zB die gescheiterten Staatsvertragsbemühungen 1954 und die Schlagzeilen dazu in den Zeitungen. Ich erinnere mich auch an den Ostberliner-Aufstand vom 17. Juni 1953. Ich habe mit zehn Jahren mit dem Zeitunglesen begonnen, jeden Tag. Mein Vater hatte die *Salzburger Nachrichten* und die *Grazer Kleine Zeitung* abonniert – als gebürtiger Steirer, dadurch hab‘ ich sehr viel mitbekommen.

Noch viel intensiver erlebte ich dann den ungarischen Aufstand 1956, der hat mich schwer erschüttert. Mein ältester Bruder hatte mir ein Transistorradio zusammengebastelt. Ich musste als Bub natürlich schlafen gehen, aber ich habe dann in der Nacht immer unter der Decke mit meinem Ersatzradio die Nachrichten gehört und bis heute berührt mich die letzte Botschaft der ungarischen Aufständischen aus Budapest, das war so Ende Oktober, Anfang November 1956, als der Aufständischen-Sender aus Budapest berichtete, *die Russen kommen näher, sie kommen immer näher, so jetzt müssen wir mit der Sendung aufhören, jetzt verlöschen die Lichter des ewigen Ungarn.* Daran denke ich heute manchmal, wie froh wir sein müssen, wie gut sich alles entwickelt hat nach 1955/56 und vor allem nach 1989, als der Eiserne Vorhang fiel.

Was würden Sie den heutigen jungen Menschen von dieser Zeit erzählen, was sollten sie darüber wissen?

Frischenschlager: Nicht nur über diese Zeit. Generell meine ich, und das ist für Sie als angehende Pädagogen vielleicht nützlich: Zeitgeschichtliches Wissen und seine persönliche Vermittlung ist immens wichtig. Dafür Beispiele aus meiner Schulzeit. Ich hatte in der Volksschule zwei Lehrer, die mich stark beeindruckt haben als Kind.

Der eine, schwer kriegsversehrt, ein zerschossenes Bein gehabt, der ist nur so dahergehumpelt, und hat uns Volksschüler über seine tragischen Kriegserfahrungen einiges sehr anschaulich mitgegeben.

Der andere, ein damals schon sehr alter Lehrer, hat uns auch aus dem Ersten Weltkrieg erzählt, aus seinen Lebenserfahrungen. Bei mir ist das auf großes Interesse gestoßen, ich habe auch dadurch schon als Kind ein großes politisches und historisches Interesse entwickelt. Mein ganzes Leben hat sich dann in diesen Bahnen abgespielt, bin später in die Politik gegangen, habe zwar Jus studiert, bin aber Politikwissenschafter an der Universität Salzburg geworden. An einzelne Erzählungen dieser Volksschullehrer kann ich mich noch gut erinnern. Der Ältere, er wird um 1900 geboren sein, ist noch eingerückt im Ersten Weltkrieg und er erzählte uns über den Jubel von 1914 beim Ausrücken und wie er kurze Zeit später als Bub zum ersten Mal von Pferden gezogene Verwundetenwagen sah, wo hinten das Blut herausgeronnen ist – dieses Kriegsbild hat sich mir sehr eingeprägt, dieser Tupfer in meinem kindlichen Verständnis.

Also ich sehe es als sehr wichtig an, gleichgültig in welchem Fach man unterrichtet, Historisches aber auch Politisches in einer sehr feinfühligen Art mit einfließen zu lassen. In der Mittelschulzeit hatte ich viele Lehrer, die die unterschiedlichsten, schrecklichen Kriegsschicksale hinter sich hatten, vom hochausgezeichneten Offzier, unser Griechischlehrer, bis zum Klassenvorstand und

Lateinlehrer, der als Wehrmachtssoldat in Italien zu den Partisanen übergelaufen ist. Ein anderer, der tagelang verschüttet war als ganz junger 17-jähriger Soldat usw. Ich spürte damals – nicht so bewusst wie heute natürlich – die Last, die auf diesen Menschen ruhte mit ihrem ganzen Schicksal. Sie waren damals für mich alte Herren, 1953, obwohl eigentlich noch sehr jung mit ihren 30, 40 Jahren – aber was hatten die schon alles durchgemacht! Jetzt, im Nachhinein meine ich, das Gymnasium war teils sehr gut, teils würde ich sagen, gab es viele Lehrer, die waren durch ihre Erlebnisse irgendwo auch gebrochen, angeknackst, es war ja alles erst lächerliche runde 10 Jahre her. Das habe ich aber erst viel später erfasst, wie wichtig dieses so Nebenbei-Erzählen der Lehrer ist, ganz egal, welches Fach sie unterrichteten, dieses etwas von der persönlichen Lebenserfahrung mitgeben, bei aller gebotenen Vorsicht.

Die nächste Frage haben Sie im Grunde schon beantwortet. Welchen Einfluss hatten diese Jahre auf ihr weiteres Leben.

Frischenschlager: Für mich, als einen begeisterten Geschichte-Schüler und politisch Hochinteressierten, der auch immer herumgestritten hat mit den Lehrern, hat dies alles auch irgendwie mein politisches Leben vorgeprägt. Ein lustiges Detail: Mein Klassenvorstand, der erwähnte Latein- und Geschichteprofessor, hat, was damals sensationell war – und obwohl er Monarchist war – „Wahlen" in unserer Klasse initiiert, nach der römischen Verfassung. Es gab also Konsulen, Tribunen, Senatoren usw. Ich war daran natürlich beteiligt und so habe ich meine ersten „Wahlkampf" mit 13 Jahren geführt und bin „Tribun" geworden. Praktizierter Geschichtsunterricht anhand der römische Verfassung.

Das alles sind natürlich sehr persönliche, kindliche Eindrücke aus der Retrospektive, die ich da wiedergebe, aber ich war kein Einzelfall. Die meisten in der Klasse hatten breite Interessen, wir haben unglaublich viel diskutiert. Das halte ich für sehr wichtig, dass Kinder angeregt werden, die Vorgänge rund um sich wach mitzuerleben, die politischen Vorgänge zu verfolgen und sie auch zu debattieren. Das war bei uns sehr stark und wir haben da einander auch nichts geschenkt, es gab auch alle Richtungen in der Klasse und es ist dabei ziemlich zugegangen, aber in einer interessanten

Form würde ich sagen.

Die Schulleitung war darüber nicht sonderlich erfreut, wir haben naturgemäß auch viel Blödsinn von uns gegeben, provozierten zum Teil, es war eine sogenannte „schwarze" Schule und wir waren gerne aufmüpfig, alles in allem haben die Lehrer aber gut reagiert. Es hat schon Spannungen gegeben, aber das macht an sich nichts und ich muss heute meinen Lehrern das Kompliment machen, dass sie mit dem verrückten Haufen eigentlich sehr gut umgehen konnten, weil sie debattierfreudig waren, in den verschiedensten Fächern, und das, glaube ich, hat mich sehr geprägt.

Sie erlebten Ihre ersten Schuljahre in der Besatzungszeit, hat sich nach der Unterzeichnung des Staatsvertrages in der Schule etwas verändert? Wie haben Sie diese Zeit erlebt?

Frischenschlager: Hat sich was verändert? Das ist jetzt schwer zu sagen, sicherlich nicht sofort. Aber die allgemeine Situation verbesserte sich sehr rasch. Die Nachkriegsstimmungsreste verblassten, jüngere Lehrer kamen nach und nach, insgesamt ging es den Menschen besser, auch die Lebensverhältnisse meiner Familie verbesserten sich drastisch. Eine Art Aufbruchsstimmung gab es jedenfalls. Ich kann mich zB gut erinnern, wie wir unseren ersten Kühlschrank bekommen haben, das muss so um 1955 gewesen sein, eine familiäre Sensation. Als eine Nachbarsfamilie erstmals ein Auto bekam – ein unglaubliches Ereignis, ein Symbol des Wohlstandes. Erneuerungen in der Wohnung, erste Italienreisen im Sommer usw. waren wichtige Erlebnisse, besonders für Kinder, denen es materiell schlecht gegangen ist, wenn es auch schon vorher genug zu essen gab und man billig aber säuberlich gekleidet war. Diese Verbesserungen waren schon sensationelle Dinge, heute Selbstverständlichkeiten. Ich kann mich erinnern, wie ein Medizinalrat, der bei der Landesregierung gearbeitet hat und über uns gewohnt hat, schon ziemlich bald, vielleicht Anfang der 1950er, mit einem sogenannten *„Lohnerroller"* – das wird Ihnen nichts mehr sagen, das war ein besseres Moped – wie der dann erstmals mit dem Motorroller in den Dienst gefahren ist und nicht mehr mit der Tramway! Wie jeder geschaut hat: *Toll, was der schon hat!* Auch das war etwas sehr Prägendes dieser Zeit.

In der Schule ging es dann allen Mitschülern besser, oder hatten Sie auch Freunde, die weiterhin am Hungertuch nagen mussten?

Frischenschlager: In der Mittelschule gab es schon einzelne extreme Beispiele. Ich erinnere mich an das Kind einer Witwe, wo offensichtlich noch extreme Not herrschte. Oder die seelische Not eines anderen Mitschülers, dessen Vater noch 1955 in Kriegsgefangenschaft war und dessen Mutter – 10 Jahre nach Kriegsende – von ihm kaum etwas gehört hatte. Und unter den Mitschülern gab es auch grausame Kommentare, *also dass dein Vater zurückkommt, das passiert eh nimmer.* Und dann kam der Staatsvertrag und die Meldung, dass alle Kriegsgefangenen jetzt nach Hause kommen. Und dann der Mitschüler: wie der aufgeblüht ist! Das ist auch so ein punktuelles Erlebnis.

In der Schule hat man nicht gespürt, dass der Staatsvertrag jetzt alles ändert, sondern die Verhältnisse haben sich dann einfach laufend verbessert. So kann man es vielleicht am besten sagen.

Können Sie sich noch an den ersten Tag der Fahne erinnern?

Frischenschlager: An den ersten Tag der Fahne, das war 1956, nicht konkret. Aber ein anderes Fahnenerlebnis ist mir gut in Erinnerung: in der Volksschule, aus Anlass des Todes des ersten Bundespräsidenten Dr. Karl Renner. Das war Anfang 1951, da gab es eine große Feierlichkeit vor der Schule, da sehe ich heute noch das Meer an rot-weiß-roten Fahnen – Lehrer und Schüler versammelten sich, die Bundeshymne wurde gesungen, an das kann ich mich erinnern, an den Tag der Fahne nicht mehr.

Herzlichen Dank für das Interview und dass Sie sich für uns Zeit genommen haben.

Mag. Julius Mende

DER GUTE DEUTSCHE JUNGE

Geboren 1944 in Salzburg, wuchs als Kind von kleinen Geschäftsleuten auf, besuchte die Volksschule, Hauptschule und Lehrerbildungsanstalt in Salzburg.

1964 kam er nach Wien um an der Kunstakademie zu studieren (Das Studium dauerte 4 Jahre.) Mag. Mende hat das Diplom und das Lehramt für Malerei; er hatte zahlreiche Ausstellungen und Buchpublikationen. Er unterrichtete 25 Jahre an einem Gymnasium und 4 Jahre an einer Hauptschule. Julius Mende war 30 Jahre Lehrbeauftragter am Schillerplatz und 2 Jahre Bundessprecher der Kommunistischen Partei Österreichs.

Es geht prinzipiell um die Zeit von 1945 bis 1955. Wo haben Sie diese Zeit erlebt in Österreich?

Mende: Da war ich in Salzburg, ich bin in Salzburg geboren.

In Salzburg Stadt oder Land?

Mende: Mitten in der Stadt, also gleich neben dem Mozart-Geburtshaus.

Diese ganze Zeitspanne? Da hat es keinen Umzug gegeben?

Mende: Nein.

Mit wem haben Sie damals gelebt? Mit der Mutter, mit dem Vater, mit den Großeltern?

Mende: Mit der Familie. Vater, Mutter, Schwester – und der Großvater hat im gleichen Stock gewohnt – Großvater und Großmutter.

Also im Familienverband?

Mende: Ja.

Und haben Sie irgendwelche besonderen Erinnerungen an die Zeit von 1945 bis 1955, die Sie als typisch für diese Jahre bezeichnen würden?

Mende: Ja, ich war in der amerikanischen Besatzungszone und bin einmal als Kind, da war in der Nähe ein Spielplatz, vom Spielen nach Hause gegangen. Das erzähle ich häufig, da es sehr markant und aktuell ist. Und da kommt ein schwarzer, amerikanischer Soldat mit einem GMC, das ist ein großer Lastwagen, vorbeigefahren und ich grüße ihn ganz freundlich und schreie: „*Hallo Nigger!*" Ich habe als Kind mit fünf oder sechs Jahren nicht gewusst, dass „*Nigger*" ein Schimpfwort ist. Ich war aus einer Familie, die im Krieg eher deutschnational orientiert war und nachher auch noch – also mein Vater war ein illegaler Nazi, ein kleiner – und da war das Wort Neger und Nigger ... „politisch korrekt". In diesem rechtskonservativen Milieu hat es bestimmte rassistische Haltungen gegeben. Der Soldat hat dann schlagartig gebremst und umgedreht und irgendwie habe ich gespürt, dass ich etwas falsch gemacht habe und bin nach Hause gesaust und hab' mich den ganzen Tag nicht mehr raus getraut. Dazu kommt noch, dass das natürlich zu dem Klischee mit dem Lied „*Wer fürchtet sich vorm schwarzen Mann*" zusammengepasst hat, was ja auch so ein Kinderreim ist und was natürlich in Konfrontation mit einem wirklichen schwarzen Mann eine andere Bedeutung bekommt.

Wie hat er darauf reagiert? Hat er irgendwie reagiert?

Mende: Na ich glaube er wollte zurückfahren und mich schimpfen oder irgendwas. Ja, ja, er hat gebremst und umgedreht und er hat so heftig gebremst, dass mir klar war „*Hoppla, da habe ich was falsch gemacht*".

Und die andere Erinnerung ist, dass die mit dem Panzer in die Stadt gefahren sind, also mit so Radpanzern, und Kaugummi verteilt haben. Also das erzählt meine Frau aus Berlin auch – die haben dann immer gerufen: „*Ami, jiv Jaujummi.*" Und die Kinder haben geglaubt, das ist Englisch und dann haben sie die Kaugummis runter geworfen oder so Trockenmilchpakete. Die Trockenmilch haben wir auch gekaut. Das schmeckt so wie heute, da gibt es auch Trockenmilch – so Milchersatzpulver.

Das haben Sie als Süßigkeit gekaut?

Mende: Ja, ja, als Nascherei. Und dann haben wir Care-Pakete bekommen. Das ist vielleicht auch wichtig, weil solche ja heute von Österreich in andere Länder geschickt werden. Und für mich war das Amerikanische ein Traum. Also da war ein Plastikkamm drin – ein durchsichtiger – so hellrosa und ein Waschlappen. Und dass ich das aus Amerika bekommen habe, das war ganz toll, obwohl wir keine bedürftige Familie waren. Das ist in der Schule einfach ausgeteilt worden.

Und ein anderes Besatzungserlebnis gibt es auch noch – ein nettes. Da war ich der schwarze Mann. Mein Vater hat mich als kleinen Rauchfangkehrer verkleidet und wir sind über eine Brücke in Salzburg zur Großmutter marschiert, eh mit einer kleinen Leiter und mit einem schwarzen Hut und schwarz angestrichen. Und plötzlich – das war zu Neujahr, 1. oder 2. Jänner – und plötzlich schreien sie aus einem Hotel, wo die Amerikaner einquartiert waren, runter: „*Hello, come up, come up, come up.*" Und dann haben sie mich raufgeschleppt. Mein Vater war aber unsicher, weil er gerade von der Kriegsgefangenschaft nach Hause gekommen war – 1 Jahr vorher – und er hat sich eigentlich gefürchtet. Aber die waren ganz freundlich und er hat so eine Aktentasche mitgehabt und die haben sie voll gestopft mit Orangen und Bananen. Das waren die ersten Orangen meines Lebens, die ich überhaupt gesehen habe, weil in Kriegszeiten hat es ja nichts gegeben. Und die haben wir dann ganz feierlich gegessen. Da ist die ganze Familie zusammengekommen und hat einmal geklärt, was das überhaupt ist und dann wurden ganz feierlich Spalten dieser Orangen verteilt in der Familie.

Doch so richtig Hungerleiden hat es nicht gegeben, obwohl man mit Lebensmittelmarken eingekauft hat. Also das Essen ist rationiert worden. Interessant ist auch noch, dass meine Mutter eine kleine Geschäftsfrau war, mitten in der Stadt – in der Getreidegasse – und die war gegen den Konsum, weil der Konsum von den Roten ist. Und wenn ich einkaufen gegangen bin für die Mutter, durfte ich nicht zum Konsum gehen, sondern zu den kleinen Geschäftsleuten, weil der Konsum die kleinen Geschäftsleute abwürgt. Und dieser Konsum war in einem Haus, das bombardiert worden war.

Alles was ich da beschreibe, spielt sich in einer Szenerie ab, wo zwischendurch in der Gasse zerbombte Häuser waren wie Zahnlücken und wo wir alle paar Wochen einmal raus mussten aus der Wohnung. Ihr hört das ja auch jetzt ab und zu im Radio, wenn der Entminungsdienst kommen muss und Bomben entschärft. Und fallweise hat es auch gekracht. Also das war in dieser Zeit für Kinder sehr dramatisch. Fernsehen gab es ja nicht, aber im Radio hat man gehört, dass es immer wieder Kinder zerrissen hat. So wie man jetzt aus der Dritten Welt hört, von diesen Tellerminen, haben Kinder in den Auen entlang der Salzach mit Munition gespielt, und die ist überall gelegen. Da hat es sicher jede Woche verletzte Kinder gegeben von den Waffen, die zurückgeblieben sind und der Munition. Das sind die markantesten Geschichten eigentlich.

Was für ein Geschäft hat Ihre Mutter gehabt?

Mende: Künstliche Blumen. Nach dem Krieg waren die Leute arm. Also der Bäcker, der Fleischhauer und so, die haben ein gutes Geschäft gemacht. Aber bei meiner Mutter haben sie eingekauft, wenn geheiratet wurde, also Brautkränze und solche Sachen, und sonst ist das Geschäft eher schlecht gegangen. Also es war ganz toll, als sich dann mein Vater ein Motorrad anschaffen konnte.

Aber Sie haben schon Vorteile gehabt, dadurch, dass Sie Beziehungen zu anderen Einzelhändlern gehabt haben und dadurch immer an gute Lebensmittel gekommen sind?

Mende: Das eigentlich weniger, aber ich war in der Volksschule mit den reicheren Kindern in der Klasse – ich war in der Übungsschule der Lehrerbildungsanstalt, also so wie bei uns die Übungsschule, und ich war dann auch selber wieder als Student in der gleichen Lehrerbildungsanstalt – da haben wir immer Jause getauscht. Ich bin also zu dem besseren Essen gekommen, meine Eltern nicht. Ich habe Geld bekommen für Brezerl und die anderen haben so tolle Jausen, Wurstsemmeln und so weiter mitgehabt und da war jede Pause ein großer Handel, dass die ärmeren Kinder von den reichen die Jause abgeschachert haben. Und die haben dafür Geld genommen.

Da wir gerade bei der Schule sind. Vielleicht können wir da eine Frage vorziehen. Welche Erinnerungen haben Sie noch an den Schulbetrieb in diesen Jahren?

Mende: Naja, das war sehr traditionell. In der Volksschule haben wir einen tollen Lehrer gehabt, der war ein begeisterter Biologe und hat die ganze Zeit Sauerkraut gegessen. Da war ich sechs Jahre. Und der hat das Glas auf seinem Tisch gehabt und hat wunderbare Geschichten erzählen können und dazwischen hat er immer ein Häppchen Sauerkraut genommen und hat gekaut. Und sonst war es eher lehrerzentriert, auch autoritär. Außer, wenn die Kandidaten – so hieß das damals – gekommen sind, dann war's lustig. Damals war es geschlechtergetrennt, also es gab sowohl die Schulen – auch die Lehrerbildungsstätten – eigens für Mädchen und für Knaben. Und wenn die kamen – die waren immer sehr gut vorbereitet mit irgendwelchen Gags, das wisst ihr eh von eurem Unterricht auch – da war Abwechslung. Und die haben wir auch sekkiert, mit denen waren wir per Du zum Teil. Aber der Lehrer war auch sehr kulant.

Ich bin in der Volksschule nicht geschlagen worden, in der Hauptschule wohl. Und das war zu der Zeit zwar formell verboten, aber normal. Am Land mussten die Kinder in der Schule noch „*Scheitel knien*" und auf „*Erbsen knien*" wenn sie böse waren, aber „*Ecke stehen*" mussten wir auch oder „*Hände auf den Tisch*" und so ganz still sitzen, oder die Arme hinter den Tisch – das kann man sich heute überhaupt nicht mehr vorstellen. Am Anfang in der ersten Klasse hatten wir zum Schreiben noch Tafeln mit Griffel gehabt, so wie man sie in den Museen sieht, mit so einem Holzrahmen. Und das tollste Erlebnis war dann in der Lehrerausbildung, da hatte ich die gleichen Lehrer, die ich auch in der Grundschule schon hatte. Einer hat uns beigebracht, wie man jemandem – einem Schüler – eine Ohrfeige gibt, ohne dass man erwischt wird. Der hat sich den Sohn vom Landesschulratspräsidenten geholt und hat gesagt: „*Komm einmal raus!*" Er hat ihm vor der Tür eine Ohrfeige gegeben und ist reingekommen, hat sich die Hände abgeputzt und gesagt: „*Na, habt ihr was gesehen?*" Und ich war so blöd – das war natürlich schon nach 1955 – und hab' das noch toll gefunden. Ich hab' bewundert, was das für ein tapferer Lehrer ist.

Also so war das Klima. Es war einerseits durchaus bemüht. Andererseits waren die Lehrinhalte zum Teil noch wie in der Nazizeit, die Schulbücher waren nur ein bisschen umgeschrieben. Also dieser ganze Heimatschmus war weiterhin drinnen, nur ist statt „Deutschland" „Österreich" eingesetzt worden. Und die körperliche Züchtigung, würde ich sagen, war sogar in der Übungsschule ein relativ normaler Bestandteil der Erziehung.

Und Sie sind immer in die Schule gegangen? Es gab keine Zeit, wo aufgrund von Bombenangriffen oder sonst etwas länger keine Schule stattgefunden hat?

Mende: Ich bin im letzen Kriegsjahr erst geboren, also 1944, und meine Mutter ist mit mir im Wagerl immer in die Luftschutzkeller gefahren. Aber Bombenangriffe habe ich nicht erlebt. Ich hab' glücklicherweise direkt gegenüber von der Schule gewohnt, also wenn ich was vergessen habe, bin ich in der Pause geschwind rübergesaust und hab' das geholt. Und der ganze Bereich um die Schule war mir sehr vertraut, weil das auch meine Spielgegend war. Damals ist man in Salzburg zum Beispiel – obwohl ich ein Kind von Geschäftsleuten war – barfuß herumgerannt. Und auf der Straße hing so wie in Italien die Wäsche. Oder wir haben uns über die Straße verständigt. Also meinen Schulfreunden habe ich hinaufgeschrien: *„Heinzi Schweinzi kumm owa!"* Das war mein Mitschüler und der hat heruntergeschaut vom Fenster, so wie wir das vom Süden kennen, wo die Leute so über die Straße kommunizieren. Und wir haben auch immer beobachtet, was gegenüber in den Fenstern passiert. Da war in der Besatzungszeit für mich besonders interessant, was die Kellnerinnen vom Wirtshaus gegenüber mit den amerikanischen Soldaten machen. Und ich hab' leider nie genau etwas gesehen, aber allein die Vorstellung. Die Amerikaner haben unten gepfiffen oder *„Hey, hello, I want to come up"* geschrien. Dann haben so halb bekleidete Damen herausgeschaut und den Vorhang da so rübergehalten und meine Fantasie ist erblüht. Aber ich hab' da außer den Schultern nie irgendwelche relevanten Körperteile zu Gesicht bekommen.

Aber aus den Bemerkungen der Eltern hat man so manches gehört – da hat es so Redewendungen gegeben über die „*Ami-Huren*" oder über die „*Neger-Huren*". Manche Frauen haben sich halt mit den Soldaten eingelassen, weil es da auch Vorteile gab oder es waren ernste Beziehungen. Also die Nylonstrümpfe waren wahnsinnig begehrt, das hat vielleicht schon jemand erzählt. Also da waren die Damen ganz heiß. Die haben damals noch Nähte gehabt, das kennt ihr aus den alten Filmen, so tolle erotische Nähte hinten. Und sonst haben die ihren Freundinnen oder Geliebten halt Zigaretten oder sonst was, was Mangelware war, mitgebracht. „*Die Nachbarin bei uns im Haus*", hat meine Mutter immer gesagt, „*das ist eine ‚Ami-Hure'*". Der Mann ist gesessen – die alten Nazis sind nach dem Krieg eine Zeit lang eingesperrt worden – in Glasenbach oder sonst wo. Und dann haben sich manche Frauen darauf eingelassen. Und für die deutschnationalen Frauen war das natürlich besonders verwerflich, sich noch dazu mit schwarzen Männern, also das war wirklich „*Rassenschande*" unter Anführungszeichen, und die waren sehr diskriminiert. Und leicht war es auch nicht für die Kinder, die dann fallweise entstanden sind. Das sind die so genannten *Besatzungskinder*. Und wenn die schwarz waren, sind sie im Nachkriegsösterreich, das vom Nationalsozialismus sehr stark geprägt war, rassistisch diskriminiert worden. Das war ganz klar. Erst wie einer dann ein ganz berühmter Fußballer geworden ist, so mit 16 oder 18 – das ist dann schon nach der Zeit, über die wir reden – dann waren plötzlich die Besatzungskinder interessant. Viele von denen haben dann geschaut, wo ihre Väter sind, die sind ja dann abgezogen worden. Heut hab' ich wieder ein Interview gehört. Der Hansi Lang – kennt ihr den? – der war heut in der Früh im Radio – der ist so ein Besatzungskind, ich weiß aber nicht, wer der Vater ist.

Und wer ist dieser berühmte Fußballer?

Mende: Ich weiß es nicht mehr. Ich hab' mich für Fußball nicht interessiert. Es war nur auffällig, dass in der österreichischen Mannschaft ein schwarzer Fußballer war. Also der war so ein Besatzungskind.

Haben Sie sonst noch irgendein Ereignis das Sie uns erzählen könn-

ten, das jetzt besonders lustig oder besonders traurig war?

Mende: Naja, den Abzug der Besatzungstruppen haben wir eigentlich doch eher als angenehm erlebt. Wobei die amerikanische Zone sozusagen die angenehmste war. Weil Verschleppungen und so weiter seltener vorgekommen sind. Obwohl die führenden Nazis interniert wurden. Sie waren eingesperrt – zwei Jahre oder so zur Umerziehung, das waren die so genannten *„Glasenbacher"*. Das war eine Kaserne bei Salzburg, das habe ich aber als Kind eigentlich nicht mitbekommen. Was ich mitbekommen habe – aber das glaube ich, ist ein „G'schichterl" –, dass angeblich – es war so viel die Rede davon – die Russen dauernd irgendwelche Frauen vergewaltigen und zum Teil war das wirklich ein Problem. Da hat die russische Armeeführung auch entsprechende Befehle herausgegeben. Das war natürlich verboten. Und dann haben meine Eltern immer erzählt: *„Aber die Amerikaner, die waren auch nicht ohne."* Und angeblich hätten sie bei uns im Haus die Hausbesitzer im Ofen verbrannt. Das war eine Wäscherei, wo dieser Wäschereiofen noch normal mit Kohle oder Holz zu heizen war. Und die haben irgendein Fest da unten gemacht und angeblich sind die runter gegangen und haben geschimpft, sie sollen nicht so einen Saustall oder so einen Wirbel machen und dann seien sie angeblich, also ich betone das angeblich, ... weil natürlich die Besiegten – die meisten oder viele Österreicherinnen und Österreicher, die dem Hitler zugejubelt haben, haben sich ja nicht als befreit empfunden, sondern als besiegt – natürlich über die Besieger auch Horrorgeschichten erzählt haben bzw. – wie ich vorher gesagt habe – Menschen, die mit denen zusammengearbeitet haben, diskriminiert haben. Das sieht man jetzt im Irak auch im Fernsehen, wenn ihr schaut. Die, die mit den Amis kollaborieren, die werden massiv attackiert. Aber so eine Stimmung war nach dem Krieg bei uns auch.

Aber die Hausbesitzer sind wirklich auch verschwunden und man weiß auch nicht wohin?

Mende: Nach den Erzählungen meiner Eltern. Ich habe sie ja gar nicht gekannt. Ich meine die Familie gibt es schon noch, aber die zwei, die da runter sind, sollen verschwunden sein. Und sonst ...

, alles andere waren Gerüchte. Also es wurde erzählt von der sowjetischen Zone – die war sozusagen das Horrorgebiet. Alle haben damals aber auch gesagt, dass sie zu den Kindern sehr lieb sind, die Russen. Aber die Amerikaner waren zu uns auch sehr nett und sehr kinderfreundlich. Das waren ja doch zum Teil junge Familienväter, die weg waren und die sich gefreut haben, wenn sie irgendwelche Kinder gesehen haben. Die waren ja auch nicht freiwillig da, die sind ja auch als Kriegsdienstverpflichtete da herübergeschickt worden und waren froh, wenn sie wieder nach Hause gekommen wären. So wie heute auch noch.

Und Sie haben es ja auch schon angeschnitten, aber wie können Sie das noch einmal zusammenfassen, wie die Besatzungszeit von Ihrer Familie kommentiert wurde?

Mende: Als Unterwerfung, also nicht als Befreiung. Meine Meinung ist ja auch, dass das eine Befreiung vom Hitlerfaschismus ist, aber meine Familie war eben eher deutschnational orientiert – da wurden die als Feinde angesehen und nicht als Befreier.

Was jetzt wieder sehr aktuell ist – die Bombardements wurden als Kriegsverbrechen bezeichnet, also die großen Flächenbombardements auf die Städte, das wird ja heute wieder diskutiert. War ja ganz aktuell, dass die wollten [2004] – wie englische Zeitungen berichtet haben – die Queen müsse sich entschuldigen für die großen Bombardements der Engländer.

Die Kriegsschuld ist damals nicht diskutiert worden. Von KZ's und dergleichen habe ich in der Schule auch niemals etwas gehört. Ich glaube, das war das erste Mal in der Lehrerausbildung, dass ich dann einmal in Psychologie einen Lehrer hatte, von dem ich etwas erfuhr. Die Lehrer waren allesamt – würde ich sagen – ehemalige Nazis. Das Interessante dabei ist Folgendes: Die Lehrkräfte sind zu einem hohen Anteil sofort zur NSDAP gegangen, als der Einmarsch [1938] war und haben diese Werthaltungen im Unterricht auch weiter getragen. Also, was der „Gute deutsche Junge" ist, das habe ich von klein auf gelernt. Was es auch gegeben hat, so unter uns Kindern, waren antisemitische Witze. Also diese Lianen, die wir geraucht haben, das waren die „*Judentschick*". Und jüdische Witze und so, das war völlig normal. Also ich komm auch aus einem antisemitischen Milieu und habe das erst dann mit 20, 25 Jahren alles nachgelesen, diese KZ-Literatur, und meine kritische Position zu meiner Kindheitsideologie entwickelt.

Und haben Sie auch noch Erinnerungen an den ersten „Tag der Fahne"?

Mende: Ob es der erste war, weiß ich nicht, aber da war ... das war auch so etwas. Also unterm Hitler – oder in allen Regimes, weil die Amerikaner haben ja auch diesen Fahnenkult – na, wenn ihr jetzt schauts bei der Präsidentenwahl [Wahl des US-Präsidenten; Anm. der Redaktion] – also ich verstehe es überhaupt nicht, warum ein Stofffetzen eine derartige Bedeutung kriegen kann. Und da basteln bis heute alle Kinder Fahnen mit irgendwelchen Holzständern und das haben wir natürlich auch gehabt. Das ist einfach ein Mittel der ideologischen Indoktrination. Das ist fast bruchlos von den Nazis übernommen worden. Die Nazis haben es übernommen gehabt, die ganze Jugendkultur haben sie von den Pfadfindern und Jugendverbänden übernommen gehabt. Das war dann allerdings, da war ich schon älter – oder war das vor dem, das könnte ich jetzt nicht sagen – ich war bei einem eher deutschnationalen Jugendverband, wo es auch Uniformhemden gab. Da habe ich zum Beispiel einen Gürtel getragen, wo die HJ-Rune d'rauf war. Und erst dieser kritische Lehrer hat mich aufmerksam gemacht und mich gefragt: „*Was trägst denn du für einen Gürtel?*" Weil ich das nicht gewusst hab'. Also wir haben die Rituale der Hitlerjugend mehr oder weniger nachgespielt, weil meine Eltern alte Nazis waren. Die haben ihre Kinder dann in so eine Jugendgruppe gegeben. Wir haben Sonnwendfeuer gemacht, wo ich auf einer geflammten Trommel getrommelt hab' und mit Lederhose und weißen Stutzen – habe aber auch nicht gewusst, dass die HJ so marschiert ist – da sind wir so rummarschiert. Und in Salzburg – da kann ich mich auch erinnern, das war auch zu dieser Zeit schon – die so genannten „*Spielmannszüge*" – gibt es heute, glaube ich, noch in den Turnvereinen – wo mit Querflöten Märsche gespielt wurden und – heute gehen sie halt in Turnanzügen oder Trainingsanzügen – damals haben sie richtig ihre Aufmärsche nachgespielt. Und im Turnverein, das war auch vor dem Staatsvertrag, als Kind mit 6–7 Jahren, haben wir mit „*Turn Heil*" gegrüßt. Da sind wir in Reih und Glied angetreten und der Lehrer – das war eher dieser deutschnationale Turnverein – hat „*Turn*" gesagt und wir haben mit „*Heil*" gegrüßt. Das war also auch eine relativ ungebrochene Tradition.

Als Abschlussfrage vielleicht noch: Könnte man sagen, dass Sie durch diese Jahre speziell geprägt worden sind, also dass diese Jahre einen speziellen Einfluss auf Ihr weiteres Leben genommen haben?

Mende: Also sehr massiv. Ich bin dann später, 1968 – durch die Studentenbewegung wurde diese ganze Literatur über KZ's und über den Hitlerfaschismus zugänglich – kritisch geworden. Und ich war damals noch sehr katholisch und habe sozusagen aus einem christlichen Standpunkt diese Dinge kritisiert – nicht wissend, dass die Kirche zum Teil massiv kooperiert hat mit den Nazis und zum Teil auch ehemaligen Nazis zur Flucht ins Ausland verholfen hat – ich bin dann sehr radikal nach links geschwenkt. Ich bin seit 30 Jahren bei der kommunistischen Partei Österreich, die ja eine Gründerpartei der 2. Republik war und wo die meisten Widerstandkämpfer herkamen, die zum Teil im Spanischen Bürgerkrieg waren oder in den KZ's saßen. Mich hat diese Tradition, die ich überhaupt nicht gekannt habe, natürlich fasziniert, weil das sozusagen das Gegenteil von meinem Elternhaus war. Ich will die Schuld meines Vaters tilgen, obwohl ich nicht glaube, dass der an Verbrechen beteiligt war. Meine Mutter hat das immer verheimlicht. Die hat gesagt, die SA war so eine Art Sportverein. Stimmt aber nicht, gerade in der Reichskristallnacht, wo ja das Gedenken jetzt ist, haben sie die Juden schon umgebracht und haben die Tempel angezündet. Und das gibt es nicht, dass meine Mutter da nichts wusste. Und sozusagen als Reflex auf diese Kindheitsgeschichte bin ich in die andere Richtung gegangen und habe jetzt das Problem, dass viele Leute sagen, das ist eh das gleiche – was ich bestreite. Also den Hitlerfaschismus und den Kommunismus gleich setzen – das ist jetzt sehr modern. Wobei natürlich der Stalinismus solche Gedanken nahelegt.

Gut, Dankeschön. Danke für das Interview.

Univ. Prof. Dr.
Alexander Van der Bellen

DIE ZEITRECHNUNG HAT NICHT ERST 1945 BEGONNEN

Geboren am 18. Jänner 1944 in Wien, als Sohn einer estnischen Mutter und eines russischen Vaters mit niederländischen Wurzeln, aufgewachsen im Tiroler Kaunertal. Ehefrau Brigitte (Grundschullehrerin), zwei Söhne.

1968-1971 Assistent am Institut für Finanzwissenschaften an der Universität Innsbruck, 1972-1974 Research Fellow am Internationalen Institut für Management und Verwaltung in Berlin, 1975 Habilitation im Fach Finanzwissenschaft, 1976 Außerordentlicher Professor an der Universität Innsbruck, 1977-1980 Lehrtätigkeit an der Verwaltungsakademie des Bundes in Wien, seit 1980 Ordentlicher Professor für Volkswirtschaftslehre an der Universität Wien, 1990-1994 Dekan bzw. stellvertretender Dekan der sozialwissenschaftlichen Fakultät.

1975-1986 SPÖ-Mitglied, 1992 Kandidat der Grünen für das Amt des Rechnungshofpräsidenten, 1994 Beitritt zum Grünen Nationalrat, dem Alexander Van der Bellen seither angehört. Funktion als Budget-, Finanz- und Wirtschaftssprecher der Grünen. 1997 Wahl zum Bundessprecher der Grünen. 1999 Wahl zum Klubobmann der Grünen.

Van der Bellen: Klären Sie mich noch einmal kurz auf. In meinem Kalender steht *PädAk – Zeitzeugen* – is a bisserl übertrieben in meinem Fall – aber immerhin.

Es geht darum über die Erfahrungen von Zeitzeugen in der Nachkriegszeit ein Buch zu erstellen.

Van der Bellen: Und Sie sind alle PädAk-StudentInnen?

Ja, wir brauchen für wenig Arbeit viele Leute (verweist auf die Zuschauer, allgemeines Lachen). Gut …!

Van der Bellen: Ok, fangen wir an.

Pia: Wie wir aus Ihrer Biografie entnommen haben, ist Ihre Mutter aus Estland und Ihr Vater aus Russland und hat holländische Wurzeln. Und deshalb die erste Frage: Warum Österreich?

Van der Bellen: Das ist eben eine dieser komplizierten Familienbiographien – genau genommen ist sogar meine Mutter in Moskau geboren – in einer estnisch-baltendeutschen Familie – und 1917 nach der Revolution nach Estland gegangen. Und väterlicherseits, die waren in Pskov, das ist nicht weit von der estnischen Grenze – die sind 1917 auch geflüchtet, auch nach Estland. Und dort haben sich die zwei kennengelernt. Die waren 1917 auf der Flucht vor dem KGB sozusagen, und 1940 hat sie die Geschichte eingeholt. 1939 war der Hitler-Stalin-Pakt. Hitler hat Polen besetzt und die Sowjets haben die baltischen Staaten besetzt, und nach dem dritten KGB-Besuch in der Nacht haben meine Eltern beschlossen, wenn es geht auszuwandern – haben all ihre deutschen Vorfahren zusammengeklaubt und das war dann hinreichend für die Deutschen, dass sie nach Mitteleuropa ausgeschifft wurden. Sie sind dort aufgrund geschäftlicher Verbindungen meines Vaters in Wien hängen geblieben. Und so bin ich in Wien geboren – meine Schwester noch in Estland. Und dann sind meine Eltern mit mir und meiner Schwester wieder geflüchtet im Winter 1944/45, bevor die Rote Armee einmarschiert ist – nach Tirol. Das ist sozusagen in einer Nussschale die rezente Familiengeschichte. Der holländische Name stammt einfach aus der Zeit der ersten Migration. Unter Peter dem Großen sind ja sehr viele Westeuropäer und darunter auch Holländer nach Russland migriert und blieben dort auch bis 1917.

Matthias: Gibt es irgendwelche persönlichen Erinnerungen an die Nachkriegszeit, also die Zeit zwischen 1945 bis 1955? Vielleicht auch welche, die Ihnen sehr bezeichnend für diese Zeit vorkommen? Können Sie sich noch an etwas erinnern?

Van der Bellen: Naja, ein bisschen was schon. Denn 1955 war ich immerhin elf. Woran kann ich mich erinnern? Auf politischer Seite einerseits aufgrund dieser Familiengeschichte die Erleichterung – nicht so sehr über den Staatsvertrag selbst, sondern über dessen

Folgen – nämlich den Abzug aller alliierten Truppen und darunter insbesondere der sowjetischen Truppen. Und damit Sie sich das plastisch vorstellen können: Mein Vater hatte ein Büro in Linz in der Spittelwiese – das ist ungefähr fünf Minuten von der Donaubrücke weg – und die Donaubrücke war die Grenze zur sowjetischen Zone. Der Staatsvertrag und der Abzug der Truppen hat bedeutet, dass man diese Brücke dann endlich überqueren konnte. Man muss dazu sagen, dass wir bis 1959 die estnische Staatsbürgerschaft hatten. Also in gewisser Weise Freiwild waren, mitunter habe ich diese Angst erst später nachvollziehen können, damals habe ich sie für übertrieben gehalten. Aber es gab ja damals keinen unabhängigen estnischen Staat, sondern es gab eine obskure estnische Exilregierung in London, deren Hauptzweck – glaube ich – war, Reisepässe auszustellen. So hat sich das irgendwie erhalten über die Jahre und Jahrzehnte, bevor wir dann österreichische Staatsbürger geworden sind. Also daran kann ich mich erinnern: In Innsbruck, wo ich gewohnt habe als Kind, gab es mitten im Saggen, im Villenviertel, das sowjetische Konsulat. Und das war ein unheimlicher Ort irgendwie – ich musste da immer vorbei, wenn ich zu Fuß ins Gymnasium oder über einen winzigen Umweg auch in die Volksschule gegangen bin. Und das weiß ich auch noch, dass meine Eltern diesem Gebäude immer ausgewichen sind. Das mag übertrieben gewesen sein – oder auch nicht, das ist schwer zu beurteilen. Tatsache ist, dass auch österreichische Staatsbürger zwischen 1945 und 1955 zum Teil verschleppt worden sind – ohne jede juristische Grundlage. Und umso mehr gilt es dann vermutlich für eine Familie, die auf der väterlichen Seite eher der weißrussischen Partei angehört hat, und nicht der sowjetischen – ein Cousin meines Vaters, den ich noch kennengelernt habe, der war noch in der Weißen Armee, mein Vater nicht – der war entweder vernünftig oder ein Pazifist … weiß ich nicht … er war vielleicht ein bisschen gar jung damals, aber es hätte gereicht – 19 Jahre war er 1917 – und auf Seite meiner Mutter waren die Verhältnisse gleich arg, weil da etliche Verwandte in Sibirien verschollen sind, da sie estnische Nationalisten waren.

Matthias: Das klingt nicht beruhigend für die damalige Zeit.

Van der Bellen: Es bestand im Nachhinein gesehen ein Grund zur Sorge, auch wenn ich das als Kind nicht wirklich mitbekommen habe, warum da jetzt gerade dieses Haus so unheimlich ist.

Matthias: Sie haben gerade den Schulweg angesprochen. Können Sie sich erinnern, war in der Schule die Problematik dieser Zeit ein Thema? Bzw der „Tag der Fahne", wie ist das in der Schule behandelt worden? Oder gar nicht?

Van der Bellen: Also, ich kann mich überhaupt nicht erinnern, dass das ein besonderes Ereignis … – was ist überhaupt der *„Tag der Fahne"*? (lacht)

Matthias: Der Tag der Unabhängigkeit sozusagen. Der Tag, an dem Österreich frei wurde.

Van der Bellen: … Der 26. Oktober jetzt?

Pia: Ja. Ursprünglich der „Tag der Fahne". Ab 1965 „Nationalfeiertag". Also 1955 ging's um die Unabhängigkeit. Und dann am 26. Oktober wurde die Neutralität als Gesetz beschlossen. Und seitdem war es der 26. Oktober.

Van der Bellen: Also, vielleicht tue ich ja meinen Schulen unrecht, aber 1955 war ich dann offenbar in der ersten Klasse Gymnasium, 1956 in der Zweiten, also keine Ahnung – wird schon gefeiert worden sein. Aber ich habe keinerlei Erinnerung daran.

Mhmm!

Van der Bellen: Erinnerungen habe ich allerdings an den Geschichtsunterricht im Gymnasium, der ungefähr so 1918 aufgehört hat … (lacht) … obwohl der betreffende Professor als Person durchaus OK war. Der war einer der Angenehmeren, und trotzdem bestand da offenbar eine große Barriere, den Austrofaschismus oder die deutsche Besetzung zu debattieren. Nach vielem Nachfragen hat er dann ein bisschen was erzählt, wie das war, wie er nämlich Kompanieführer war und sich dann irgendwie durchgeschlagen hat mit seinen Leuten am Kriegsende – also diese Art von Geschichten hat er uns dann schon erzählt, aber es war kein systematischer Unterricht was diese dreißig Jahre betrifft – also von 1918 bis 1948.

Pia: Und welche Erinnerungen haben Sie generell an die Volksschulzeit? Wie ist es da bei Ihnen in der Volksschule gewesen? Wie viele Kinder waren in der Klasse? Wie viele Lehrer gab's und Lehrerinnen?

Van der Bellen: Naja, es war keine kleine Klasse. Ich würde vermuten, dass wir vielleicht 25 waren und wir hatten die vier Jahre hindurch eine Lehrerin. Wie ich glaube, eine konservative, aber sehr gute Lehrerin, die auch später Direktorin der gleichen Schule wurde. An die habe ich eine sehr positive Erinnerung.

Ansonsten kann ich mich noch zum Beispiel an die Armut verschiedener Kinder erinnern. Es war nicht unüblich, dass im Sommer manche barfuß in die Schule kamen. Mein Gott, 1950-51 – die Klasse war sozial ziemlich bunt gemischt – so zwischen bürgerlich und Arbeiterklasse. Sonst – besondere Differenzierungen ... es gab die Katholischen und die Evangelischen – das ja. Ich gehörte zu den Evangelischen, war insofern in einer Minderheitsposition; aber meiner Erinnerung nach wurden wir alle gleich behandelt. Ich meine, ich war ja auch ein atypischer Ausländer, wenn man so will. Sozusagen „*white protestant*" – wenn auch nicht angelsächsisch ... deutschsprachig. Meine Eltern haben mich rein deutschsprachig aufwachsen lassen, auch wenn ich immer dazu sage, ich bin zweisprachig aufgewachsen, weil der Kaunertaler Dialekt, wo ich als Kind aufgewachsen bin, ein extrem harter, zum Teil wirklich unverständlicher Dialekt ist. Ja, und nur mit meinen Eltern habe ich so etwas wie hochdeutsch gesprochen. Aber untereinander haben meine Eltern immer russisch gesprochen.

Das war eine ziemlich leistungsorientierte Schule und Klasse, man hat uns aber ernst genommen. In Mathematik hatte ich Schwierigkeiten, weil ich nicht und nicht kapiert habe, wieso, wenn man eine Zahl mit einer anderen multipliziert, nicht immer etwas Größeres herauskommt. Also wenn man mit einer Zahl unter Eins multipliziert, kommt ja was Kleineres heraus. Das (lacht) bereitete mir gewisse Schwierigkeiten, sonst hat man uns in der vierten Klasse systematisch auf die Aufnahmeprüfung vorbereitet – das gab es damals – ins Gymnasium. Also, Deutsch, Mathematik im Wesentlichen – und das hat auch funktioniert in meinem Fall. Ich kann mich noch erinnern, dass ich unter echtem Schock aus der Aufnahmeprüfung nach Hause kam, weil es mir nämlich gelungen ist, einen großen Tintenklecks auf dieses Prüfungspapier zu machen. Damals gab's noch Tintenfässer und Federn – das ist leicht passiert. Ich habe mir große Sorgen gemacht, dass das vielleicht reicht, mich nicht aufzunehmen. Aber es wurde offenbar toleriert.

Matthias: Die Unterzeichnung des Staatsvertrages war ja medial präsent. Ist Ihnen das damals bewusst gewesen? Haben Sie das mitbekommen? Ist das in Ihrer Familie kommentiert worden, oder ist das eher untergegangen? Was würden Sie sagen? Welche Erinnerungen haben Sie da?

Van der Bellen: Also meine Erinnerung täuscht mich vielleicht ... keine Ahnung wie viel sie darüber wirklich gesprochen haben. In meiner Erinnerung sind vor allem die Folgen – der Abzug der Truppen und damit die Bewegungsfreiheit innerhalb von Österreich. Vermutlich hat das auch dahingehend eine große Rolle gespielt, die österreichische Staatsbürgerschaft anzunehmen, auf die hätten sie schon längst Anspruch gehabt, wenn sie gewollt hätten, aber da war immer so eine kleine Unsicherheit, glaube ich ... ist es vielleicht nicht doch besser nach Kanada oder nach Australien auszuwandern? Oder soll man hier bleiben ... der Bub geht schon in die Schule, ist als Deutschsprachiger aufgewachsen – diese Entscheidungsschwierigkeit. Und ich kann mir gut vorstellen, dass der Staatsvertrag dann letztendlich den Ausschlag gegeben hat zu bleiben. Ich glaube schon, dass sie die Politik mit großem Interesse beobachtet haben, wenigstens in bestimmten Ausschnitten. Etwa glaube ich mich erinnern zu können, dass meine Großmutter mütterlicherseits den Ungarnaufstand 1956 – aber nicht nur sie, sondern damals sind alle am Radio gehangen – mit großer Aufmerksamkeit verfolgt hat. Ansonsten waren sie eher konservativ eingestellt. Politisch in keiner Weise engagiert.

Pia: Machen wir noch einen Schritt zurück. In die Zeit der Besatzung ... Haben Sie irgendwelche besonderen Erinnerungen in Verbindung mit der Besatzungszeit? Wie wurde das kommentiert in der Familie?

Van der Bellen: Tirol war ja französisch besetzt. Wenn man von der ersten Nachkriegszeit absieht, wo es, glaube ich, große Schwierigkeiten mit den marokkanischen Truppen gegeben hat, ähnlich wie im Burgenland mit den sowjetischen oder in Wien, hat sich dann ein sehr gutes Verhältnis zu den französischen Truppen entwickelt. Ich denke gerade nach, ob ich mich an noch etwas erinnern kann. Also in meinem kindlichen Alltag – wir sind zum Beispiel regelmäßig ab 1950 oder so zum Attersee in den Sommerferien gefahren – immer die Hälfte am Attersee, die Hälfte im Kaunertal in Tirol. Und das war ja ein anderes Besatzungsgebiet – ich weiß nicht mehr, waren da die Engländer oder die Amerikaner in Oberösterreich?

Amerikaner.

Van der Bellen: Die Amerikaner? Das ist mir in keiner Weise in Erinnerung, dass es da irgendwie eine Zonengrenze oder so gegeben hat oder dass da Kontrollen durchgeführt wurden – waren wahrscheinlich auch keine. Es ist mir auch nie aufgefallen, dass da andere Truppen anwesend sind. Mit Ausnahme immer des sowjetisch besetzten Teils.

Matthias: Sie waren zu der Zeit damals wirklich relativ jung. Dennoch: Hatte diese Zeit Einfluss auf Ihr weiteres Leben? Oder prägenden Einfluss auf Ihr weiteres Leben?

Van der Bellen: Schwer zu sagen, ich meine, die Kindheit hat immer einen gewissen prägenden Einfluss – also, was wäre gewesen wenn ich, was ja leicht hätte sein können, in einem anderen Land aufgewachsen wäre?

Ich würde es eher negativ formulieren – also, für jemanden, der in der ersten Generation Österreicher ist – eben damals ohne die Staatsbürgerschaft – und der in Tirol protestantisch ist, also über keinerlei indigene Verbindungen verfügt, muss ich sagen, habe ich eigentlich keinerlei Erinnerung an Diskriminierung.

Mhmm.

Van der Bellen: Und das ist eigentlich nicht selbstverständlich. Im Nachhinein, aber da war ich schon aus der Schule draußen – sind mir dann bestimmte Sachen aufgefallen. Dass im Gymnasium von Seiten eines großen Teils der Lehrerschaft eine Tendenz bestand, gegen vier Leute in der Klasse irgendwie eine gewisse Reserve zu zeigen. Mit zweien oder dreien davon war ich befreundet. Und dann hat sich herausgestellt, diese vier hatten eines gemeinsam, sie stammen aus Elternhäusern mit Nazivergangenheit. Ich bin der Meinung, die vier wurden tendenziell ... wie soll ich sagen ... um eine Note schlechter gehandelt, als ihnen zukam. Es war nicht mehr als das, aber irgendwas war da.

Generell bestand in dieser Klasse (wobei ich dazu sagen muss, es war eine Klasse, die aus irgendeinem historischen Zufall ein sehr hohes Niveau gehabt hat; das haben wir daran gemerkt, dass die, die bei uns durchgefallen sind, in der nächsten Klasse dann meistens sehr gut waren) eine gewisse Tendenz, Kinder aus klein- und kleinstbürgerlichen Familien zu protegieren. Dagegen ist ja im Prinzip nichts zu sagen. Und Leute wie ich und einige meiner Freunde haben es vielleicht eine Spur schwerer gehabt. Also wenn etwas nicht gefördert wurde, um es einmal milde auszudrücken, dann war es den Kopf irgendwie herauszustrecken, sagen wir so – aufzufallen, irgendwie auf milde Art aufmüpfig zu sein – mein Gott, was waren wir brav, verglichen mit späteren Schülerinnen- und Schülergenerationen. Damals hat es schon gereicht, wenn man sich hin und wieder beschwert hat über irgendwas.

Wie meinen Sie das?

Van der Bellen: Nur um Ihnen ein Beispiel zu geben, wie absurd das war: Bluejeans waren verboten an der Schule. Das kann man sich heute ja nicht mehr vorstellen. Und ich kann mich daran erinnern, weil mir das so absurd erschien: Ich komme in die Schule, hab' so einen Staubmantel angehabt, mit aufgestelltem Mantelkragen. Der Direktor steht im ersten Stock, wie üblich – um seine Schüler zu inspizieren und stellt mich zur Rede wegen meines aufgestellten Mantelkragens. „*Wir laufen hier nicht herum wie die Maurer*". Erstens, ich wusste gar nicht, dass ich wie ein Maurer herumlaufe. Zweitens, was ist schlecht an den Maurern, wenn schon?

Matthias: Da würden wir uns jetzt sehr schlecht fühlen.

Van der Bellen: (lacht)

Pia: Und was sollten Ihrer Meinung nach...

Van der Bellen: Hab' keine besonders guten Erinnerungen – zumindest an die Oberstufe des Gymnasiums. Aber ich nehme immer wieder mit Erstaunen zur Kenntnis, dass andere ganz andere Geschichten zu erzählen haben über ihre Gymnasialzeit – hab' ich halt Pech gehabt. (lacht)

Matthias: Wir werden Sonderschullehrer und Lehrerinnen, also in sofern … keiner Schuld bewusst.

Van der Bellen: lacht

Pia: Was sollten Ihrer Meinung nach die jungen Menschen von heute über diese Zeit wissen, über die Jahre zwischen 1945 und 1955?

Van der Bellen: (überlegt) Gute Frage – was sollten sie über diese Zeit wissen? Ich meine schon, man sollte etwas wissen, aber die Zeitrechnung hat nicht erst 1945 begonnen. Das wäre einmal das Erste, was ich sagen würde. Die Zeit ab 1938 und insbesondere von 1918 bis 1938 gehört wohl auch dazu. Also die berühmte Täter-Opferproblematik, wo reiht man sich jetzt ein – nicht? Ich meine am Heldenplatz war natürlich niemand – im Nachhinein gesehen. Sich den Herrn Karl zum Beispiel anzuschauen, oder auch nur auf CD zu hören … Qualtinger …

Mhmm.

Van der Bellen: Den Herrn Karl von Helmut Qualtinger finde ich ungemein erhellend, weil der auf eine perfekte Art innerhalb einer Stunde dieses Doppelbödige am Österreichertum oder einer bestimmten Art von Österreichertum verkörpert. Also ich finde eine Stunde Qualtinger bringt viel an politischer Bildung, auch was die Jahre nach 1945 betrifft, diese verschiedenen Songs über den *„gschupften Ferdl"* und all das, sozusagen die Kritik an den Söhnen reicher Eltern, die da mit ihrem – wie war das – die mit ihrem Porsche …

Porsche?

Van der Bellen: … die mit dem Porsche, weil das war nämlich wirklich klassisch: *„Nur leider is ihm ana bevor er gstorbn is einigrannt"* (lacht) [Bronner/Qualtinger: *„Der Papa wird's schon richten"*: *„Es is´ nix passiert, / mein Porsche ist schon repariert, / nur lei-*

der is' mir ein Passant / bevor er g'storb'n is' einig'rannt."] ... und dann beschwert er sich noch darüber, dass ihm der Führerschein abgenommen worden ist. (lacht)

Oder die Freunderlwirtschaft, da gibt's auch mehrere Qualtingersongs aus den frühen fünfziger Jahren. Ja, man soll die Zeiten weder hoch oder nieder stilisieren – als ich in Ihrem Alter war (lacht), sind einem hin und wieder die Vertreter der älteren Generation auch auf die Nerven gegangen, damals mit dem Spruch „*Was wir nicht alles aufgebaut haben! – Der Zusammenbruch und alles kaputt und was wir alles aus dem Schutt aufgebaut haben!*" Und mir ist es auf der Zunge gelegen, und ein-, zweimal hab' ich es dann auch gesagt, zum Verdruss der Anwesenden ... „*Hättet's es vorher nicht zusammengehaut, hättet's es nachher nicht aufbauen müssen!*" Ich meine, dass die alliierten Flugzeuge die Häuser zerbombt haben, hat ja einen Grund im Beginn des Hitlerkrieges 1939.

Trotzdem, ich als Kind habe positive Erfahrungen. Ich bin am Land aufgewachsen, dann in Innsbruck in die Schule zu gehen war schon ein bisschen ein Kulturschock. (lächelt) Wäre eh gescheiter gewesen wahrscheinlich, ich wäre im Kaunertal in die Schule gegangen – das hätte mich auch kein Jahr meines Lebens gekostet. Und arm waren alle, fast alle. Der Armutsbegriff, also die Wahrnehmung von Armut ist ja zum Teil etwas Relatives – wenn es allen schlecht geht, dann ist das nicht so schlimm ... ja.

Matthias: Gut, dann würde ich sagen, Danke fürs Interview

Van der Bellen: Danke!

Pia: Das war's schon.

Matthias: Das war's schon. Danke, dass Sie sich für uns Zeit genommen haben.

Van der Bellen: Ja, gerne. Ich bin nur ein bescheidener Zeitzeuge für diese Zeit.

Mag. Dr. Manfred Teiner

KRIEG WAR NIE EIN THEMA

Geboren 1946 in Wien. Absolvent der Hochschule für Musik und darstellende Kunst Wien (Instrumentalmusik, Musikpädagogik), Studium an der Universität Wien (Soziologie, Musikwissenschaft).

Lehrer an Pflichtschulen und AHS, Lehrerbildner (Musikpädagogik, Soziologie); Universitätslektor, Lehrbeauftragter an der Hochschule für Musik und darstellende Kunst in Wien (Musikpädagogik).

Seit 1995 Direktor der Pädagogischen Akademie des Bundes in Wien.

Wo haben Sie die Zeit von 1945–55 erlebt?

Teiner: Ich bin 1946 geboren (sprich: heute 58 Jahre alt) und aufgewachsen in Ottakring, dem 16. Wiener Gemeindebezirk. Ich war dort bis zu meinem 15. Lebensjahr und habe die Zeit, von der wir sprechen, dort verbracht. Ich habe die Volksschule in der Wiesberggasse und das Gymnasium in der Maroltingergasse besucht.

Mit wem haben Sie damals gelebt? (mit Mutter oder beiden Eltern, Großeltern, ...)?

Teiner: Ich habe in einer Zimmer-Küche-Kabinett-Wohnung mit meinen Eltern, meinem Bruder und meinen Großeltern gewohnt. War damals irgendwie nicht anders möglich.

Damals habe ich mir mit meinem Bruder bis zu meinem 10. Lebensjahr (danach gab es meine Großeltern nicht mehr) ein Bett geteilt. Ein Kopf da und ein Kopf da – so haben wir geschlafen. Zum Glück haben wir uns gut vertragen. Er ist jünger als ich und das war kein Problem für uns.

Wenn ich eine Schwester gehabt hätte, weiß ich nicht, wie das Problem gelöst worden wäre. Aber da wir gleichgeschlechtlich waren, gab es kein Problem.

Welche persönlichen Erinnerungen haben Sie an die Zeit von 1945 bis 1955, die sie als typisch für jene Jahre bezeichnen würden?

Teiner: Ich kann mich noch an vieles erinnern. Ich hatte zum Glück keine Probleme in der Schule. Ich bin ein braver Schüler gewesen – das soll es ja geben. Ich hatte lauter Einser und so. Ich war einer der Jüngsten. Da 1946 geboren, wurde ich vorzeitig aufgenommen. Das war aber kein Problem für mich. Ich habe die Volksschule in sehr spannender Weise erlebt. Es war nämlich so, dass wir im Halbjahr immer eine neue Lehrerin bekommen haben – so bis zur 4. Klasse. Dann haben wir einen Lehrer bekommen; der ist geblieben. Die Lehrerinnen haben also ständig gewechselt.

Es gab damals Schulraumnot und Personalprobleme, das hat auch dazu geführt, dass wir in der Volksschule bis zur 3. Klasse Wechselunterricht hatten; das heißt wir hatten einmal am Vormittag und einmal am Nachmittag Unterricht und gegengleich war eine andere Klasse einmal am Nachmittag und einmal am Vormittag im selben Raum. Das ging so dahin über die Jahre, bis zur 4. Klasse.

Ich kann mich an witzige Dinge erinnern; wenn ich dabei an die verwendeten Medien denke! Wir hatten im tiefen Keller – da hat es immer so dumpf gerochen – einen Vorführraum für Filme, eigentlich für Stehbilder. Das war damals etwas ganz Besonderes. Wir wanderten also in den tiefen Keller und da war ein Riesenapparat, aus dem es oben herausqualmte. Da hat dann die Lehrerin fünf bis sechs bemalte, große Dias hineingeschoben. Das war dann das Rotkäppchen oder Ähnliches. Es gab natürlich dann immer auch eine Geschichte dazu.

Die zweite Sensation war der Schwarz-Weiß-Trickfilm, der vielleicht fünf Minuten gedauert hat, mit dem Titel *Stadtmaus und Feldmaus*. ... Das war eine ganz tolle Geschichte und wir haben uns den Film oft angesehen.

Die dritte Mediensache war dann die Audioseite – also Plattenspieler gab es ja noch nicht. CD's usw. waren auch noch nicht erfunden. Es gab damals einen viereckigen Kasten. Dieser Kasten hatte eine besondere Eigenschaft: Er war rot angemalt, mit dem Wappen der Stadt Wien drauf. Wie ich später erfahren habe, kam, wenn man daran gekratzt hatte, braune Farbe zum Vorschein. Das waren nämlich so genannte *Volksempfänger*, die man in der Nazizeit natürlich auch verwendet hat. In Ermangelung anderer Geräte hat die Stadt Wien diese massenweise einfach übermalt und weiterhin verwendet.

Da gab es dann so ungefähr einmal im Monat irgendeine Schulfunksendung zu irgendeinem Thema. Ganz lustig: Ich habe später selber auch solche Schulfunksendungen geschrieben. Das gibt es heute aber nicht mehr, war aber eine Zeit lang – bevor das Schulfernsehen ein Thema wurde – sehr wichtig.

Waren diese Schulfunksendungen irgendwie politisch eingefärbt?

Teiner: Also, ich muss ehrlich sagen, ich habe keinerlei Erinnerungen daran. Das waren aber Sendungen in Richtung Sachunterricht, Heimatkunde und solche Sachen. Politisch gefärbt war da eher nichts.

Hat der Lehrer/ die Lehrerin damals Themen wie die politische Lage angesprochen?

Teiner: Ich kann mich an das berühmte Bild an der Wand erinnern: Österreich ist eine demokratische Republik, das Recht geht vom Volk aus. – Absatz 1 der Bundesverfassung – Kreuz – Bild vom (jeweiligen) Bundespräsidenten.

Über die Besatzung ist eigentlich nicht viel geredet worden. Wir waren in Ottakring in der französischen Besatzungszone. Da gab es über dem Berg in Hernals die Kaserne, in der die Soldaten zuhause waren. Hin und wieder hat man die im Jeep herumfahren sehen. Eine Belästigung hat es nicht gegeben – jedenfalls nichts Dramatisches.

Ich erinnere mich eher noch daran, wenn es um Nahrungsmittel ging. Mein Vater war Buchhalter, meine Mutter war zuhause und hatte also auch kein Einkommen. Wir haben über verschiedene Quellen (die ich heute allerdings nicht mehr nachvollziehen kann)

Nahrungsmittel bekommen, die von Besatzungstruppen eingeflogen worden sind – so wie Hilfsgüter. Das gibt es heute auch wieder; nicht bei uns – aber anderswo.

Da gab es riesige Dosen mit englischem Chester-Käse (ein dunkel-oranger Käse, der auch sehr scharf war), Milchpulver, Lebertran usw. Ich habe in Erinnerung, dass diese Nahrungsmittel hin und wieder in der Nahrungskette aufgetaucht sind. Milchpulver war sehr begehrt.

Wie ist das aufgetaucht? Wer hat das verteilt?

Teiner: Weiß ich nicht, das haben wir Kinder nicht erfahren. Wir haben uns sehr gefreut. Es war halt einfach da.

Wie wurde in der Familie die Besatzungszeit erlebt?

Teiner: Mein Vater war Kriegsteilnehmer – wie es so schön heißt – und ist erst nach Ende zurückgekommen. Dann bin ich entstanden, das kann man sich ja ausrechnen.

Krieg war nie ein Thema. Es gab etliche Fotos – er hat selber schwarz-weiß fotografiert – aus der Zeit, in der er in Deutschland stationiert war. Er hat aber weder darüber noch über andere Dinge sehr viel gesprochen. Er war sehr beschäftigt. Er ist früh von zuhause weggegangen, da er eine Arbeit am anderen Ende von Wien hatte und ist immer erst sehr spät nach Hause gekommen. Ich habe einmal – knapp vor seinem Tod – mit ihm über diese Zeit gesprochen; da war die Besatzungszeit aber schon längst vorbei. Es war einfach kein Thema.

Wenn es um den berühmten 15. Mai geht, der war schon ein Thema. Ich kann mich noch erinnern, dass wir an diesem Tag hineingefahren sind zum Belvedere, in der riesigen Menschenmasse gestanden sind und zum Balkon hinaufgeschaut haben. Da habe ich intuitiv mitgekriegt – als neunjähriger Junge – dass da eine Superstimmung war. Die Leute haben zum Tanzen angefangen, waren begeistert. Sie haben getanzt, obwohl da keine Musik war. Sie haben einfach getanzt, weil sie das Gefühl hatten, dass jetzt endlich ein wesentlicher Schritt getan wird.

Diese Stimmung spüre ich heute noch und bin froh, dass ich dort sein konnte. Es war ein bisschen wie das Lichtermeer – falls sie das erlebt haben. Eine sehr starke und emotionale Stimmung. Ich habe als 9-Jähriger nicht mitgekriegt, warum, wieso und weshalb ... aber ich habe gespürt, dass es etwas Wichtiges war.

Es ist gerade in Wien zu dieser Zeit sehr viel passiert. Es gab zum Beispiel den 1. Großraumwaggon auf der Linie 46. In diesem langen Straßenbahnzug ist der Bürgermeister mitgefahren. Ich habe dort in der Nähe von der Endstelle, bei der Remise, beim Wilhelminenspital gewohnt. Wir sind natürlich hingepilgert.

Man hat gemerkt, dass es eine Zeit ist, in der viel weitergeht – eine Zeit des Aufbruchs. Es gab zwar noch jede Menge Ruinen, es ist aber auch sehr viel gebaut worden.

Welchen Einfluss hatten diese Jahre auf Ihr weiteres Leben?

Teiner: Ich würde sagen, dass ich – im Gegensatz zur heutigen Generation – gelernt habe, mit Zeiten des Mangels umzugehen. Ich habe diese Zeiten erlebt. Außerdem war es damals für mich kein Mangel, sondern die Normalität. Ich habe heute selber Enkelkinder und denke mir oft, dass die Kerle wahnsinnig viel Spielzeug haben – solche Mengen! Wir haben auch Spielzeug gehabt, aber nicht diese Mengen.

Ich habe nie einen Mangel empfunden. Ich habe gesehen, dass es scheibchenweise weitergeht. Als ich 15 Jahre alt war, sind wir aus dieser kleinen Wohnung in eine größere Wohnung umgezogen. Ich habe mein eigenes kleines Zimmer gehabt. Das war eine Sensation – was heute nahezu fast selbstverständlich ist.

Schule war ein wichtiges Thema. Wie bereits erwähnt, war ich ein guter Schüler und habe keine wirklichen Probleme gehabt – aber wehe, ich hätte eine schlechte Note bekommen.

Meine Eltern waren sehr dahinter, da sie gewusst haben, wie wichtig eine gute Schulbildung ist.

Was haben Sie nach der Matura gemacht?

Teiner: Die Pädak gab es damals noch nicht. Es gab eine so genannte Lehrerbildungsanstalt, ich bin also nach der 4. Klasse Mittelschule (AHS) in die Lehrerbildungsanstalt eingetreten. Dort habe ich dann nach fünf Jahren eine Matura gemacht und gleichzeitig eine Lehrbefähigung erhalten. Ich musste dann nach zwei

Jahren noch eine Prüfung machen und auch eine Hausarbeit schreiben.

Mit 19 Jahren bin ich gleich zum Bundesheer gekommen und mit knapp 20 Jahren war ich schon wieder in der Schule und habe zu meiner Freude gleich eine 1. Klasse bekommen. Diese habe ich dann vier Jahre lang geführt. Es war eine reine Knabenklasse. Alle Fehler, die ich in meinem ersten Arbeitsjahr gemacht habe, habe ich bis zur 4. Klasse auch nicht mehr weggebracht. ... (plaudert aus seiner Zeit als Lehrer)

Was würden Sie den heutigen jungen Menschen von dieser Zeit erzählen, was sollten sie darüber wissen?

Teiner: Man müsste den Kindern heute – und das ist machbar – einen Eindruck verschaffen, wie Kinder damals gelebt haben; vielleicht im Rahmen des Schulspiels. Man sollte sie das nachfühlen lassen, wie das ist, wenn man nur bestimmte Dinge hat und Punkt. Nur reden bringt nichts.

Das Wichtigste ist auch – alterspezifisch – die politische Situation darzustellen. Die Einmaligkeit, dass Österreich die Neutralität erhalten hat, ist nicht selbstverständlich.

Ich habe auch ein Problem mit dem Begriff *Besatzung*, weil ich der Meinung bin, dass Österreich befreit worden ist. Das wird in den Geschichtsbüchern aber heute oft unterschiedlich dargestellt. ...

Im Grunde genommen hat man uns den Nationalsozialismus aus dem Land gefegt. ...

Zeitgeschichte war ein Tabuthema in meiner ganzen Ausbildung. Wir sind im Stoff nie so weit gekommen, deshalb hat es mich auch privat umso mehr interessiert ... Das Thema wird mich vermutlich immer beschäftigen ...

Das ist noch ein Punkt, von dem ich glaube, dass ihn junge Leute mitbekommen sollten. Damals gab es eine sogenannte *geistige Koalition*, das heißt Leute, die unterschiedlicher Meinung waren, saßen trotzdem in einem Boot. Das vermisse ich heute ... Einen gemeinsamen Konsens finden war zur damaligen Zeit ein großes Thema.

Gibt es noch Erinnerungen an den Tag der Fahne?

Teiner: Aber ja. Dass wir Fähnchen gemalt haben in der Schule, war sensationell. Selbst als ich dann schon Lehrer war, habe ich das mit meinen Kindern in der Schule noch gemacht. Ich habe aber immer versucht mehr Informationen dazu zu liefern.

Sind Sie stolz auf Österreich?

Teiner: Ich bin stolz auf das, was Österreich in der Vergangenheit geleistet hat. Ich bin aber nicht stolz auf das eine oder andere, das in der Tagespolitik passiert.

Ich muss sehr oft erleben, dass, wenn ich ins Ausland komme, ich Schwierigkeiten habe, Fragen so zu beantworten, dass ich mein Land positiv darstellen kann …

Möchten Sie gerne im Ausland leben?

Teiner: Zeitweise. ½ Jahr oder 1 Jahr … Letztlich liebe ich Österreich.

Prof. Mag. Jörg Czuray

WENIGER IST MEHR

Geboren 1947 in Oberdrauburg, Kärnten, 1967 Matura in Spittal/Drau, 1967–1974 Studium an der Akademie der bildenden Künste (Kunsterziehung) und an der Universität Wien (Pädagogik). 1974–1992 AHS-Lehrer am BG6, Wien, 1983–1997 Lehrauftrag für Schulpraxis an der Akademie d. bild. Künste. Seit 1990 Lehrer an der PädAk des Bundes in Wien (BE).

Wie haben sie die Nachkriegszeit damals erlebt?

Czuray: Wie hab' ich diese Zeit erlebt? Also, das muss man natürlich in diesem Zusammenhang sehen, dass es eine sehr ländliche Kindheit gewesen ist: viel im Freien spielen, ganz wenig Spielzeug haben. Ich hab' einen sehr positiven Blick auf meine Kindheit, ich hab's sehr schön gefunden, also diese Gerüche der Natur und relativ geborgen im Familienverband: Mutter, Schwester, die Großmutter hat auch sehr viel bei uns gewohnt. Mein Vater, der war Bergingenieur und war sehr viel außerhalb von Kärnten tätig, also in Deutschland und Tirol. Er war nur ein Wochenendvater, aber als solcher sehr präsent.

Es war eine lange Zeit zwischen 1945 und 1955. Was war für Sie besonders markant und was haben Sie für Erinnerungen an die Besetzung Österreichs?

Czuray: Da vermischen sich vielleicht die Erzählungen von meinen Eltern mit meiner eigenen Wahrnehmung: Ja, im Garten neben uns haben die englischen Besatzungstruppen irgendwann einmal kurzfristig Zelte aufgestellt – es war ein eher sehr höflicher Eindruck, also nicht irgendwie bedrohlich, in keiner Weise bedrohlich!

Meine Mutter hat auch erzählt, dass es Ballveranstaltungen gegeben hat, die mehr oder weniger dem Kontakt zwischen der einheimischen Bevölkerung und den englischen Soldaten dienen sollten. Da haben die Frauen für diesen Ball irgendwelche Nahrungsmittel als Lockangebote bekommen und sie ist eben hin, obwohl es sehr schwierig zu arrangieren war, aber dann hat sie für uns Schokolade gekriegt oder andere Lebensmittel. Das sind eher Erzählungen als eigene Wahrnehmungen, ich habe wie gesagt außer dieser Erzählung von den Soldaten im Garten – da habe ich etwas ganz Verschwommenes vor mir – keine wirklichen Erinnerungen, es sind hauptsächlich erzählte Begebenheiten …

In dieser Region, also Kärnten, war das englische …

Czuray: (Unterbricht) Ja, das war englische Besatzungszone und – also sozusagen mein subjektives Bild – wenn ich von den Engländern gehört hab': das waren eher freundliche Leute, durchaus ein positives Bild, man hat eben von ihnen was bekommen. Das einzig Negative, so etwas gab es schon, vor allem im oberen Drautal und sehr früh – knapp vor meiner Geburt, also 1945 – da waren die Kosaken, die mit den Nazis kooperiert hatten. Die haben „*heimatlos*" im oberen Drautal gesiedelt und die wurden dann von der englischen Besatzungsmacht an die Russen übergeben. Da sollen fürchterliche Szenen passiert sein und das war sozusagen in der Nähe von Oberdrauburg. Da sind sehr viele in den Fluss gegangen und haben Selbstmord begangen, weil sie gewusst haben, wenn sie den Sowjets ausgeliefert werden – sie sind dann auch ausgeliefert worden – ist das der sichere Tod.

Damals gab es dieses Bild: „*Das war von den Engländern aber sehr unfair! Dass sie diese armen Leute dem sicheren Tod ausgeliefert haben*". Sonst war das Bild sehr positiv von der englischen Besatzungsmacht, aber das war ein großer, schwarzer Fleck!

Meine Mutter hat auch erzählt – das hab' ich mir gemerkt: sehr viele Leute in Oberdrauburg kamen dann in den Tagen danach und haben neue Pferde gehabt und neue Fuhrgespanne, die haben sich dann an diesen zurückgelassenen Sachen bereichert.

Der Eindruck, den man von der Besatzungsmacht gehabt hat, war der im Familienverband und im Dorfverband allgemein positiv?

Czuray: Das könnt ich nicht sagen, ich hab' eigentlich jetzt nur von meinem subjektiven Blick erzählt. Ich kann mich an keine anderen Bemerkungen erinnern. Sehr positiv war natürlich dann schon – witzigerweise, das war das Hauptereignis – als die Besatzungsmächte abgezogen sind. Mein Vater hat damals in Tirol gearbeitet. Das Amerikahaus in Innsbruck wurde nach 1955 aufgelassen und die haben ihre Bücher verschenkt. Er hat da einige Bücher bekommen und die hab' ich gierig verschlungen. Da war ein Buch über: wie schaut's in Amerika aus. Damals war ich eben acht Jahre alt. Das Buch find' ich leider nicht mehr, aber das war ganz prägend und ich würd' schon sagen, dass das ein positives Amerika-Bild erzeugt hat in mir, von dem ich lange gelebt hab' und ja, (lacht) grad am heutigen Tag, wo man befürchten muss, dass Bush schon wieder Präsident wird und wo man sich denkt: dieses Volk ist zur Hälfte offensichtlich so deppert ... Aber die Liebe zu diesem Land gibt's gleichzeitig, es ist eine sehr ambivalente Beziehung. Damals mit dem aufgelassenen Amerikahaus und der kulturellen Werbung für Amerika, die hat bei mit voll gegriffen, funktioniert ...

Und in der Schulzeit, die da reinragt in diese Zeit, wie wurde da unterrichtet?

Czuray: Die Schulzeit ist der tristeste Teil meiner ganzen Kindheit, ich war ein recht guter Schüler, aber ich erinnere mich an keine Freude in der Schule. Die Lehrer – es waren zwei männliche Lehrer – die haben mich zwar nicht geschlagen, aber viele andere, es war fürchterlich! Also wirklich, das waren Exekutionen! Und insgesamt verbind' ich mit Schule sehr viel Druck und Belastung, da liegt was im Magen (deutet auf seinen Bauch). Kürzlich war einmal ein Treffen der 50-Jahre-Volksschulabsolvierung und da sind wir ins Schulhaus hineingegangen ... ja, das war eher negativ besetzt. Mich wundert's, dass ich heute so gerne Lehrer bin, denn die eigene Volksschulzeit war eher negativ.

Würden Sie sagen, dass die Zeit davor bei der Art, wie Lehrer mit Schülern umgegangen sind, einen Einfluss darauf gehabt hat? Man hat ja Menschen öffentlich hingerichtet, die Nationalsozialistische Zeit hat nur Gewalt ...

Czuray: (unterbricht) Also, ich glaub', bei den beiden männlichen Lehrern, der eine war bei der SS, der eine Schläger – und der andere, der Volksschuldirektor, der war auf jeden Fall kriegsgeprägt, er hat eine kaputte Hand gehabt. Da ist einfach diese Aggression voll herausgekommen und eben auch: Schule heißt: disziplinieren und hart durchgreifen, *„sonst tanzen einem die Schüler auf der Nase herum"*. Vor allem für die männlichen Lehrer war das offensichtlich DIE Leitlinie und insofern kann ich mich an gar keine wirklich entspannten Schulsituationen erinnern.

Das heißt, der Spruch von Hitler „Kinder (oder Jugendliche) möchte ich haben, hart wie Kruppstahl" hat da hineingewirkt, oder?

Czuray: Ja der hat da sicher reingewirkt, also bei diesen beiden Lehrern und – ja – das war *„Zucht und Ordnung"*.

Und ist die nationalsozialistische Zeit im Sachunterricht, den es damals in der Form nicht gegeben hat – aber ist Geschichtliches erwähnt worden?

Czuray: Natürlich überhaupt nicht! Überhaupt nicht … das war ganz klar … nicht einmal in meiner Gymnasialzeit … ganz zum Schluss, doch ja … Mitte der 60er Jahre, da hab' ich mir dann ein Thema ausgesucht, so als Referatsthema, den Nationalsozialismus. … Sag' ma so. der Lehrer hat's gestattet, ja. Aber von der anderen Seite her wäre eigentlich kaum ein Angebot gekommen. Diese Phase, wo man das in der Schule aufarbeiten will, das beginnt dann eigentlich erst in den frühen 70er Jahren, hab' ich den Eindruck.

Gleichzeitig ist jetzt aber die Freude ausgebrochen, über Staatsvertrag, es gab dann den Fahnentag, Österreich ist frei. Geschichtlich gesehen ist ja da sehr vieles passiert, wo schon damit begonnen wurde, die Vergangenheit zu verleugnen …

Czuray: … ja, ja …

… auch Figl hat versucht, Österreich herauszuhalten aus Reparationszahlungen, ist da nur freudige Stimmung aufgekommen, rund um die Unabhängigkeit Österreichs und der Unterzeichnung des Staatsvertrages?

Czuray: Ich war damals acht, ja ja, Tag der Fahne, ich kann mich an irgendeine Feier am Marktplatz erinnern. In den weiteren Jahren ... muss jetzt eine Fahne gemalt werden oder ein Gedicht gelernt werden, das war aber eher sozusagen *„fader Patriotismus"*. Wirklicher Patriotismus beginnt bei mir persönlich erst so um [19]60, als die Fußballnationalmannschaft tolle Erfolge erzielt hat, als Österreich sehr viele fußballleistungsstarke Nationen geschlagen hat. Da gab's dann sozusagen ... *ha! Österreich! WIR haben gewonnen!* Vorher kann ich mich an Patriotismus bei mir selber kaum erinnern. Nicht einmal beim Toni Sailer.

Um noch einmal zurückzukommen auf die Schulzeit: Wurde der Tag des Staatsvertrages eigentlich irgendwie gefeiert, oder ...

Czuray: Jaja. Schon! Das war dann irgendwie so ein feierlicher Tag, an dem kein normaler Unterricht stattgefunden hat, wo man sich schön angezogen hat – mit Gedichte aufsagen, etwas singen ...

Können Sie sich an ein Gedicht erinnern, oder ein Lied?

Czuray: (schüttelt den Kopf) Naja, an die Bundeshymne natürlich, auch mit dem Text, also dass sozusagen auf den Text auch ein bissl Bezug genommen wurde. Was heißt das: *Land der Hämmer ...*

Und da hat es die Bundeshymne in dieser Form gegeben, weil vorher hat es kurz eine Bundeshymne gegeben, wo von Mozart die Melodie kam ...

Czuray: Meines Wissens nicht, das müsste dann ein Historiker genau wissen, aber wie Sie sagen – es ist relativ bald nach dem Krieg Paula von Preradovic mit dem Text und mit dieser Melodie ... Also ich hab' selber nur diese Bundeshymne gesungen, ich kenn keine andere, die ich selber gesungen hätte ...

Ja ... Und an die Lieder und Gedichte können Sie sich nicht erinnern?

Czuray: Das hat mich alles nicht wirklich berührt, das hat mich nicht interessiert, das war sozusagen eine formelle Feier, die man über die Runden gebracht hat.

Können Sie sich an die Stimmung in der Familie erinnern an dem Tag?

Czuray: Ja, sozusagen ... *„heut ist Feiertag"*. Die kirchlichen Feiertage waren eigentlich wichtiger, Christi Himmelfahrt. Da war was los, da sind wir nach Irschen ins nächste Dorf. Oder Fronleichnam, durch die Felder. Das war mehr Besonderheit als der Staatsfeiertag.

Könnte man dann sagen, dass die Religion vielleicht wieder ein bisschen mehr aufgelebt ist – nach der Zeit ...

Czuray: Sicher! Die Religion, also in dem Fall die Katholische Kirche, war sehr dominant in meiner Kindheit, irgendwie ganz selbstverständlich Die hat den Jahresablauf wirklich massiv geprägt, auch den Wochenablauf. Die Katholische Kirche war sehr präsent für mich.

Gibt es irgendein ganz besonderes Ereignis in der Zeit bis [19]55, das Sie besonders geprägt hat?

Czuray: Ja. Ich war noch nicht ganz sechs, 1953, bevor ich in die Schule gegangen bin, [gab es] eine Reise nach Deutschland. Mein Vater hat dort gearbeitet und der hat damals eben gut verdient und konnte sich ein Auto leisten. Diese Reise nach Deutschland war so richtig *„Reise in den Westen"*. Überhaupt, Oberdrauburg liegt an der Grenze zu Osttirol, nach Westen öffnet sich das Tiroler Tor und für mich war DORT die weite Welt. Durch das Tiroler Tor, dort ist Deutschland, England, Amerika – das hat ein Pathos gehabt; das ist für mich bis heute ein emotionsgeladener Blick zu dieser Öffnung hin. Ja also, da war diese Reise nach Deutschland, die eigentlich nur eine Woche gedauert hat, aber irgendwie kann ich mich sehr viel an die erinnern, ich hab' damals auch fest zu zeichnen angefangen und diese Zeichnungen gibt es noch. Die sind sehr schön konserviert.

Gleich darauf im Sommer: erste Reise nach Italien. Diese Reisen sind auch sehr prägend gewesen, man hat in einem sehr kleinen Raum gelebt, Reisen war etwas ganz was Unübliches, und wir waren jetzt keine armen Leute im Vergleich zu den anderen, aber wir haben kein eigenes Haus besessen, sondern eine Mietwohnung gehabt und ich hab' zwar im Garten gespielt, der neben uns war, aber der hat nicht uns gehört. Also: wenig Besitz aber viel Lebensqualität.

Was würden Sie den jungen Leuten heute aus dieser Zeit erzählen, oder was glauben Sie, was sollen die jungen Leute von heute aus dieser Zeit wissen?

Czuray: Also sicher einmal die Seite, die Sie schon angeschnitten haben, wie viel damals verdrängt wurde. Mir ist alles, was mit Nationalsozialismus zu tun gehabt hat, erst sehr viel später bewusst geworden. Da war die Decke drüber. Es war auch damals die Stimmungsmache: „*Österreich hat mit Deutschland nichts zu tun*". Das hat bei mir auch voll funktioniert, Deutschland war wirklich ein ganz anderes Land (lacht). Dass das auf ungünstigste Weise miteinander verbunden war, das war nicht in meinem Bewusstsein. Und dieses Gefühl, dass da eine österreichische Kultur lange Zeit existiert hat, wo eine Decke drüber gelegt wurde und dass unter der Decke sehr viel rumorte, was dann schließlich irgendwann zum Ausbrauch kam – zum Beispiel in den Schlägen der Lehrer, die ich vorhin erwähnt hab' – das ist dann eigentlich sehr deutlich sichtbar geworden. Ich würde sagen, im Alter von etwa 20, 25 Jahren, da ist dann eigentlich erst dieses Bewusstsein entstanden.

Von den Qualitäten her gibt's aber auch vieles, was ich mir denk': das möchte ich gerne Kindern von heute vermitteln. Wie in dieser Beschränkung im materiellen Bereich eine unglaubliche Lebensqualität enthalten war. Dieses mit wenig Spielzeug auskommen und mit Ästen, mit Sand, mit Blättern etwas zu machen – tolle Sachen zu machen, allein oder auch im Freundeskreis. Wie man mit einem Ball als einzigem Spielzeug auskommt und wie in der Beschränkung eine Konzentrationsmöglichkeit ist, eine Intensität – das würde ich gerne auch Kindern vermitteln. Wenn ich ... zwischendurch in der Volksschule unterrichte, dann versuche ich immer wieder auch zu sagen: Konzentration auf ganz, ganz wenige Sachen, und DIE aber wirklich intensiv erleben, diese kleinen Möglichkeiten.

Damals war's einfach wirtschaftlich notwendig, sich zu beschränken und ich hab' diese Beschränkung in keiner Weise als Armut in Erinnerung, sondern wirklich als eine Möglichkeit, etwas sehr intensiv zu erfahren in dieser Reduziertheit.

Und das beeinflusst Ihr Leben heute noch?

Czuray: Ja, ja, ja! Meine Kollegen amüsieren sich immer wieder, wie ich den Studierenden Aufgaben stelle, mit ganz, ganz wenig Material. Daran hab' ich fast ein Vergnügen, mit ganz wenig auszukommen. Wie meine persönliche Haltung, ich will wenig besitzen.

Das heißt also, dass Sie die Kriegssituation nicht miterlebt haben? Kann man so sagen.

Czuray: Nein, hab' ich nicht, nein, nein. Bin ja [19]47 geboren.

Und dass damit natürlich ein Trauma nicht möglich war …

Czuray: Ja.

Ich denke mir, wenn man durch die Stadt Wien gegangen ist, auch später noch, ist man vielleicht viel mehr mit dem Leid, mit den Problemen und mit der Wiederaufarbeitung konfrontiert gewesen?

Czuray: Ja. Es hat zwar sehr wohl auch Bombenabwürfe auf Oberdrauburg gegeben, weil die Eisenbahnbrücke ein Ziel war, aber des waren schöne Teiche in der Wiese. Es wurde wohl auch ein Haus getroffen, aber ich glaube, [es gab] ganz wenig Opfer.

Diese Kriegsleiden die hat auch der Ort nicht gespürt. Nicht nur ich als Nachgeborener, [19]47. Es ist auch von meiner Familie im Zweiten Weltkrieg niemand umgekommen. Obwohl viele Onkeln an der Front waren, aber im Zweiten Weltkrieg ist in meinem Bereich niemandem etwas passiert. Insofern war's auch leicht, das irgendwie wegzuschieben. Da hat's kein Trauma gegeben.

Und es hat auch keine jüdischen Bewohner im Umkreis gegeben, die deportiert worden sind?

Czuray: Nein, nein. Ich würd' einmal so sagen, die Gerüchte, *ah, der und der, ist der nicht etwa ein Jud?* Das hat schon nachgewirkt. Diese Vorurteile hat's schon als Klima gegeben, aber nicht auf konkrete Personen bezogen.

Es hat ja einerseits zuvor das Vernadertum gegeben, um Juden auszuliefern, es hat aber dann in dieser Zeit bis zum Staatsvertrag, also 1945 bis 1955, sehr wohl auch das Vernadertum in Bezug auf die NSDAP-Beteiligten gegeben. Haben Sie darüber etwas gehört in ihrer Region?

Czuray: Da war nix, nein. Mein Vater, [aus] einer Offiziersfamilie, war eher monarchistisch eingestellt und hat zum Nationalsozialismus – für mich sehr glaubwürdig – immer große Distanz gehabt. Auch weil er sehr katholisch war ... und von [Seiten] meiner Mutter auch, ja.

Ein schönes Beispiel, sie grüßte die Frau vom Ortsgruppenvorsteher mit: *"Grüß Gott, Frau Manhart!"* Und die Frau Manhart antwortete: *„Heil Hitler!"* Also da ist irgendwie diese Distanz zwischen den zwei Kulturen sichtbar geworden. Das war [19]44 – oder war's schon [19]45?

Mein Vater war auch nicht an der Front, weil er als Bergbauingenieur eingesetzt war, aber nicht irgendwie für Rüstungssachen – irgendwo gibt's natürlich schon irgendwelche Verbindungen. Bergbau irgendwo mit Rüstung verbunden, aber nicht in einer direkten Weise – und also auch hier gibt's keine Verflochtenheit.

Aber Sie sagten vorher, Ihre Mutter hat „Heil Hitler" ...

Czuray: Nein, nein, das hat die Frau Manhart gesagt.

Ihre Großmutter?

Czuray: Nein. Meine Mutter grüßt die andere Frau mit: *„Grüß Gott Frau Manhart!"* und die grüßt zurück, mahnend, weil eigentlich gehört ja der Gruß, *„Heil Hitler".* Das war bedrohlich, ja, des war bedrohlich! Aha, da muss ich mich jetzt vor der Frau Manhart, mit der ich immer gut befreundet war, muss ich mich vor der fürchten. Denn die hat mir jetzt mit diesem strengen *„Heil Hitler"* signalisiert, dass ich jetzt nicht ordentlich gegrüßt hab'.

Diese Sorge hat's schon gegeben.

Es ist gleichzeitig mit dem Verbot des Nazitums in Österreich ja dann auch verboten gewesen, mit dem Hitlergruß zu grüßen. Ich denke mir, dass man sich an solche Dinge gewöhnt. Ist das nicht weiter bestehen geblieben?!

Czuray: Ich weiß es nicht, wie üblich es in Oberdrauburg war, mit *„Heil Hitler"* zu grüßen, ich vermute – katholischer Ort – da wird das *„Grüß Gott"* sicher sehr viel bodenständiger gewesen sein und das andere eher die neue Form. Das, was man sich gefälligst angewöhnen sollte.

In dieser kleinen Anekdote kommt etwas von dieser Gefährlichkeit zum Ausdruck. Diese Sorge, die damit verbunden ist: Muss ich jetzt was von ihr befürchten?

Um noch einmal auf die Besatzungszeit zurückzukommen, können Sie sich erinnern, wie das in Ihrer Familie kommentiert oder besprochen wurde?

Czuray: Ja, Ich hab's schon vorher ein bissl gesagt: Eher Engländer, eher höflich, nur das mit dem Kosaken, das war unfair … Das hat vor allem meinen Vater sehr betroffen und es muss wirklich … eine sehr zwiespältige Sache damals gewesen, diese Auslieferung. Aber sonst eher positiv. Nicht als bedrückende Besatzungstruppe, vor der man sich fürchten muss, sondern eher – wie auch die Amerikaner – sind sie als eine Unterstützung und Helfer und Förderer gesehen worden.

Ganz interessant war mein bester Freund in der Volksschulzeit. [Er] war ein uneheliches Kind von einer Oberdrauburgerin und hat rote Haare gehabt und da haben meine Eltern vermutet, da wird ein Besatzungssoldat, ein englischer Besatzungssoldat, der Vater sein. Das war aber nie ein Thema. Also nicht irgendwie besonders Außenseiterrolle, das war's nicht.

Also, es sind aufgrund von Liebschaften keine dort geblieben?

Czuray: Naja, wie gesagt, der eine schon …

… der aber dann mit unbekanntem Vater gelebt …

Czuray: … ja, ja, der ist aber dann auch nicht mehr da gewesen. Aber das war nie ein Thema. Ich kann mich nicht erinnern, dass es für mich irgendwie eine größere Frage gewesen wäre, „*Wo ist dein Vater?*"

Ja, aber zu dieser Zeit waren uneheliche Kinder noch nicht so anerkannt?

Czuray: Ja, aber es hat einige Kinder gegeben ohne Vater, weil deren Väter im Krieg gefallen sind. Insofern waren also vaterlose Kinder ganz etwas Übliches.

Es ist sehr interessant – wir haben ja schon ein paar Interviews ge-

macht – dass die Besatzungsmächte sehr, sehr unterschiedlich empfunden wurden. Dass die englische Besatzungsmacht von sehr vielen – wie wir herausgefunden haben – von sehr vielen eigentlich als angenehm empfunden wurden. Und die Menschen, die in russischen Besatzungszonen waren, die haben sehr viel Angst gehabt vor den Russen, vor allem die Mädchen.

Czuray: Also ich glaub', das gilt nicht nur für mich subjektiv so ... ich hab' vor niemandem in Oberkärnten andere Einstellungen gehört.

Können Sie uns erzählen, welchen Einfluss diese Jahre bis [19]55 auf Ihr weiteres Leben gehabt haben?!

Czuray: Den Einfluss, den eine solche Kindheit immer aufs Leben hat und diese Jahre waren gekennzeichnet durch relativ große Geborgenheit, das ist einmal eine gute Basis für weiter, eine starke Beziehung zur Natur, die spür' ich heute sehr intensiv, wenn es mich immer wieder hinaustreibt. Das, was ich früher gesagt hab', eine Lust mit beschränkten Mitteln auszukommen, auch eine besondere – Begabung will ich es jetzt nicht nennen – eine besondere Fähigkeit Bilder im Kopf zu entwickeln und von denen zu leben.

Also eben eine Zeit ohne Fernsehen. Radio ist dann später in den fünfziger Jahren für mich sehr wichtig geworden. Aber das waren halt so Bilder, die im Kopf entstanden sind und ich war natürlich ganz gierig auf Bücher, wo Bilder drinnen waren.

Nicht unbedingt Kinderbilder, sondern [Bücher], wo überhaupt Bilder vorkamen. Wenn ich heute Bildnerischer Erzieher bin und zur Kunst eine starke Beziehung habe, dann ... [deshalb], weil in dieser Kindheit das intensive Erleben von Bildern ganz etwas Starkes war. Das kann ich mir heute gar nicht vorstellen, dass heutige Kinder diese Gier nach Bildern und dieses tiefe Verarbeiten von Bildern und dieses Einsickern von Bildern in die Person, dass das heute so stark sein könnte, einfach angesichts der Bilderflut.

Damals hat's wenige Bilder gegeben, die aber haben sehr stark gewirkt. Und von dieser Qualität der Bilder – die einem etwas bedeuten können – aus dem hab' ich eigentlich einen Beruf gemacht.

Können Sie uns kurz erzählen, oder auch länger, wie die Schule aus-

gesehen hat? Die Volksschule in diesem Fall.

Czuray: Es war ein Bau ...[von] 1900, mit hohen Räumen. Die Bänke waren durchgehend ... man ist also so richtig in Bänken gesessen, die einfach gereiht waren. Man hat mit Tinte geschrieben, also ich hab' überhaupt mit Kreide angefangen auf der Schiefertafel. Das ist ja unglaublich, dass – jetzt bin ich 57 – dass in diesen 57 Jahren so eine unglaubliche Kulturveränderung stattgefunden hat.

Die Brutalität der Lehrer hab' ich schon erwähnt. Eine Erinnerung hab' ich noch: ein Bub aus dem Nachbardorf, aus einer großen Bauernfamilie mit 12, 13 Kindern, der in sehr ärmlichen Verhältnissen gelebt hat und der natürlich an seinem großen Familientisch seine Aufgaben machen musste, der hat immer Fettflecken auf seinem Heft gehabt.

Und der Lehrer hat also verlangt: ordentliche Hefte! Außerdem hat der Lengfellner Peter Paul geheißen, der hat das also nie geschafft, seinen vollen Namen aufs Schild zu bringen und hat immer Peter Paul – Lengfellner. Dann ist es irgendwie immer wieder [passiert], der Lehrer hat ihm das Heft auf den Schädel gehaut und wieder neu und wieder neu.

Jetzt hab' ich einmal seine Schwester getroffen. Er denkt wirklich mit Hass zurück an die Schule, der Schuldirektor hat ihn immer wieder dazu missbraucht, dass er die Kohlen für seine Privatwohnung hinauf trägt. In der Zeit hat er viel vom Unterricht versäumt und ist also nie nachgekommen. Der ist nie nachgekommen, der war die ganze Volksschulzeit immer auf der untersten ... Ebene der Leistung und hat Schule wirklich sehr gehasst. Als Erwachsener jetzt noch immer. Er ist ein sehr wohlhabender Mensch jetzt geworden, Unternehmer und so weiter, mit vielen Fähigkeiten.

Das ist für mich schon ein Beispiel, wie verderblich Schule sein kann.

... und dass es militant zugegangen ist?

Czuray: Ja. Auch ich hab', das weiß ich noch gut, ich hab' nur einmal mit dem Stab *„Patzen"* bekommen, meiner Meinung nach nicht gerechtfertigt. Das hab' ich der Lehrerin nie verziehen ...

körperlich geschlagen zu werden, in dieser minimalen Form. Ich bin eh nie in das Gesicht geschlagen worden, das war unüblich, aber was das für eine Entwürdigung ist!

... die Sie nicht erlebt haben?

Czuray: Ich habe von meinen Eltern im Alter von zwei und einmal im Alter von vier Jahren eine *Watschen* bekommen, aber sonst nie wieder. Insofern hätte ich das den Lehrern nie verziehen.

Und der Unterricht war pauken und ...

Czuray: ... ja, vorschreiben und nachschreiben ...

... auswendig lernen ...

Czuray: ... auswendig lernen ... eine Qualität von Schule heute ist, dass man mit den Gleichaltrigen zusammen ist und kommuniziert. Gruppenarbeit oder Tischarbeit – und an das kann ich mich nicht erinnern. Obwohl wir gesteckt voll in der Klasse waren, hat sich jeder isoliert.

Also es hat keine Kommunikation geben dürfen, auch in den Pausen nicht?

Czuray: Ich erinnere mich so, dass es einfach ein belastetes Klima war und ich kann mich an keine freudvolle Kommunikation erinnern.

Während draußen nach der Schule und beim Spielen sehr wohl Kommunikation möglich war. Es muss also an der Schule gelegen haben, es sind da keine positiven Erinnerungen an die Schule.

Mag.[a] Dr.[in] Heide Schmidt

EIN NEUER „STAATSVERTRAG" TUT NOT

Heide Schmidt

Geboren 1948 in Bayern. Studium der Rechts- sowie Sozial- und Wirtschaftswissenschaften in Wien. Gerichtspraktikum, Bundesministerium für Unterricht und Kunst, Volksanwaltschaft, Parlamentarierin (5 Jahre FPÖ, 7 Jahre Liberales Forum), III. Nationalratspräsidentin, Präsidentschaftskandidatin. Februar 1993 Gründung des Liberalen Forum, bis Februar 2000 dessen Parteisprecherin. Juni 2000 Gründung des Instituts für eine offene Gesellschaft, seither dort Vorstandsvorsitzende.

Ich bin im November 1948 geboren. Erst dreieinhalb Jahre zuvor hatte der Krieg ein Ende gefunden, der meine Familie in unterschiedliche Gegenden zerstreut hatte. Aus der Tschechoslowakei, wo sie in Brünn lebte, war sie vertrieben worden, und meine Mutter hatte sich allein mit meiner noch kein Jahr alten Schwester nach Deutschland durchgeschlagen, wohin die Familie meines Vaters geflüchtet war. Der Großteil ihrer Familie hingegen, vor allem ihre Eltern, waren nach Wien geflohen. So kam ich in Kempten im Allgäu zur Welt, einer bayrischen Kleinstadt, die Zufluchtsort für tausende Heimatvertriebene war. Auch mein Vater war inzwischen hierher gekommen und hatte Arbeit gefunden, doch die Ehe meiner Eltern war brüchig geworden und 1950 ließen sie sich scheiden. Meine Mutter ging mit meiner Schwester und mir nach Wien, wo ihre Eltern und weitere Familienmitglieder versuchten, eine neue Heimat zu finden.

Im Nachlass meines vor langer Zeit verstorbenen Vaters habe ich Briefe gefunden, die meine Schwester und meine Mutter im Jahre 1951-53 nach Kempten geschickt hatten; sie tragen alle einen

Stempel von der „Zensurstelle“, die einen von der österreichischen, die anderen von der alliierten. Ich bin der Ursache dieser Unterschiedlichkeit noch nicht nachgegangen, aber der Inhalt der Briefe weckt Erinnerungen in mir, die zwar nur teilweise konkret, dafür aber sehr stimmungsgeladen sind.

Da war vor allem das Problem der Wohnung. Meine Mutter war mit uns beiden Töchtern auf der ständigen Suche nach geeigneten Untermietwohnungen, was sich ganz offenkundig schwierig gestaltete, weil man „keine Kinder will“, wie in den Briefen wiederholt beklagt wird. Ich erinnere mich gut an die dauernden Aufforderungen meiner Mutter, doch ruhig zu sein, weil wir auf Untermiete nur geduldet seien. Beim ständigen Wohnungswechsel hatten wie einmal nur zwei Zimmer mit Küchen- und Badbenützung zur Verfügung, die Hausfrau selbst bewohnte den Rest der in meiner Erinnerung riesigen Wohnung, in der sie zwar nicht unfreundlich, aber bestimmt wiederholt auf die Notwendigkeit des Leiseseins von uns Kindern hinwies.

Nach drei Jahren des Übersiedelns gab es endlich eine Wohnung in Hauptmiete. Mir sind Erleichterung, Glück und Stolz meiner Mutter bis heute im Gedächtnis. Das Haus wurde zwar erst vom „Wiederaufbaufonds“ renoviert, Fußboden und Decke unserer Wohnung waren heraus gerissen, aber sie „gehörte“ schon uns. Da wir bereits einige Monate vor den Bauarbeiten eingezogen waren, kannten wir die anderen Hausparteien und als die konkreten Arbeiten begannen, wurden wir drei von verschiedenen Nachbarn einzeln zum mehrtägigen Wohnen (oder waren es Wochen?) aufgenommen. Ich glaube, dass das Ehepaar mit Tochter, das neben uns wohnte, ebenfalls bei anderen Mietern unterkam und möglicherweise fanden überhaupt „Wohnrochaden“ statt, je nachdem welche Wohnung wegen der Wiederherstellung gerade unbewohnbar war. Es war 1955, das Staatsvertragsjahr.

So sehr ich mich bemühe, Erinnerungen in mir aufzuwecken, die Bilder, Reaktionen oder Stimmungen im Zusammenhang mit dem Staatsvertrag wachrufen, es gelingt nur schemenhaft. Ich besuchte die erste Volksschulklasse, als er unterzeichnet wurde, und die Schülerinnen hatten wohl alle ein rot-weiß-rotes Fähnchen in der Hand. Welche

Art der Feier fand statt? Hatte ich damals Figls Satz „Österreich ist frei“ aus dem Radio wahrgenommen? Ich erinnere mich ebenso wenig daran, wie an eine Reaktion meiner Mutter. Sie wird zu diesem Zeitpunkt kaum Österreichbewusstsein gehabt haben, ihr Gefühl, die Heimat verloren zu haben, war sicher stärker als der Eindruck, eine neue gefunden zu haben. Zu lange hatte sie sich als nicht dazu gehörig gefühlt, war wohl auch so behandelt worden.

Ich selbst fühlte mich selbstverständlich in Wien zu Hause, immerhin war ich erst zwei Jahre alt gewesen, als ich hierher gekommen war. Aber das Hochdeutsch, das ich sprach, unterschied mich von den meisten anderen Kindern in meiner Schule im zweiten Bezirk. Das spielt natürlich für den Bezugspunkt Staatsvertrag überhaupt keine Rolle, aber es gehört für mich zur Beschreibung meiner Befindlichkeit im gesellschaftlichen Umfeld dieser Zeit dazu. Im Übrigen haben alle diese Erfahrungen meinen Umgang mit gesellschaftlichen Problemen beeinflusst und mitgeprägt. Eine Erinnerung an „die Vier im Jeep“ habe ich kaum, ich kann die Trennlinie zwischen den später gesehenen Bildern der Wochenschauen zur eigenen Erfahrung nicht klar ziehen. Wenn ich die Zensurstempel auf den vorher beschriebenen Briefen sehe, mich an manches, was in ihnen geschrieben steht, erinnere (eine Mandeloperation meiner Schwester, ein roter Kochtopf usw.), so empfinde ich die offensichtliche alliierte Kontrolle als unwirklich im Vergleich zum offenkundig armen, aber freien Leben.

Und doch ist der Satz Figls, mit dem er den ÖsterreicherInnen den Staatvertragsabschluss zur Kenntnis brachte richtig: die Befreiungs- und Besatzungsmächte hatten Österreich seine Selbstständigkeit zurück gegeben. Österreich war wieder „frei“. Einen anderen Satz Figls jedoch kann ich nicht unkritisch stehen lassen: „Ein siebzehn Jahre dauernder, dornenvoller Weg der Unfreiheit ist beendet“, hatte der österreichische Außenminister nach Unterzeichnung des Vertrags gesagt und damit sprachlich nahtlos die Terrorherrschaft des Naziregimes mit der Zeit der Alliierten vermischt. Es ist oft nicht fair, wenn aus und mit der späteren Erfahrung ein Urteil über vergangene Ereignisse gefällt wird, aber man wird einer Sache auch nicht gerecht, wenn man das Verständnis überstrapaziert.

Ich glaube, dass die Politik zu allen Zeiten für Populismen anfällig war und ist. Das hat manchmal negative bis katastrophale Auswirkungen, manchmal ist es nur einfach der bequemere Weg. Populisten pflegen, wenn sie nicht überhaupt lügen, nur eine Seite einer Angelegenheit zu benennen und das im Regelfall auch noch in inadäquater Weise, womit die Realität in ein falsches Licht gerät, verzerrt oder ganz verdreht wird. Ich empfinde Figls Ausspruch deshalb als populistisch, weil er mit dieser sprachlichen Gleichmacherei die große Zahl der österreichischen Nazis gleich ansprechen konnte wie jene, die sich „ihr" Österreich zurück wünschten. Das war für künftige Wahlen parteipolitisch ebenso hilfreich wie es Österreich nach außen lange Zeit nützte, sich einzig als Opfer Hitlers darzustellen. Nach innen hatte diese Geschichtsverzerrung aber auch die Botschaft des Figl-Satzes die Folge, dass keine Notwendigkeit gesehen wurde, sich mit unserer jüngsten Vergangenheit auseinanderzusetzen. Das ging nicht nur auf Kosten der politischen Hygiene und Redlichkeit, sondern auch auf Kosten der Demokratiebildung. Sich nicht mit dem Fehlverhalten der Menschen auseinander zu setzen, vergibt die Chance, die Fähigkeit der Fehlererkennung aufzubauen, deren Ziel es sein muss, ein emotionales Frühwarn- und Immunsystem für sich zu entwickeln. Die Demokratie braucht aber diese Systeme; sie braucht sie auf institutioneller Ebene ebenso wie auf individueller. Wie soll der Satz „Nie mehr wieder" Realität werden, wenn man nicht weiß, wie „es" passiert ist? Wenn man nicht Rechenschaft verlangt und leistet? Und wenn man nicht alle Seiten einer Medaille ausleuchtet und bezeichnet?

Es wird in diesem Jahr viel von der 2. Republik, vom Staatsvertrag und - wenn auch weniger - von der Europäischen Union die Rede sein. Das „Erreichte" wird im Vordergrund stehen. Ich verstehe das. Aber Sinn, der über parteipolitisches Kalkül hinaus geht, kann das alles nur haben, wenn die Wesensart der Demokratie und ihrer Spielregeln erörtert wird, wenn Menschenwürde zum Thema gemacht wird und wo ihre Verletzung beginnt, wenn klar wird, dass Freiheit nicht nur bedeutet, <u>von</u> etwas frei zu sein, sondern vor allem <u>für</u> etwas. Und wenn darüber im ‚Gedankenjahr' sowohl vergangenheits- aus auch zukunftsbezogen nachgedacht wird, wird man feststellen müssen, dass diese Freiheit für viele zunehmend geringer statt größer wird.

Wir brauchen wieder einen Vertrag, einen der den BürgerInnen ein vergleichbares Hoffnungsgefühl vermittelt, so wie die Gründung der 2. Republik und der Satz „Österreich ist frei" es vermittelt haben. Wir brauchen eine neue Art eines Staatsvertrages; einen, in dem der Staat als Repräsentant einer Solidargemeinschaft seinen Mitgliedern faire Bedingungen für ihren Lebensentwurf garantiert.

Heide Schmidt

Mag. Dr. Scholz Kurt

50 JAHRE STAATSVERTRAG

Kurt Scholz

Geboren 1948 in Ernstbrunn/NÖ; aufgewachsen in Weyer/Enns, OÖ.
Studium der Geschichte und Germanistik, danach Professor an Allgemeinbildenden Höheren Schulen.
1975–1984 Referatsleiter für Zeitgeschichte und Politische Bildung im Bundesministerium für Unterricht und Kunst.
1984–1992 Koordinator der Stadtaußenpolitik und Bereichsleiter für Kultur und Schule in Wien; 1992–2001 Amtsführender Präsident des Stadtschulrates; seit 2001 Bereichsleiter für Restitutionsangelegenheiten.
Zahlreiche Vorträge im In- und Ausland; regelmäßige Beiträge in österreichischen Tageszeitungen.

Wenn ich Ihrer freundlichen Einladung folge und zum Staatsvertrag 1955 behaupte „Ich war dabei", dann wäre das eine glatte Lüge. Erinnern aber kann ich mich, und in gewisser Weise ist diese Erinnerung sehr wichtig für mich – wenn auch nicht in dem von meiner damaligen Schule intendierten Sinn.

Stellen Sie sich folgende Szene vor: Eine Landgemeinde, ein überfülltes Schulgebäude und ein Klassenraum mit über 80 sechs- und siebenjährigen Kindern, denn die erste und zweite Klasse Volksschule wurden gemeinsam unterrichtet – von einem Lehrer natürlich.

Am späteren Vormittag mussten alle Kinder, ich war eines davon, vor der Schule Aufstellung nehmen. Der Direktor hielt eine kurze Ansprache, und wir waren durch das „Stramme Stehen" so angespannt, dass wir nichts von seiner Rede verstanden haben.

Außer einem: Es sei etwas geschehen, das positiv sei, allerdings von so großer Wichtigkeit, dass wir es jetzt noch nicht verstehen könnten, weil wir zu klein (gemeint war natürlich: noch nicht mit allen Gaben der schulischen Vernunft gesegnet) seien. Später aber, wenn wir erwachsen (also: klug, gebildet, vernünftig, vielseitig interessiert) sein werden, würden wir die Tragweite des heute Geschehenen ermessen können. Dann wurden wir wieder in den überfüllten Klassenraum zurückgeschickt, in Zweierreihen.

Das war der Staatsvertrag.

Damit aber hatte die Schule jenen Refrain angeschlagen, der mich durch alle kommenden Schuljahre verfolgen sollte: Permanent haben uns unsere Lehrerinnen und Lehrer, später die Professorinnen und Professoren, erklärt, dass es etwas von außerordentlicher Wichtigkeit gäbe (von der Trigonometrie über Catull bis zu Einstein) für das wir jetzt noch zu klein, dumm, ungebildet, uninformiert und unfertig seien, um es JETZT zu verstehen. Später einmal würden wir es einschätzen können - und natürlich: Der Schule dankbar sein.

Das Leitmotiv war eindeutig: Jetzt bist du zu dumm, aber vertraue dem Lehrer, hänge an seinen Lippen, später wirst du es ihm danken, dass er dir heute erklärt hat, was du jetzt noch nicht verstehen kannst. Harre aus im Jammertal deiner Unbildung, sei dir deiner Unfertigkeit bewusst, der Lehrer kennt die Zukunft und weiß in seiner Gottähnlichkeit, was in ihr wichtig und unwichtig sein wird.

Erst viele Jahre später habe ich diese Vorstellung von Lehren und Lernen verabscheuen gelernt. Es ist das Bild von den vielen hohlen Köpfen der Kinder und dem übervollen Kopf der Lehrer, und des Transportes des Wissens aus dem vollen Lehrerkopf in die leeren Kinderköpfe. Ich fürchte, dass diese Annahme, dieses Zerrbild von Lehren und Lernen, auch heute noch nicht zur Gänze aus unserem Bildungswesen verschwunden ist.

Erst später wurde mir bewusst, dass die Kunst der Pädagogik nicht darin besteht, dem Kind sein Unwissen zu attestieren, sondern vielmehr darin, alle in ihm schlummernden Erfahrungen ans Tageslicht zu bringen. „Maieutik“ die Hebammenkunst, hat man das in der Antike gelehrt: Den Studentinnen und Studenten nicht fertige Geisteskinder aufzudrängen sondern sie zu lehren, eigene Gedanken zu entbinden ... Hebammen waren meine Lehrerinnen und Lehrer nicht, eher gnadenlose Diagnostiker und therapeutische Nihilisten.

Die Staatsvertragsepisode ist für mich ein frühes Beispiel dafür und beileibe nicht das Wichtigste.

Der Staatsvertrag ist wichtig. Man/frau möge ihn, wie alles in der Schule, so behandeln, dass sich die Kinder etwas darunter vorstellen können. Und sich nicht dumm vorkommen.

Vielleicht ist das noch wichtiger als der Staatsvertrag selbst.

Kurt Scholz

WENN MAN ES GELEBT HAT, WAR ES NOCH KEINE ANEKDOTE.

Dr. Kurt Scholz zum Thema 50 Jahre Staatsvertrag und 60 Jahre Kriegsende:

Scholz: (liest die Interviewfrage) „*Wo haben Sie …*" steht da. Wissen Sie, ich kann das auch durchaus aus weiteren Distanzen lesen. Das lernt man in der Schule untereinander. Ich kann auch seit der Schulzeit verkehrt liegende Texte einigermaßen lesen, was bei Sitzungen ein unglaublicher Vorteil war. Ich glaub', Sie müssen das verkehrt umlegen. Das lernt man vom Abschreiben. Wie an der Schule überhaupt das, was man im Informellen lernt, oft das Spannendere ist als das, was im Lehrplan steht – gut, aber das nur so am Rande.

Ich bin aufgewachsen am Land in Oberösterreich, in einer Gemeinde mit 2500 Einwohnern – agrarische Landgemeinde mit einer ganz dünnen Oberschicht: Pfarrer, Apotheker, Gemeindearzt, dann einige alteingesessene Geschäftsleute, dann ist lang, lang, lang nichts gekommen, und dann gab es einige Arbeiter und viele Bauern, Kleinbauern, Greißler. Der Sozialstatus meiner Eltern ist damals untere Mittelschicht gewesen. Mein Vater war Uhrmacher und meine Mutter musste dazuverdienen, indem Sie in einem Forstbetrieb dort irgendwie das Büro g'schupft hat – ich will nicht irgendwelche herzzerreißenden Geschichten erzählen, wie das die Menschen so tun, wenn sie alt werden. Ich bin nicht arm aufgewachsen, aber es war nie a Geld da – nicht? … Arm wäre gewesen, … wenn man hungert. Das war nicht der Fall, aber es war halt alles sehr, sehr, sehr bescheiden. Das heißt, zu Weihnachten hat es Gewand gegeben und das, was man für die Schule gebraucht hat, also Bleistifte oder Buntstifte, das waren die Geschenke. So etwas wie Luxus hat es nicht gegeben. Im Grunde genommen war das alles ein bisschen so, wie Max Weber einmal die protestantische Ethik beschrieben hat. Nämlich diese innere Einstellung: Man muss sich selbst beschränken, man muss sparen und je mehr man spart und je mehr man arbeitet umso eher wird's im nächsten Jahr so werden, wie im vergangenen Jahr, nur vielleicht ein bisschen besser. Mit dieser Ethik bin ich groß geworden, es hat dazu auch keine Alternativen gegeben. Ich bin nicht in der Illusion aufgewachsen, dass mein Leben oder meine Zukunft, wenn ich einmal zur Millionenshow gehe und zehn Fragen richtig beantworte, irgendwie „geritzt" ist.

Die Volksschule hat damals so ausgeschaut, dass die ersten und die zweiten Klassen gemeinsam unterrichtet wurden, das heißt, da waren 60, 70 Kinder in einem riesigen, riesigen Schulraum mit einem Lehrer, der hat ab und zu schlimme Kinder gehaut und so haben wir uns halt bemüht, dass wir, die Angst hatten – und Angst ist ein ganz starker Faktor in meinem Schulleben bis zur Matura geblieben – dass wir halt möglichst g'rad und angsterfüllt dort gesessen sind.

Gut, *„bei wem, mit wem haben sie damals gelebt?"* Mit beiden Eltern, die ich allerdings aufgrund der Berufstätigkeit beider wenig gesehen habe. Ich war immer wieder ganze Nachmittage allein und unbetreut und werde nie vergessen: Als Kind hat mir meine Mutter versucht die Uhr zu erklären, wie das mit dem dünnen langen und dem kleinen dicken Zeiger ist. Das habe ich zwar irgendwie nachsagen können, nur emotional habe ich es nicht nachvollziehen können. Ich haben immer gewartet, bis meine Mutti um vier oder um fünf nachhause kommt – um zwölf, halb eins war ich von der Schule zuhause – und die Synchronisation zwischen dem großen, dünnen Zeiger, der lang geht und dem kleinen, dicken, der sich nicht bewegt, aber eigentlich von der Stundenanzahl der wichtigere ist – das, kann ich mich erinnern, war für mich als Kind eine unendliche Qual. Dass der eine zwar schon ganz rundherum gegangen ist, wie man es mir gesagt hat, aber der kleine unten hat sich nicht und nicht bewegt.

Also beide Eltern ... die so genannte glückliche Kleinfamilie, die Sie sicher alle anstreben.

Persönliche Erinnerungen [19]45 bis [19]55? Ja, ich bin [19]48 geboren, mit [19]45 tu' ich mir ein bisschen schwer. An [19]55 habe ich eine klare Erinnerung, die völlig unwichtig ist in Zusammenhang mit dem Staatsvertrag. Ich war damals, glaube ich, in der zweiten Klasse Volksschule und irgendwie kam der Lehrer – das wird um zehn Uhr vormittags gewesen sein – und hat gesagt, wir sollen auf den Platz vor der Schule rausgehen, auf einen Wiesenplatz. Dort haben wir Aufstellung genommen – paramilitärisch. Alle blassen Klassen standen dort, bewacht von den Lehrern; dann hat der Direktor irgendetwas gesagt. Wir waren von der Aufgabe, dort brav zu stehen und uns nicht zu mucksen so angestrengt, dass keiner von uns gemerkt hat, was der Direktor da vorne sagt. Die Inszenierung war so dominant und mächtig, dass der Inhalt des Stücks an uns vorüber gezogen ist. An eines kann ich mich allerdings genau erinnern: Der Direktor hat gesagt, es ist etwas geschehen, das ist so wichtig, dass wir noch zu klein sind um es zu verstehen. Und diese Bemerkung hat sich sozusagen wie eine Blutspur durch meine ganze Schullaufbahn gezogen. Immer wieder hat es Situationen gegeben, sei es jetzt von der Trigonometrie über die Gedichte des Catull bis zu Einstein, wo Lehrer gesagt haben: *Das ist ganz wichtig, aber ihr seid noch zu klein (zu dumm, zu ungebildet, zu wenig von der höheren Weisheit des Lehrers erfasst) als dass ihr es versteht.* Das ist eigentliche meine einzige klare situative Erinnerung an den Staatsvertrag: Dass dort wieder einmal ein Erwachsener gestanden ist, der offenbar in seinem Kopf unendlich viel drinnen gehabt hat und uns vermittelt hat, dass in unseren Köpfen halt nichts drinnen ist und daher können wir das, was in seinem Kopf drinnen ist, halt nicht verstehen, aber es ist besonders wichtig und wir sollen es ihm glauben. Und ich bin dann am Nachmittag nachhause gegangen und habe am Abend zu meinen Eltern gesagt: „*Du, Mutti – Papa, heute haben wir nicht Schule gehabt, heute haben wir da raus gehen müssen und da ist irgendwas gewesen*". Meine Eltern haben dann gesagt: „*Ja, es ist der Staatsvertrag.*" Und dann habe ich gesagt: „*Naja, was, was ist das?*" „*Jetzt sind wir frei.*" Gut, sind wir frei. Frei, jeden Tag in die Schule zu gehen und ... ich weiß nicht – diese Dressur der damaligen Erziehung ... „frei"? Dass Österreich frei war, war für mich als Sieben-, Achtjährigen völlig unerfahrbar ... das hat man nicht gefühlt, nicht? Weil Österreich der EU beigetreten ist, fühlen Sie sich auch nicht so „erweitert". Aber Sie haben bestimmte Programme, sei es jetzt das freiwillige soziale Jahr oder bestimmte Ziele, da Sie doch leichter ins Ausland können. Das heißt, Sie können gesamtpolitische Entwicklungen ein bisschen ... vielleicht emotional, reisemäßig nachvollziehen ... jobmäßig nicht wirklich. Aber Sie können es *sagen*, das war mir beim Staatsvertrag völlig, völlig fremd, das war halt eine schulische Inszenierung und die Lehrer haben eine Pflichtübung dort gemacht, die sich dann über Jahre hindurch fortgesetzt hat, in Form des Buntpapierpickens.

Es gab den Tag der Fahne. Gut, Fahne: Da müsste man wissen, welche Beziehung Sie zu Fahnen haben. Ja, vielleicht zu einer mit dem Ché (Guevara) der auf jedem T-Shirt drauf ist, das ist sicher dekorativ. Das ist eine Modeikone geworden und heute leider Gottes bar jedes politischen Inhalts – oder „Pace" vielleicht, net? Da hat man vielleicht eine Beziehung dazu. Aber am *Tag der Fahne*, da mussten wir – und ich hasse es bis heute und das Gefühl werde ich nie von den Fingerspitzen bekommen – wir mussten mit Buntpapier eine rot-weiß-rote Fahne picken. Und da haben wir dann ... ein ... Staberl mitbringen müssen ... mit diesem pickenden Buntpapier, das wir ausgeschnitten haben ... und hineinkleben. Dann durfte die Fahne nicht fliegen und so sind wir vor einem Fahnderl gesessen und die einen, die Geschickteren, sind dann immer früher fertig geworden und bei mir war das halt nie so ganz. Wir hätten aus dem Anblick und dem Basteln der Fahne so etwas wie einen Patriotismus und ein Österreichgefühl entwickeln sollen. Das ist eigentlich ein ziemlich abenteuerliches Konzept gewesen, aber der Tag der Fahne war ein fixer Bestandteil.

Dann gibt es noch etwas und ich weiß schon, da rede ich jetzt über Sachen, auch literarisch, die Sie nicht kennen können, aber das ist der einzige Punkt, der mir noch im Zusammenhang mit Nationalfeiertag klar in Erinnerung ist. Einmal, da war ich vier, fünf Jahre jünger als Sie, also sechzehn, gab es aus Anlass des Nationalfeiertags eine Rundfunkübertragung, und da kam ein Lehrer rein mit einem riesigen Radio und hat das aufgedreht, und da durften wir uns die gesamtösterreichische Schulfunksendung zum Tag der Fahne in der Klasse anhören. Das hat geknattert und gekracht und gepfiffen. Und natürlich haben sich die Rundfunkzeiten nicht an die Schulstunden gehalten. Da ist etwas passiert – und das ist, wenn ich heute so nachdenke, für die Kultur oder Unkultur der 50er und 60er Jahre schon ganz typisch gewesen: Da wurde von Paul Celan die *Todesfuge* gelesen, von einem Schauspieler. Paul Celan ist ein deutschsprachiger jüdischer Schriftsteller, der in der heutigen Ukraine geboren ist, aber dann in Wien und später in Paris wunderschöne, hinreißend schöne Gedichte geschrieben hat. Sehr früh, also ich glaub mit 50 Jahren Selbstmord begangen hat und der hat über die jüdische Geschichte seiner Familie eine *Todesfuge* geschrieben. *Schwarze Milch der Frühe wir trinken dich nachts wir trinken dich morgens und mittags wir trinken dich abends wir trinken und trinken. Dein goldenes Haar Margarete, dein aschenes Haar Sulamith* – das war ein Gedicht über den Tod. *Der Tod ist ein Meister aus Deutschland.* Das ist das Schicksal seiner Familie im Konzentrationslager und wir waren weit davon entfernt, dass wir das verstanden hätten.

Aber wiederum die Inszenierung: die Lehrer haben sich lustig gemacht darüber, was das für ein Mist ist und wo der Celan diesen Begriff „*schwarze Milch*", die wir trinken her hat – da hat ein Lehrer gesagt „*Na ja, da meint er wahrscheinlich einen Kaffee!*" nicht? Nun war aber die Milch das Fruchtbringende, das, wo Mütter die Babys anstöpseln, dass sie überleben können. Wenn dieses Fruchtbringende schwarz wird, ist etwas, wovon man sich Überleben erwartet, plötzlich gefährlich und Tod. Also das ist eine ... ganz eigenartige Metapher, mit der man sich auseinandersetzen hätte können, stattdessen hat der Lehrer gesagt, *na, da meint er wahrscheinlich den Kaffee.* Was das KZ ist wussten wir ja gar nicht, ist uns auch nie gesagt worden, was das war. *Haben sie halt einen Kaffee getrunken* – und in diesem allgemeinen Gelächter über die Todesfuge des Paul Celan war das die Feier zur Unabhängigkeit Österreichs. Das war natürlich für die geistige Entwicklung dieses Landes ein seltsames Zeichen: Provinz, tiefe Provinz, aggressive Provinz. Da hat ein jüdischer intellektueller Lyriker keinen Platz gehabt.

Gut. Persönliche Erinnerungen zu [19]45-55, ja meine Güte, natürlich kann ich mich erinnern, ich bin aufgewachsen nahe einer Demarkationslinie, gerade noch im amerikanischen Sektor, aber an der Grenzen zum russischen. An eine Bahnfahrt nach Wien erinnere ich mich, als der Zug dann angehalten hat und diese russischen Soldaten durch den Zug durchgegangen sind. Uns hat das interessiert, weil die haben Gewehre gehabt und es gibt keinen Buben, leider, Gott sei's geklagt und getrommelt, den Gewehre nicht interessieren, wahrscheinlich Mädchen auch, aber die trauten sich's vielleicht damals nicht zu sagen, und ich kann mich also an diese halbautomatischen Waffen mit den runden Trommelmagazinen noch erinnern. Aber ich kann mich auch an die Angst der Erwachsenen erinnern. Es sind einzelne Erwachsene aus dem Zug herausgeholt worden, mussten dann stehen, draußen, vor dem Waggon, da wurden Papiere durchsucht nach ... das war das erste Mal, dass ich bei meinem Vater – zu dem Zeitpunkt war ich sechs oder sieben Jahre – so etwas wie Angst gemerkt habe. Nicht eine Todesangst, aber so eine Angst, naja, *was kann da jetzt sein?* Es ist nichts gewesen, der Zug ist nach 20 Minuten wieder weiter gefahren.

An die amerikanischen Soldaten kann ich mich auch gut erinnern, wie die mit den Jeeps herumgekurvt sind. Unter den Buben hat es immer geheißen, die schenken einem Schokolade oder die schenken einem Kaugummi. Mag sein, dass sie das getan haben, aber ich durfte es nicht nehmen. Das war der letzte Rest – sagen wir einmal – der Soldatenehre meines Vaters, dass er seinem Sohn nicht erlaubt hat zu den Amerikanern, die in seinen Augen keine Soldaten waren ... dass ich dort hingehe und bettle. Also das durfte ich nicht.

Manche von meinen Freunden durften mitfahren auf einem Jeep, ein Auto! Das war ja etwas ... es hat ja im ganzen Ort vielleicht drei oder vier Autos gegeben. Ich durfte ... mit denen nicht reden, ich bin manchmal gestanden vor diesem Jeep, aber ich durfte das nicht. Es war doch womöglich: ein bisschen dieses Denken der deutschen Wehrmacht, der Stolz derer, die den Krieg verloren haben, dass sie mit denen, die gewonnen haben, nichts zu tun haben wollen.

Lustiges von damals? ... die Kinder sind immer lustig und immer – wie soll ich das sagen – meine Güte ... Schule und die Schneeballschlachten am Schulweg, das Spielen mit den Freunden! Die Schule selbst war nicht lustig. Schule war eine Dressuranstalt und das Komische ist, dass man Lehrer, auch wenn sie schlagen, trotzdem gern haben kann. Der Religionslehrer hat mich nie geschlagen, aber andern solche Ohrfeigen gegeben, dass die im Gang, im Mittelgang gelegen sind. Gehört natürlich nicht viel dazu: wenn man 60, 70 Kilo hat als Erwachsener, und schlägt einen Jungen, der 13, 14 Kilo hat – da fällt der leicht um. Trotzdem habe ich den sehr gern gehabt und einen anderen Volksschullehrer hatte ich, der ein sehr, sehr guter Lehrer war.

Sonst ... es hat nichts gegeben. Das Wandern mit den Eltern, das Völkerballspielen, vor dem ich mich immer gefürchtet habe, weil es bei uns noch keine Sonderschule gegeben hat und ... manche 13-, 14-Jährigen ihre Schulpflicht in der ersten und zweiten Klasse beendet haben. Das heißt, ich bin in der ersten und zweiten Klasse mit 14-Jährigen gesessen. Intellektuell waren die uns nicht überlegen, sonst wären sie ja nicht in der ersten oder zweiten Klasse gesessen, nur beim Völkerballspielen waren sie uns überlegen. Wenn uns der Religionslehrer – also nicht mich – gehaut hat, dass sie da am Boden gelegen sind, haben die uns diese schweren Lederbälle so auf den Kopf geschossen, dass wir frisch wieder umgeflogen sind. Ja aber das ist alles ...

Lustig? – Lustig weiß ich nichts. Das gab es eher dann mit 10, 11 Jahren, als ich ein Fahrschüler wurde und als wir zwei von 60 waren, die ins Gymnasium gewechselt sind, was heute unvorstellbar ist. Da war das dann eher so, dass wir Streiche gespielt haben, die alle zerstörerisch waren. Wir haben im Zug alles demontiert, wir haben Glühbirnen rausmontiert und haben sie auf die Bahnwärterhäuser rausgeschmissen, wir waren bei so einem kleinen Greißler – armselig –, der aufgesperrt hat für uns Fahrschüler, dass wir ihm vielleicht ein bisschen was abkaufen, obwohl wir kein Geld hatten. Dann hat ihn einer von uns geschickt um ein Heft – kariert mit rotem Randstrich – von dem wussten wir, dass er sie in einem hinteren Lagerraum hat – und während er im hinteren Lagerraum war, haben wir vorn die Zuckerlschlecker gestohlen, einmal auch eine Cognac-Flasche, was dazu geführt hat, dass ein Mitschüler von mir im zarten Alter von 11, 12 Jahren so betrunken war, dass wir ihn am Ende des Schultages noch irgendwie in den Zug und nach Hause brachten und vor der Tür seiner Großmutter abgeliefert haben. Dann haben wir dort angeläutet und als die Großmutter die Tür aufgemacht hat, ist er ihr entgegengefallen. Für uns war das damals lustig, aber wenn ich zurückdenke ... das waren eher die Späße – heute würde man sagen von Asozialen. Und der mörderische Druck der Schule und der Lehrer hat zu einer völligen Zerstörung unserer Binnenstruktur geführt. So, wie die grauslich zu uns waren, waren wir grauslich untereinander und haben unsere Hierarchie jahrelang ausgeboxt und ausgekämpft. Großes Problem war, wenn man ein blaues Aug gehabt hat ... wenn man dann nach Haus gekommen ist, hat man die nächste Ohrfeige gekriegt. Also lustig, lustig ... ich weiß es nicht, „a Hetz" war's, aber genau mit dieser Doppelbedeutung von „Hetz", wo immer das Hetzen auch ein bisschen dabei ist. A *Hetz* haben wir gehabt.

Das bemerkenswerteste Ereignis, an das Sie sich erinnern können?

Scholz: Meine Güte, wahrscheinlich die Aufnahmsprüfung ins Gymnasium: Riesensorgen. Da musste man etwas schreiben, vorher wurde man gedrillt, mit einem Büchlein: *„Aufnahmsprüfung leicht gemacht".* Dann hat man eine Woche nichts gehört und dann musste man zu einer mündlichen Prüfung und da wurde mir eine Geschichte vorgelesen von einem Handwerksburschen, der herumzieht und übernachtet mit einem anderen und bevor er einschläft, bindet er sich die Füße ein, mit Lappen und Tüchern und der andere fragt ihn, warum er das tut und er sagt: *„Ich träume immer von Glasscherben und daher verbinde ich mich vor dem Einschlafen, damit mir nichts passiert."* Und ich habe dann gelachtund dem Lehrer gesagt: *„Haha, der ist eigentlich dumm".* Und damit bin ich bei der Aufnahmsprüfung fürs Gymnasium durchgekommen. Das war die Diagnostik der damaligen Zeit. Ich bin später d'rauf gekommen, das ist von einem – ach, vergessenen – Johann Peter Hebel, mit einem *b*, nicht dem Hebbel, der übrigens ein paar Häuser von da gewohnt hat, in der Lenaugasse beim Café Eiles, eine Kalendergeschichte gewesen. Und so bin ich dann ins Gymnasium gekommen.

Auch auf den Aufnahmetest in die erste Klasse der Volksschule kann ich mich erinnern. Ich bin im August geboren und es war die Frage, ob ich im September anfangen kann, zur Schule zu gehen. Und der Test bestand darin, dass der Lehrer das so gemacht hat (hebt drei Finger hoch), ich habe gesagt *„drei“* und dann hat er mir gesagt, ich solle mit der rechten Hand auf das linke Ohr greifen und ... damit war ich schulreif. (Pause)

Das bemerkenswerteste Ereignis an das Sie sich erinnern können oder ein Kommentar zur Besatzungszeit.

Scholz: Überlagernd war einmal, dass für meinen Vater die Amerikaner, die es gegeben hat, keine Soldaten waren. Deutsche Wehrmacht – das waren Soldaten! Die Amerikaner waren keine Soldaten und die Russen waren eine Übermacht. Jetzt muss man dazu sagen, dass mein Vater den Krieg von 1939–45 plus eineinhalb Jahre Gefangenschaft durchgemacht hat, das heißt, er hat sich im Alter von 17 freiwillig gemeldet. Im Alter von 23, 24 – Sie sind‘s noch nicht – aber Sie können sich‘s schon vorstellen, hat er Dinge erlebt, die ich in meinem ganzen Leben nicht einmal annähernd erlebt habe. Vom Tod des Freundes, von der völligen Hilflosigkeit, als Jugendlicher Panzern gegenüberzustehen – wo der Organismus nur mehr so reagiert, dass man alles unter sich lässt, weil man den Körper nicht mehr beherrschen kann. Bis zur Gefangenschaft: Situationen, die an den Rand des Erträglichen gehen, also ... das ist eine tief geschädigte Generation gewesen. Wir reden heute mit Jahrzehnte langer Verspätung endlich von den Schädigungen, die die Menschen aus den Konzentrationslagern – tragischerweise – mitnehmen mussten Die Kriegsgeneration war eine tief geschädigte Generation. Mein Vater ist noch dazu schwer malariakrank aus der Gefangenschaft zurückgekommen. Er hat über den Krieg nicht gesprochen. Er hat immer nur gesagt, der Krieg ist das Furchtbarste, was es gibt. *Ich wünsche dir, dass du nie, nie Krieg erleben wirst.* Mir ist das als Kind immer blöd vorgekommen, weil der Krieg, das war so eine Fortsetzung des Räuber-und-Gendarmspiels, des Indianer-Spielens. Was wir mit Steinschleudern gemacht haben, kann man doch mit einem Gewehr auch machen. Das war durchaus etwas, das man mit Neugierde registriert hat.

... Die Amerikaner hat man nicht gewollt, es hat immer geheißen, wenn sie betrunken sind, dann schießen sie herum. Die Russen hat man verabscheut und ansonsten muss ich sagen: für mich dann – Mitte der 50er Jahre – war die Besatzung auch nicht mehr wirklich sichtbar. Die sind mit den Jeeps durch die Ortschaft gefahren. An den Kindergarten habe ich noch eine dunkle Erinnerung. Ich musste schon mit zwei Jahren in den Kindergarten, was auch den Sozialstatus meiner Familie widerspiegelt. Da mussten wir uns beim Weggehen immer in einer Zweierreihe anstellen und Hand in Hand immer zwei und zwei vor den geistlichen Schwestern – das waren die einzigen, die dort einen Kindergarten hatten – einen sogenannten *Diener* machen. Sie wissen was ein Diener ist? Ein Diener war eine Verbeugung und war auch gleichzeitig ein subtiler Hinweis, an welche Berufstätigkeit wir uns möglichst rasch gewöhnen sollen – Diener zu sein. Na, man hätte ja auch sagen können: *Verbeugung*, statt diesem *Diener machen*. Da sind wir gestanden, immer zwei und zwei, da konnten wir nicht raus, weil die Amis dort eine Rennstrecke hatten und mit den Jeeps irgendwie diesen Berg raufgerast sind. Da sind wir – glaube ich – eine halbe Stunde gestanden, bis die dann mit diesem Wahnsinn aufgehört haben und dann durften wir nach Hause.

… Natürlich gab es dann auch später das böse Wort von der *Amihur* – immer die Frauen waren die Bösen – die, die's *gehalten haben* mit den Amerikanern, die mit den Nylonstrümpfen. Also das war natürlich ein Fortleben dieser Kriegsideologie und dieser Kriegspropaganda. Eine ordentliche deutsch-österreichische Frau gibt sich mit so jemandem nicht ab und wenn, nur wegen der Nylonstrümpfe. Das war schon spürbar, sehr …

Das Alltagsleben war zu mühsam, als dass man jetzt über Besatzung nachgedacht hätte. Man hat das gesehen, was fünf Zentimeter vor der Nase war und nicht das, was 30 Meter weg war. Das Problem war: Wenn man Fußball gespielt hat und die Schuhe zerrissen hat … wenn wir gerauft haben und die grünen Flecken auf der Hose waren, auf den Knien meine ich. Besatzung … die Politik war weit weg. Gut, das interessiert Sie ja nicht, weil Sie Ihr Leben leben müssen [lacht], nicht meinem zuhören.

Ich sehe, dass Sie da auch irgendetwas haben, oder ist das dasselbe …

Dasselbe

Scholz: Gut, *was würden Sie denn heute, ... was sollten Sie denn darüber wissen?* (denkt nach) Schauen Sie – und das ist so abstrakt, was ich sag'. Ich glaub', dass, was immer man jungen Menschen erzählt, es sie interessieren soll – und man soll es so erzählen, dass sie es verstehen. Der Staatsfeiertag ist mir so erklärt worden, dass ich nicht verstanden habe, worum es geht und ich hab' mir später dann als Lehrer, das war ich einige Jahre, immer vorgenommen, dass man auch die kompliziertesten Zusammenhänge so erklären kann, dass ein junger Mensch etwas anfangen kann damit.

Das Unfairste ist einem Menschen zu bedeuten, dass er zu dumm ist für etwas, das er nicht weiß, das ist nicht okay. Das, was ich dann später in amerikanischen Romanen gelesen habe, die *wilden Fünfziger* und *Rock'n Roll* und *Elvis the Pelvis* und, und, und ... Das war unendlich weit weg. Die 50er Jahre waren für mich als Kind alles andere als wild. Der Rock'n Roll, der ist nicht einmal dann in der Tanzschule richtig vorgekommen.

Es war kein armes Leben, aber es war nichts da. Es war karg. Es war mühsam und eigentlich so, dass man jedes Jahr gehofft hat, dass es im nächsten Jahr ein bisschen besser wird. Es war auch von den Wohnverhältnissen her mühsam. Klo am Gang, kein Wasser, Substandardwohnungen, die Küche war geheizt, aber sonst ... Vom Waschen her: man hat kein Badezimmer, nichts gehabt, mühsam! Das war eine denkbar uncharmante Armut. Und die Attraktionen waren, dass man halt am Sonntag auf den Fußballplatz gegangen ist und dass es Helden gegeben hat. Doch – so wie diese Ablehnung des Celan-Gedichts irgendwo symptomatisch ist, sind auch die Helden der 50er Jahre für mich symptomatisch. Das kann man sich in der Stadt nicht mehr vorstellen. Das waren die Alpinisten, die Bergsteiger, die die Gipfel der Welt, den Himalaja erobert haben, das waren die Helden. Im Grunde genommen war das die Mythologisierung des Todes und der Todesnähe, die Romantisierung der Gefahr. Es war eigentlich fast – würde ich sagen – ein Surrogat für das Kriegserlebnis. Die Helden, die früher die Panzer abgeschossen haben, sind jetzt unter unfassbaren Entbehrungen, der Herbert Tichy auf den Cho Oyu, der Morawetz und der Sepp Larch auf den Gasherbrum II, der legendäre – das Idol meiner Jugend und bis heute, wenn ich länger über ihn red', krieg' ich die

Ganslhaut – Hermann Buhl mit seinem Alleingang auf den Nanga Parbat vor 51 Jahren: ein Heroismus – unfassbar. 1400 Höhenmeter, allein, ohne Sauerstoff, die erste Besteigung eines Achttausenders im alpinen Stil, so wie der Messner es dann viel später gemacht hat. Das waren unsere Helden! Ich bin aufgewachsen in der Nähe des Gesäuses und wir haben denen alles nachgemacht. Wir sind mit primitivsten Stricken irgendwo hinauf. Zwei meiner Schulfreunde sind abgestürzt. Tödlich verunglückt. Also die Helden waren die, die letztlich zum Tod ein romantisches Verhältnis hatten, was beim Alpinismus sehr lange geblieben ist. Die Messner-Begeisterung auch heute! Es ist ein kokettes Verhältnis zur Todesnähe – die es hatten, das waren die Heroen.

Dann kann ich mich an viele, viele, viele, ... oh, die Bergbücher, die man gelesen hat. Und mich persönlich hat das bis heute nicht losgelassen. Ich hab' vor einigen Jahren wieder zum Klettern begonnen. Alter schützt vor Torheit nicht! Und dieser Heroismus der frühen Kindheitsjahre, das ist auch ein Nationalismus. Der Alpinismus war ja in den 20-er Jahren auch gekennzeichnet von Antisemitismus und von rechtsextremen Bewegungen, die wollten dann nach dem Krieg vorwärtsrücken in die Rückzugsgebiete der ehemaligen Nazis und ein Hauch davon, weniger jetzt mit Nazis, aber national, mit Tod, Gefahr, Kühnheit, hat sich da gerettet. Aber man war stolz darauf ...

Scholz: (liest die Interviewfrage) *Was kann man den jungen Menschen von dieser Zeit erzählen? Was sollten Sie darüber wissen?*

Ich bin da immer ein bisschen skeptisch. Man soll den jungen Menschen sagen, sie müssen ihr Leben heute leben. Sie sollen sich nicht über 1955 den Kopf zerbrechen. Sie sollen sich über 2015 den Kopf zerbrechen. Sie müssen in der Gegenwart leben. Was sollen ihnen alte Trotteln wie ich – ich mein niemand anderen – da erzählen über das Jahr 1955? Das ist für Sie tiefste Vergangenheit. Sie müssen in der Gegenwart leben und in der Gegenwart schauen, dass Sie halt im Zweifelsfall ein bisschen mehr anständig handeln als unanständig. Soweit man das kann.

(liest die nächste Interviewfrage) *Welchen Einfluss hatten diese Jahre auf Ihr weiteres Leben?*

Scholz: Die Mischung von Kargheit, ländlichem Katholizismus, starren Sozialstrukturen bin ich in Wirklichkeit jahrzehntelang nicht losgeworden. Ich bin mit 17 nach Wien gekommen, hab' zu studieren begonnen, habe diese Stadt gehasst, weil sie mir grau, alt, dreckig und von grantigen Menschen bevölkert vorgekommen ist. Letztlich war die Loslösung vom Land und das Studium in Wien eine innere Befreiung für mich. Ich hab' 30 Jahre hindurch kein Maturatreffen besucht. Ich hab' über 30 Jahre gebraucht, um in den Ort meiner Kindheit wieder zurückzukommen. Jetzt bin ich wieder dort, die Menschen kennen mich dort nicht mehr wirklich ... ja, ein paar sagen „*griaß di Kurt*", dann weiß ich, die müssen irgendwie ein paar Jahre vorher oder nachher mit mir in die Volksschule gegangen sein, die meisten haben sich unfassbar verändert: dick sind die meisten geworden. Und ich denke mir: „*Meine Güte, schaut der aus!*" Und die schauen mich an und denken sich: "*Meine Güte, schaut der aus!*" Jetzt, wo ich ein Fremder geworden bin, kann ich dort wieder zurückkommen – und in Wirklichkeit hab' ich ein großes Glück gehabt, dass ich mit 17 nach der Matura nach Wien gekommen bin und ... 10 oder 15 Mal in Japan und 15 Mal in Russland und 25 Mal in Amerika war und ich weiß nicht wo in der Welt herumgekommen bin, zum Teil gelebt und gearbeitet habe.

Erst nach dieser jahrzehntelangen Tournee konnte ich dann in dieses Kleinstädtische wieder zurück. Diese prägende Kraft des dörflichen, ländlichen Katholizismus, wo man zur Kirche gegangen ist – natürlich auch um die Madln dort kennen zulernen, die Maiandacht, nicht, war ja eine wunderbare Gelegenheit. Einmal als Wahlen waren, am Wahlsonntag, ist da ein Bauer vor der Kirche gestanden und hat allen, die raus gegangen sind zugerufen: „*Katholiken bleibts' euerm Herrgott treu – wählt's die österreichische Volkspartei! Katholiken bleibts' euerm Herrgott treu – wählt's die österreichische Volkspartei!*" Das sind so Bruchstücke von Erinnerungen.

Auch andere Erinnerungen aus dieser Zeit haben mit der Besatzung nichts zu tun. Zum Beispiel die überproportionale Zahl von Selbstmördern, die es in der Gegend gegeben hat – naja, es waren viele Jäger, die haben alle Waffen zu Hause gehabt, und ... immer wieder hat sich irgendwo wer erschossen.

Die Schuljahre hatten einen großen Einfluss auf mein weiteres Leben! Ich hab' in der Schule eine Fülle interessantester Komplexe erworben, die die Grundlage meiner weiteren Tätigkeit geworden sind. Das könnte ich jetzt geistreich eine halbe Stunde lang ausführen,

An den Schulbetrieb in diesen Jahren ... ja, dass er geprägt war von einem inszenierten Sadismus. Auch ich hatte gute Lehrer, aber das überwiegende Erlebnis war die Inszenierung des Sadismus. Ich bin acht Jahre ins Gymnasium gegangen und habe achtzehn Jahre Alpträume aus der Schulzeit gehabt. Und zwar wirkliche Angstträume. Mathematikschularbeit, vier Beispiele: eines hat man, beim zweiten kommt man nicht weiter und man weiß nicht, vielleicht könnte man das dritte besser, oder vielleicht sollte man doch das zweite fertig machen oder das dritte auch anfangen, oder wie? Schweißgebadet, Angstzustände – da bin ich sicher schon 35 gewesen. Immer noch wirkliche Angst – Angst vor der Schule. Wobei das auch natürlich Situationen waren, die Ihnen heute hoffentlich nichts mehr sagen. Der Lehrer, der sagt *„heute ist mündliche Prüfung"* und seinen berüchtigten Katalog, das rote Bücherl zückt – ich glaub', die gibt es heute nicht mehr – da waren immer drei Namen auf einer Seite ... drei Spalten. Der hat das genommen, der musste gar nicht sagen, dass geprüft wird. Es war klar, dass geprüft wird. Und da wussten wir schon: A., A., B. – die Familiennamen – und die ersten drei im Alphabet sind *so* gesessen. Und das hat gedauert ... eine halbe Minute ... eine Minute und der Professor hat nichts getan. Nach einer Minute hat er umgeblättert. Ahhh (=Aufatmen) bei den ersten drei. Und die drei und die anderen drei haben Angst gehabt. Und dann hat er eine halbe Minute nichts getan. Und so ist das gegangen, 20 Minuten lang und nach 20 Minuten war er mit dem Bücherl am Ende hat keinen einzigen geprüft, und alle haben Angst gehabt, und dann hat er wieder bei der ersten Seite angefangen. Sodass die wieder den Schweißausbruch hatten.

Sie werden mir ja hoffentlich zustimmen, dass man durch so etwas nicht g'scheiter wird. Man lernt schon etwas, man lernt das Gefühl der Ohnmacht und der Hilflosigkeit. Ob das gerade etwas ist, das man jungen Menschen vermitteln sollte, weiß ich nicht. Auch das Ritual des Schularbeit-Zurückgebens ... das war derart demütigend. Eine Fülle von wirklichen Demütigungen, wo man sich heute fragt: *welche verbogenen, tragisch verbogenen Menschen müssen das gewesen sein?* Ich kann mich noch an ein Verhör beim Direktor der Schule, der gefürchtet war, erinnern, als er mich gezwungen hat in der Kanzlei die Hände vor dem Körper auszustrecken. Er hat mir dann ein Blatt Papier auf die Hände gelegt und ich musste so vor ihm stehen. Da hat er gesagt *schau wie das Blatt Papier auf deinen Händen zittert.* Na gut, probieren Sie das einmal, das zittert ja auch. Ich war damals 13, 14. „*Warum zitterst du so?*" – „*Ich probier' eh, dass ich nicht zittere.*" Dann hat er vom Papier hinunter auf meinen Hosenladen geschaut und gesagt: „*Was hast du denn da für Flecken?*" Ich meine, wie da bis hin zur Sexualität ... Mir ist heute schon klar, was er damit angedeutet hat. Nämlich, dass die verderbliche Onanie bei mir oder bei meinen Mitschülern zu so schwerwiegenden Persönlichkeitsstörungen, Charakterdeformierungen und Gehirnerweichungen geführt hat, dass ich nicht einmal ein Blatt Papier mehr ruhig halten kann. Was müssen das für tragische Menschen gewesen sein? Heute, wenn das einem Lehrer einfällt, hat der ein ziemliches Problem. Als Schüler ist man oft der Symptomträger, ist sozusagen der, der die Probleme des Lehrers ausbaden muss.

Eigentlich sind das Menschen, die nicht auf Kinder losgelassen werden dürften. Und die hat es gegeben. *Heute gibt es sie überhaupt nicht mehr* (sehr ironisch gesprochen).

(liest die Interviewfrage) *Gibt es noch Erinnerung an den ersten „Tag der Fahne"?*

Das pickerte Papier, wie hat es geheißen, dieses Buntpapier. Bei mir war das rote immer als erstes weg, komischerweise hab' ich das am liebsten gepickt. Dann sollten wir eben Eislaufszenen oder irgendwas machen, was man eben in blau und weiß machen konnte, da hat man kein Rot gebraucht. Der Tag der Fahne war letztlich so ein hilfloses pädagogisches Konzept: über die Fahne so etwas wie Liebe zu einem Vaterland zu erreichen.

Jahre später bin ich d'rauf gekommen, dass man ein Vaterland nicht lieben kann. Man kann Menschen lieben, einzelne Menschen, man kann vielleicht sogar Gruppen von Menschen mögen, sich mit ihnen solidarisieren. Aber der Anspruch, dass man jetzt sein Vaterland liebt, den halt ich für eine Chimäre. Warum soll ich ein Vaterland lieben? Menschen kann ich lieben. Die soll man auch lieben. Gescheiter, dass man die Menschen gern hat, als dass man sie nicht mag. Man bleibt auch jünger und schöner irgendwie dabei – wenn einem alle z'wider sind, ist man sich dann selber auch z'wider. Also dieser Anspruch, über die Fahne das Vaterland zu lieben – der ist mir klar noch in Erinnerung.

Das war natürlich auch alles mit der Tradition der Fahneneide, der Zwischenkriegszeit, des Austrofaschismus – die Hand auf die Fahne legen – das war natürlich in einer Tiefendimension, alles. Dann gab es den Nationalfeiertag, und der wurde von allen belächelt. Meine Schule bestand überwiegend aus Lehrern mit austrofaschistischer Vergangenheit und einzelnen mit eher – ich sag es vorsichtig – deutschvölkischer Vergangenheit. Also man hatte entweder die monarchietreuen, klerikalen und konservativen Christlichen oder die eher antiklerikalen Deutschnationalen – und das Furchtbare war: Die Spannenderen waren die Deutschnationalen, Antiklerikalen. Weil die jugendlicher und erfrischender waren gegenüber den engen, katholischen Lehrern – die uns beim Skikurs eingeteilt haben – drei Waggons, im ersten Waggon waren die Mädchen, im dritten Waggon waren die Buben und dazwischen waren die offenbar geschlechtslosen Lehrer als Isolierschicht.

Heute kann ich lachen darüber und ist das der Stoff für Anekdoten – wenn man es gelebt hat, war es noch keine Anekdote.